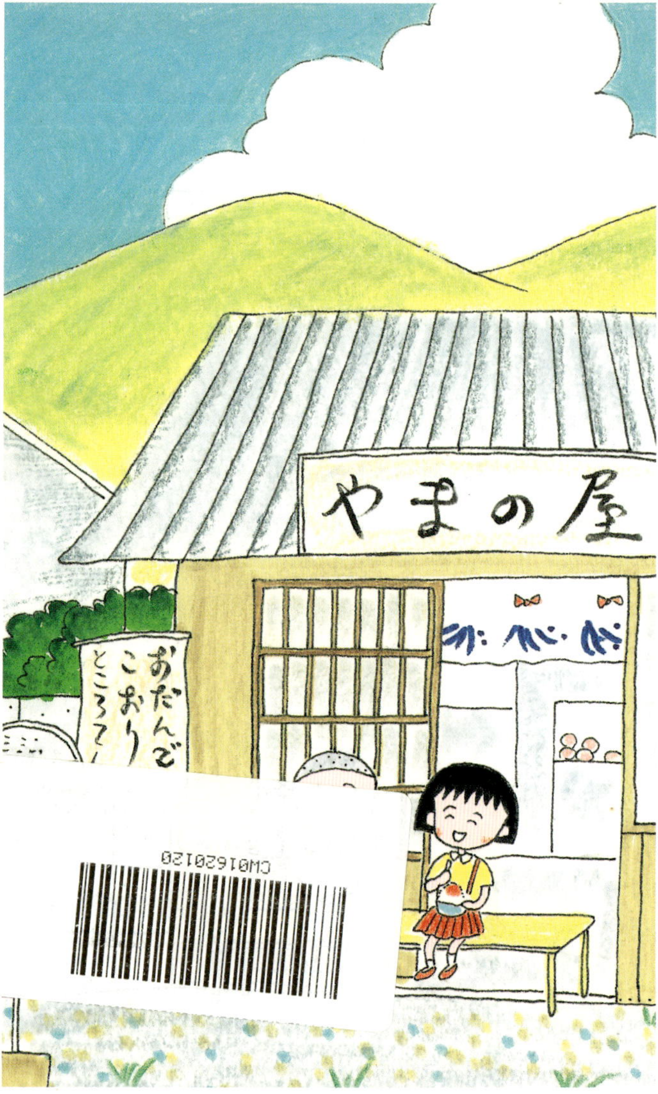
やまの屋

（キリトリ線）

POST CARD

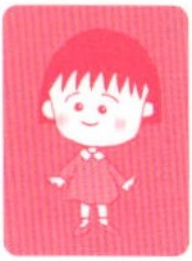

MOMOKO SAKURA

集英社文庫

ちびまる子ちゃん⑤

さくらももこ

集英社版

もくじ

登場人物紹介

❀…さくら家の者達

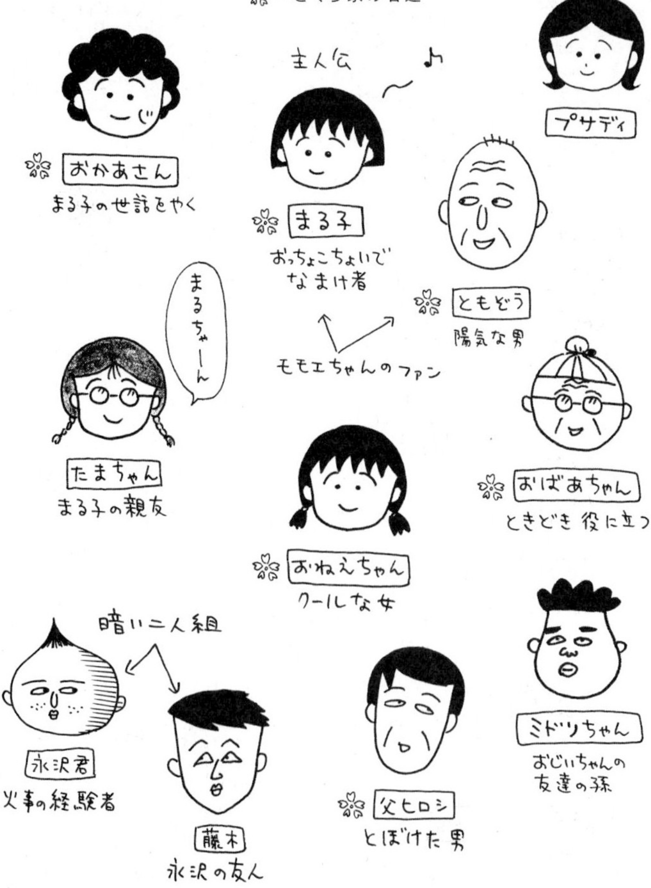

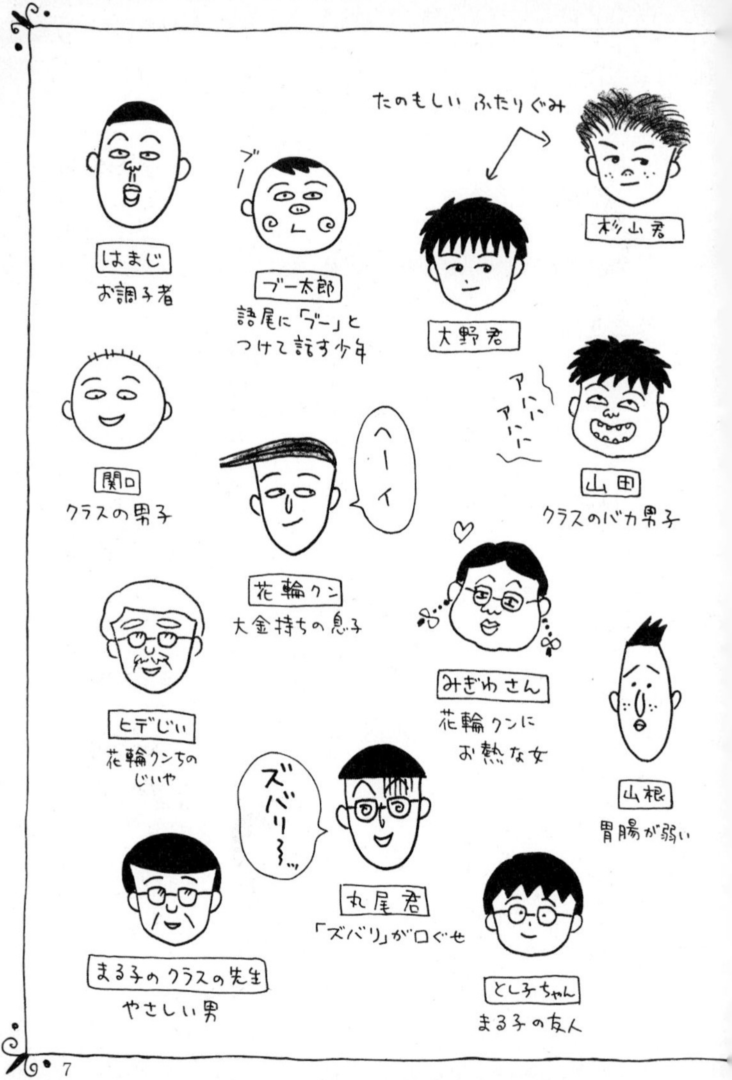
たのもしい ふたりぐみ
はまじ
お調子者
ブー
ブー太郎
語尾に「ブー」とつけて話す少年
大野君
杉山君
関口
クラスの男子
ヘーイ
花輪クン
大金持ちの息子
アハハハ
山田
クラスのバカ男子
ヒデじい
花輪クンちのじいや
みぎわさん
花輪クンにお熱な女
山根
胃腸が弱い
ズバリ~
丸尾君
「ズバリ」が口ぐせ
まる子のクラスの先生
やさしい男
とし子ちゃん
まる子の友人

ちびまる子ちゃん

⑤

ちびまる子ちゃん まる子 はまじとウワサになるの巻

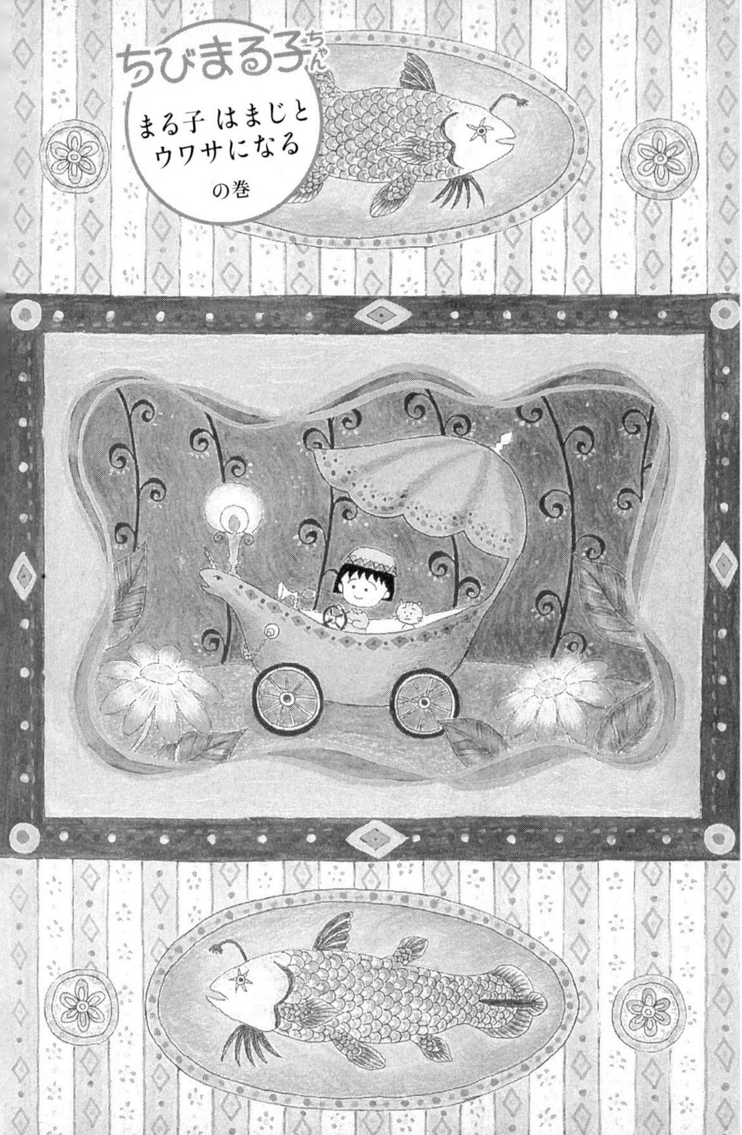

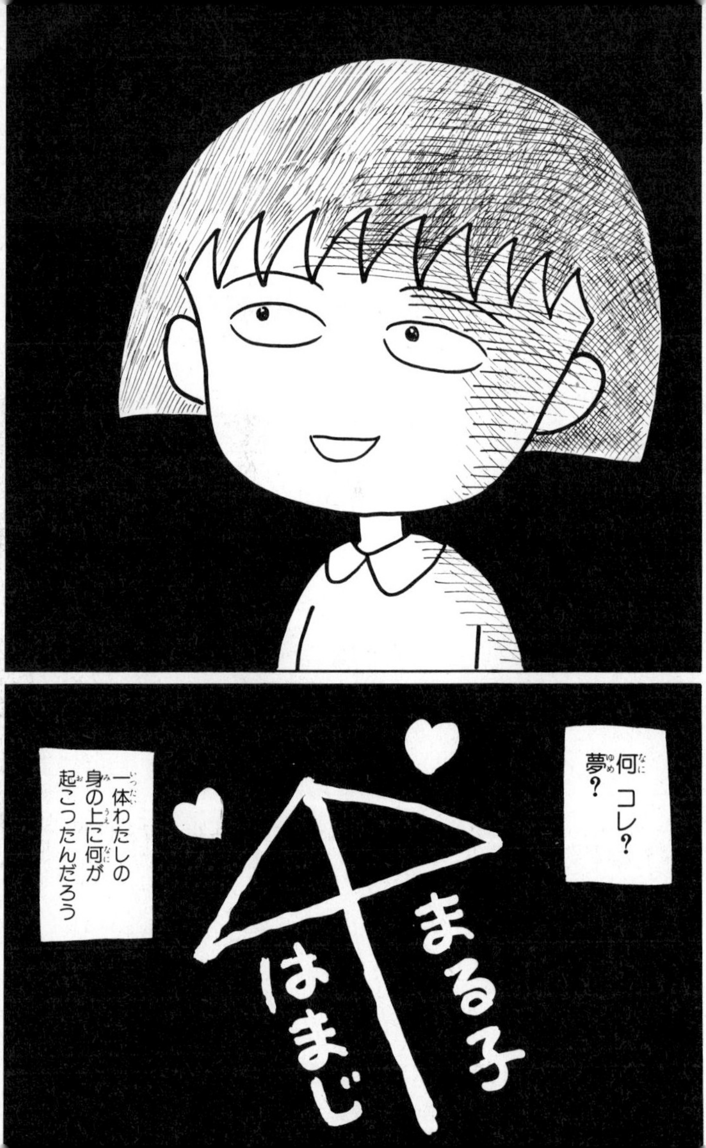

何コレ？
夢？
一体わたしの
身の上に何が
起こったんだろう
まる子
はまじ

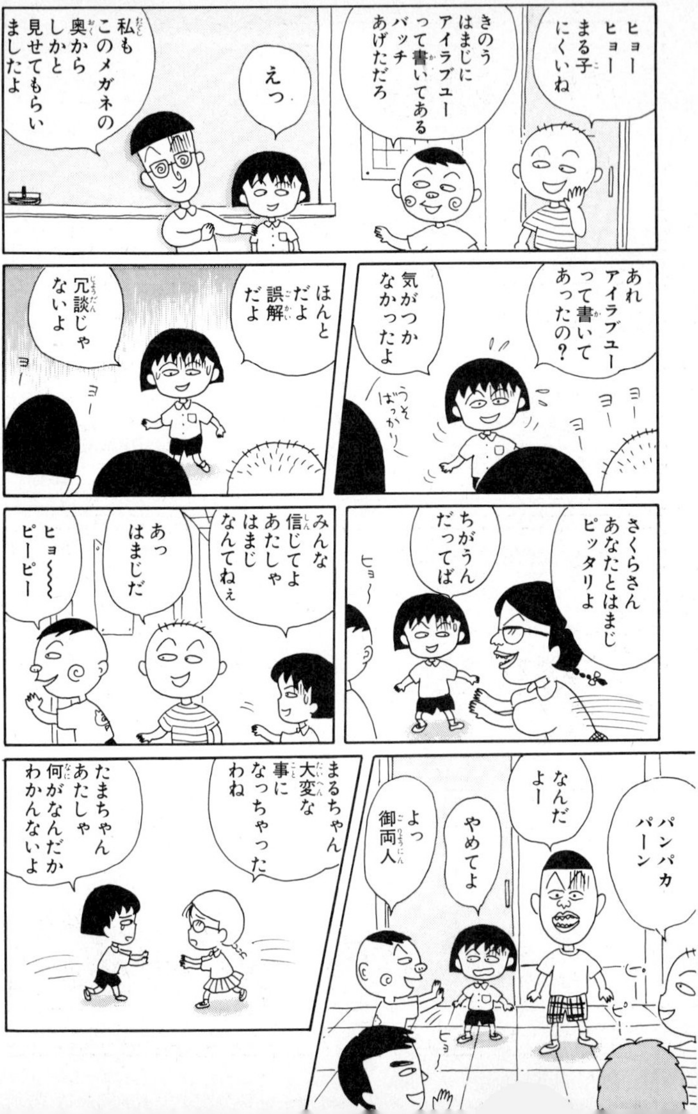
ヒョーヒョーまる子にくいね
きのうはまじにアイラブユーって書いてあるバッチあげただろ
えっ
私もこのメガネの奥からしかと見せてもらいましたよ
あれアイラブユーって書いてあったの？
気がつかなかったよ
うそばっかり
ヨー ヨー ヨー
ほんとだよ誤解だよ
冗談じゃないよ
ヨー ヨー
さくらさんあなたとはまじピッタリよ
ちがうんだってば
ヒョ〜
みんな信じてよあたしゃはまじなんてねぇ
あっはまじだ
ヒョ〜〜〜ピーピー
パンパカパーン
なんだよー
やめてよ
よっ御両人
ピー ピー
ヒョ〜
まるちゃん大変な事になっちゃったわね
たまちゃんあたしゃ何がなんだかわかんないよ

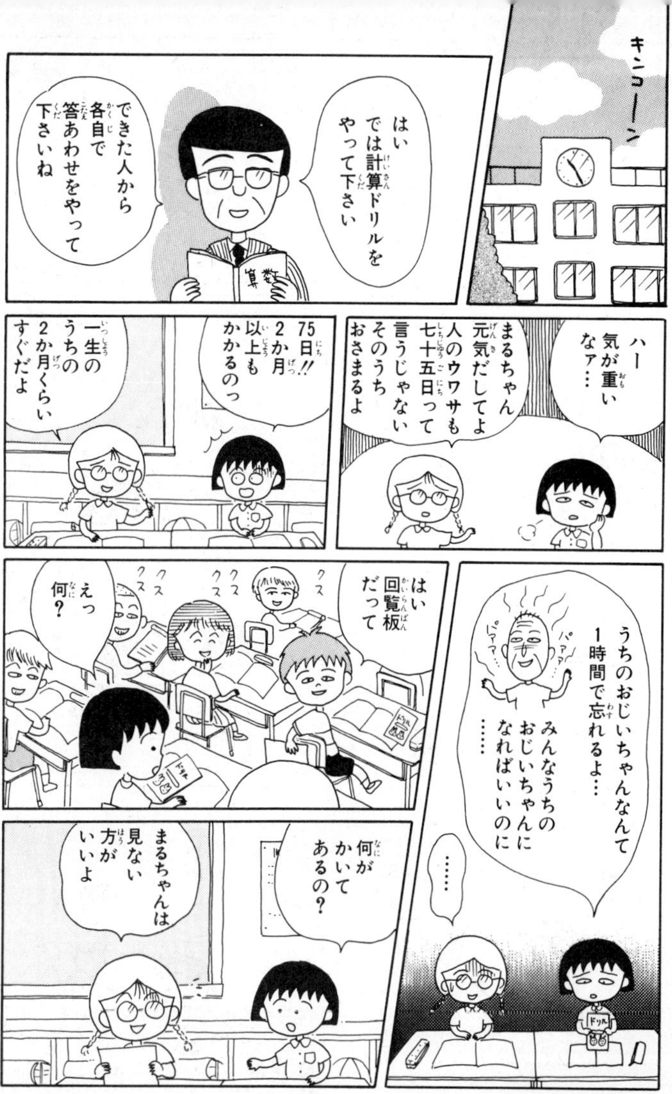
キンコーーン
はい では計算ドリルをやって下さい
できた人から各自で答あわせをやって下さいね
ハー 気が重いなァ…
まるちゃん元気だしてよ 人のウワサも七十五日って言うじゃない そのうちおさまるよ
75日!! 2か月以上もかかるのっ
一生のうち2か月くらいすぐだよ
うちのおじいちゃんなんて1時間で忘れるよ…
パァァ…
パァァ…
みんなうちのおじいちゃんになればいいのに
……
……
はい 回覧板だって
クス
クス クス
クス クス
クス クス
えっ 何？
何がかいてあるの？
まるちゃんは見ない方がいいよ

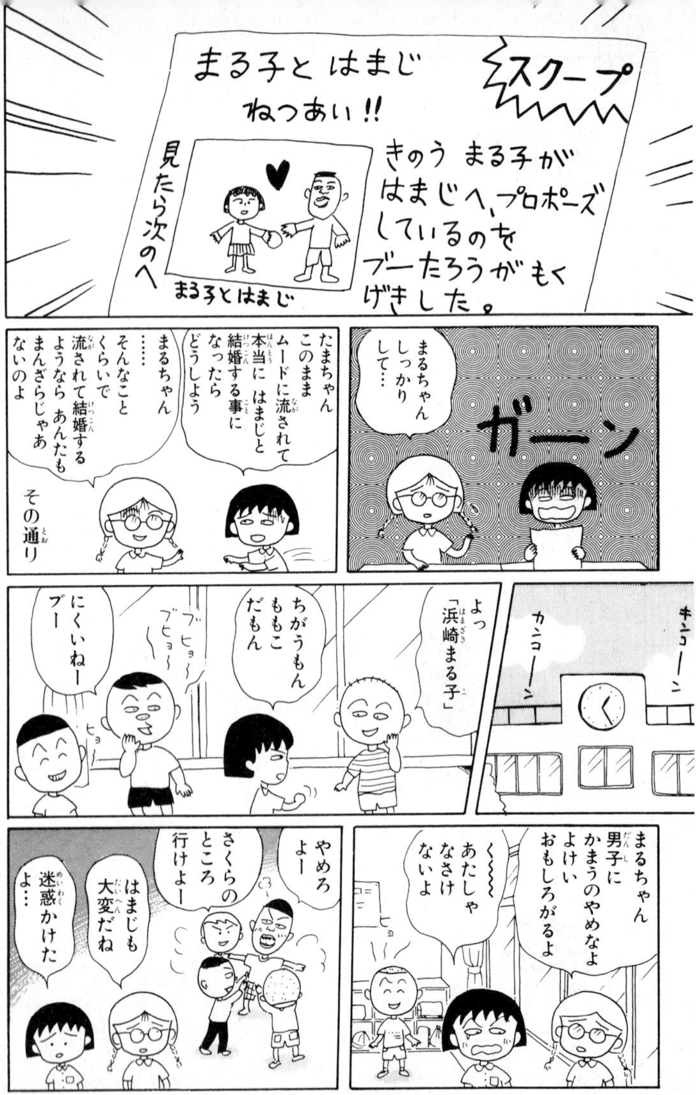
まる子と はまじ
ねつあい!!
スクープ
きのう まる子が はまじへ プロポーズ しているのを ブーたろうが もくげきしました。
見たら次のへ
まる子とはまじ
ガーン
まるちゃん しっかりして…
たまちゃん このまま ムードに流されて 本当に はまじと 結婚する事に なったら どうしよう
まるちゃん…… そんなこと くらいで 流されて結婚する ようなら あんたも まんざらじゃあ ないのよ
その通り
キンコーン
カンコーン
よっ「浜崎まる子」
ちがうもん ももこ だもん
ブヒョ〜 ブヒョ〜
にくいねー ブー
ヒョ
まるちゃん 男子に かまうのやめなよ よけい おもしろがるよ
く〜〜 あたしゃ なさけ ないよ
ヒョ
やめろ よー
さくらの ところ 行けよー
はまじも 大変だね
迷惑かけた よ…

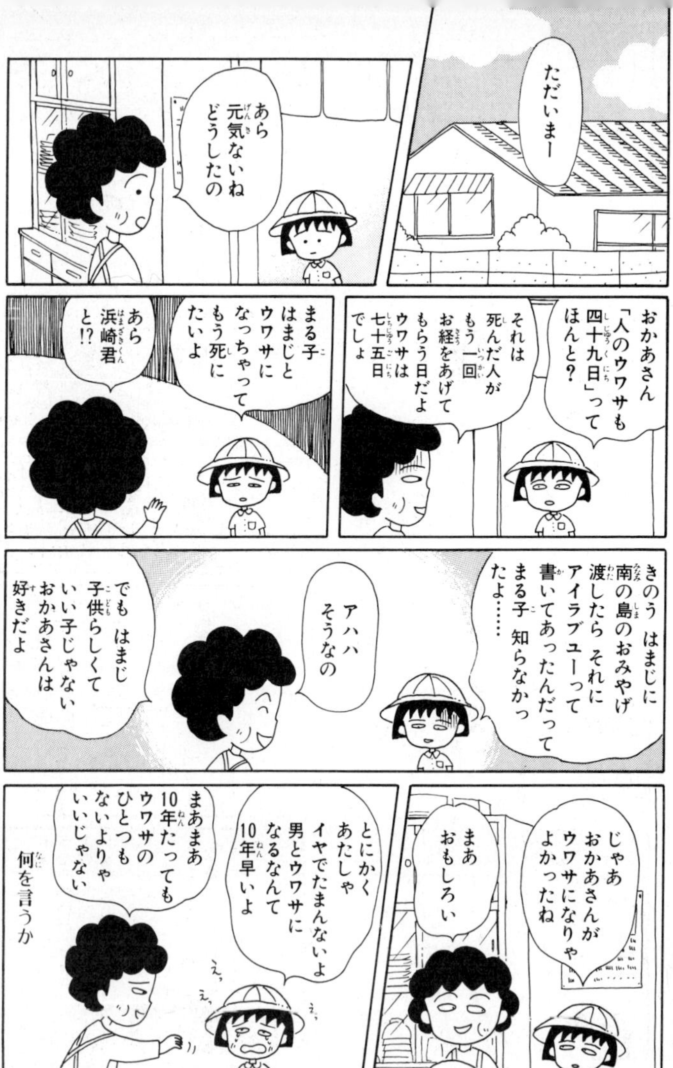

ただいまー
あら 元気ないね どうしたの
おかあさん 「人のウワサも四十九日」って ほんと?
それは 死んだ人が もう一回 お経をあげて もらう日だよ ウワサは 七十五日でしょ
まる子 はまじと ウワサに なっちゃって もう死に たいよ
あら 浜崎君と!?
きのう はまじに 南の島のおみやげ 渡したら それに アイラブユーって 書いてあったんだって まる子 知らなかったよ……
アハハ そうなの
でも はまじ 子供らしくて いい子じゃない おかあさんは 好きだよ
じゃあ おかあさんが ウワサになりゃ よかったね
まあ おもしろい
とにかく あたしゃ イヤでたまんないよ 男とウワサに なるなんて 10年早いよ
えっ
えっ
えっ
まあまあ 10年たっても ウワサの ひとつも ないよりゃ いいじゃない
何を言うか

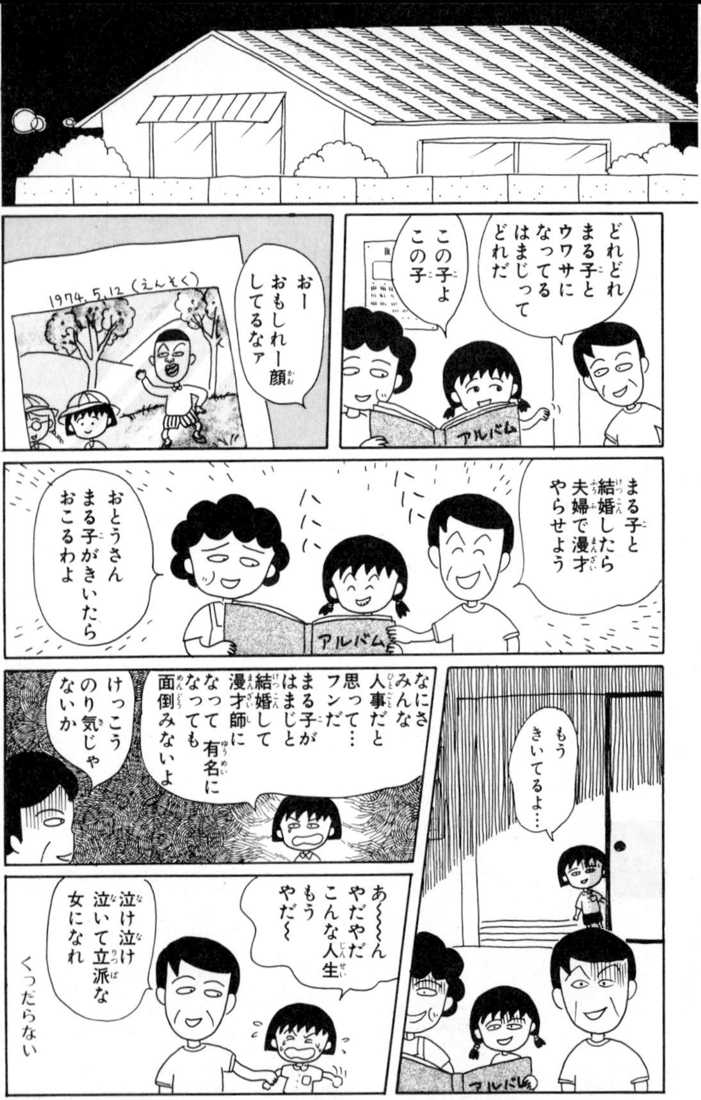

どれどれ まる子と ウワサに なってる はまじって どれだ
この子よ この子
おー おもしれー顔 してるなァ
1974.5.12（えんそく）
アルバム
まる子と 結婚したら 夫婦で漫才 やらせよう
おとうさん まる子がきいたら おこるわよ
もう きいてるよ…
なにさ みんな 人事だと 思って… フンだ まる子が はまじと 結婚して 漫才師に なって 有名に なっても 面倒みないよ
けっこう のり気じゃ ないか
あ〜〜ん やだやだ こんな人生 もう やだ〜
泣け泣け 泣いて立派な 女になれ
くっだらない

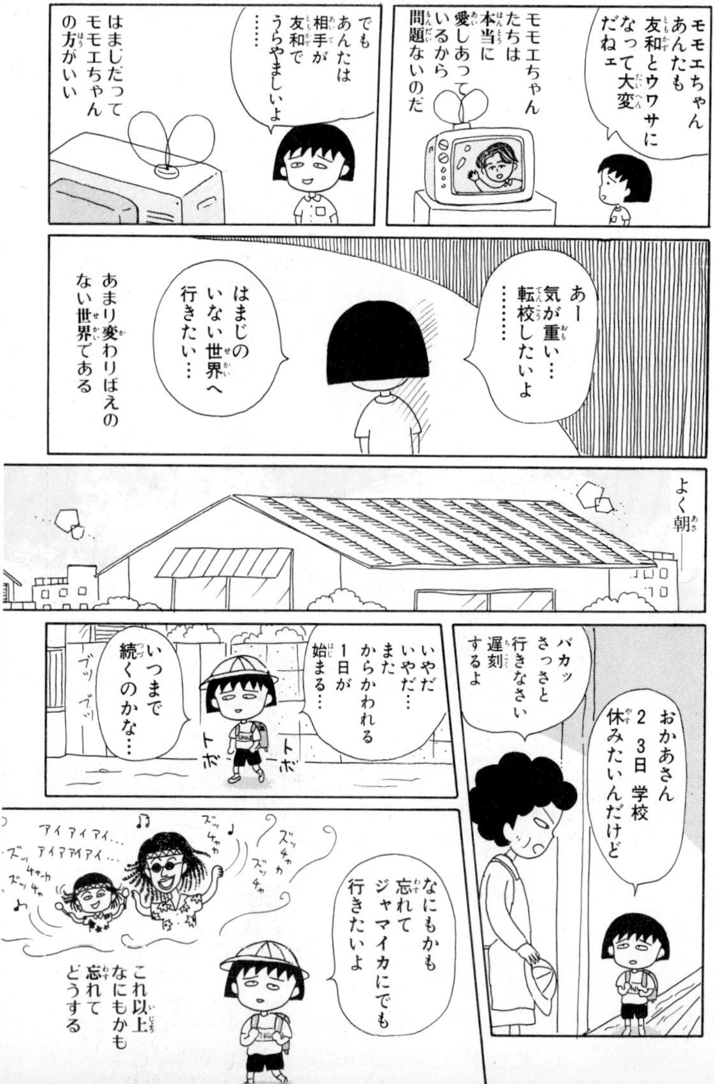

モモエちゃん あんたも 友和とウワサに なって大変 だねェ
モモエちゃんたちは本当に愛しあっているから問題ないのだ
でも あんたは 相手が 友和で うらやましいよ ……
はまじだって モモエちゃんの方がいい
あー 気が重い… 転校したいよ ………
はまじの いない世界へ 行きたい…
あまり変わりばえのない世界である
よく朝——
おかあさん 2 3日 学校 休みたいんだけど
バカッ さっさと 行きなさい 遅刻するよ
いやだ いやだ… また からかわれる 1日が 始まる…
いつまで 続くのかな…
ブツ ブツ
トボ トボ
なにもかも 忘れて ジャマイカにでも 行きたいよ
アイアイアイ…
アイアアイアイ…
ズッチャカ ズッチャ
これ以上 なにもかも 忘れて どうする

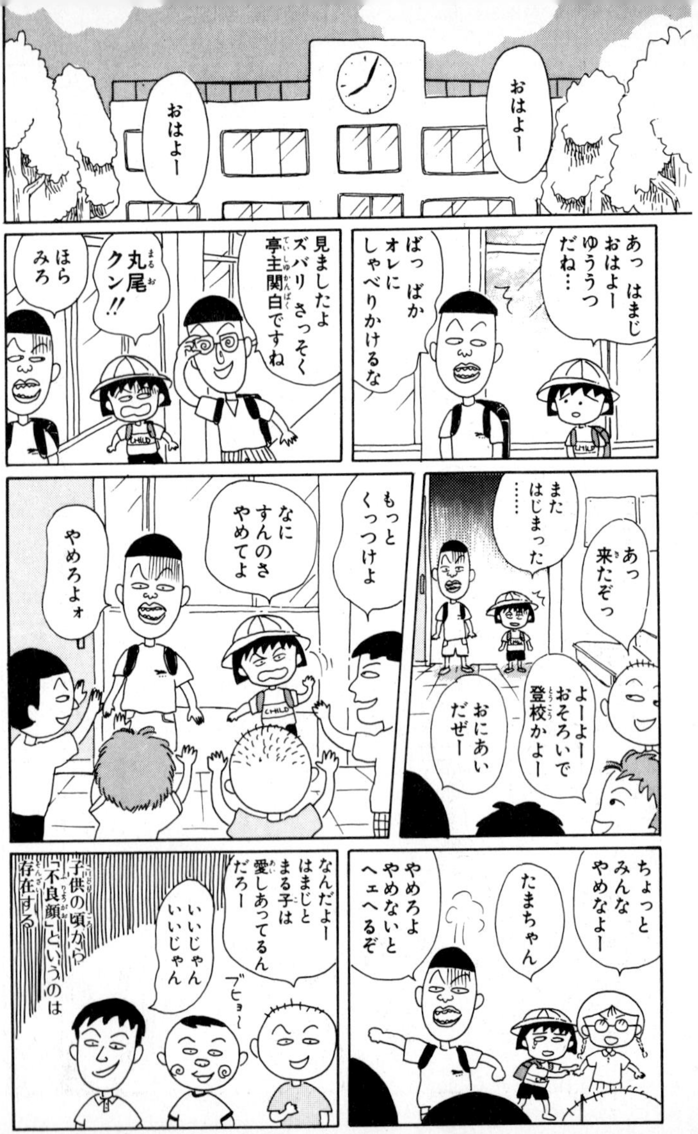
おはよー
おはよー
あっ はまじ おはよー ゆううつだね…
ばっ ばか オレにしゃべりかけるな
見ましたよ ズバリ さっそく亭主関白ですね
丸尾クン!!
ほら みろ
あっ 来たぞっ
また はじまった……
よーよー おそろいで登校かよー
おにあいだぜー
もっと くっつけよ
なに すんのさ やめてよ
やめろよォ
ちょっと みんな やめなよー
たまちゃん
やめろよ やめないと ヘエへるぞ
なんだよー はまじとまる子は愛しあってるんだろー
いいじゃん いいじゃん
ブヒョ～
子供の頃から「不良顔」というのは存在する

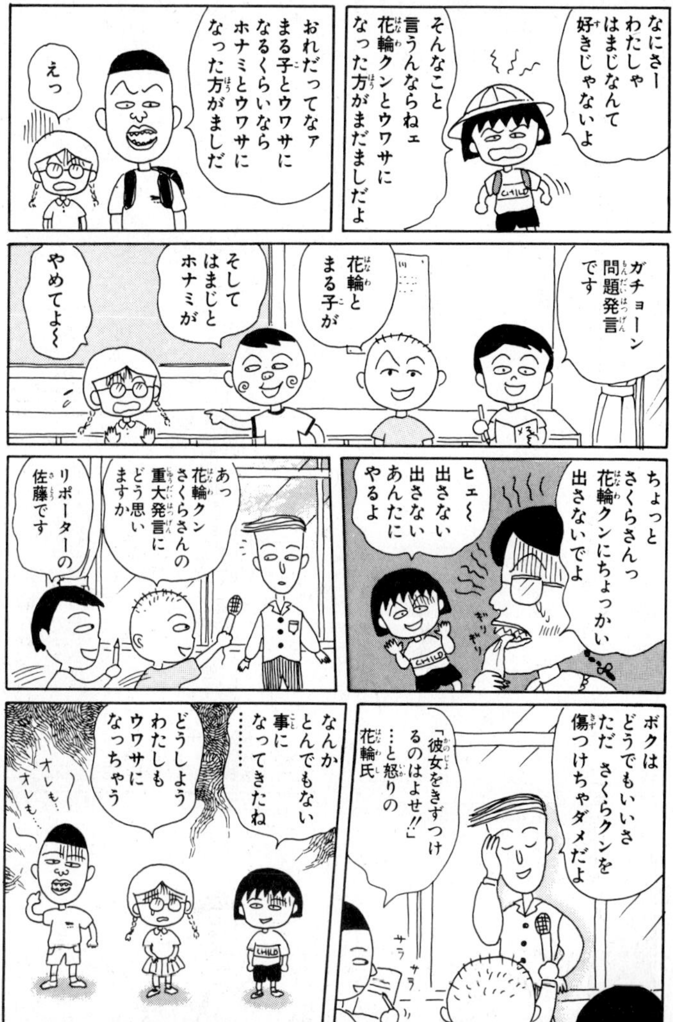
なにさー
わたしゃ
はまじなんて
好きじゃないよ
そんなこと
言うんならねェ
花輪クンとウワサに
なった方がまだましだよ
おれだってなァ
まる子とウワサに
なるくらいなら
ホナミとウワサに
なった方がましだ
えっ
ガチョーン
問題発言
です
花輪と
まる子が
そして
はまじと
ホナミが
やめてよ〜
ちょっと
さくらさんっ
花輪クンにちょっかい
出さないでよ
ヒェ〜
出さない
出さない
あんたに
やるよ
あっ
花輪クン
さくらさんの
重大発言に
どう思い
ますか
リポーターの
佐藤です
ボクは
どうでもいいさ
ただ さくらクンを
傷つけちゃダメだよ
「彼女をきずつけ
るのはよせ!!」
…と怒りの
花輪氏
なんか
とんでもない
事に
なってきたね
………
どうしよう
わたしも
ウワサに
なっちゃう
オレも…
オレも…

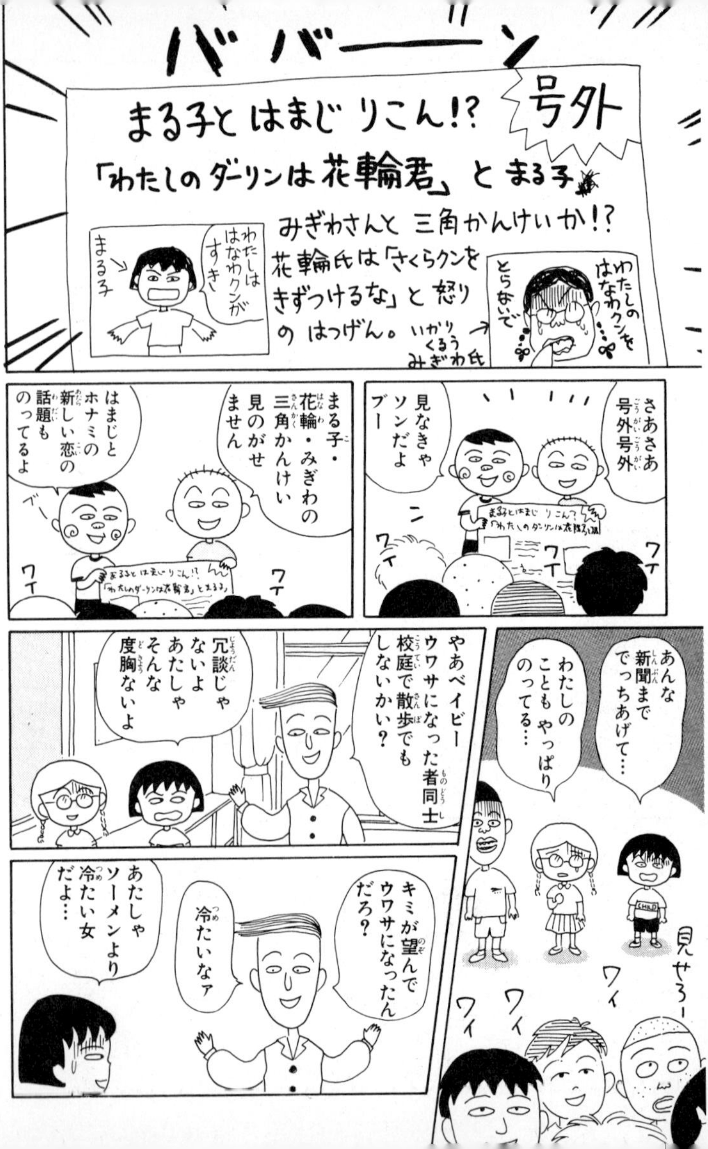

バババーーン
号外
まる子とはまじ りこん!?
「わたしのダーリンは花輪君」とまる子
みぎわさんと三角かんけいか!?
花輪氏は「さくらクンをきずつけるな」と怒りのはつげん。
わたしははなわクンがすき
まる子
わたしのはなわクンをとらないで
いかりくるうみぎわ氏
さあさあ号外号外
見なきゃソンだよブー
ワイ
ワイ
ワイ
まる子・花輪・みぎわの三角かんけい見のがせません
はまじとホナミの新しい恋の話題ものってるよ
ワイ
ワイ
あんな新聞まででっちあげて…
わたしのこともやっぱりのってる…
見せろー
ワイ
ワイ
ワイ
やあベイビーウワサになった者同士校庭で散歩でもしないかい?
冗談じゃないよあたしゃそんな度胸ないよ
キミが望んでウワサになったんだろ?
冷たいなァ
あたしゃソーメンより冷たい女だよ…

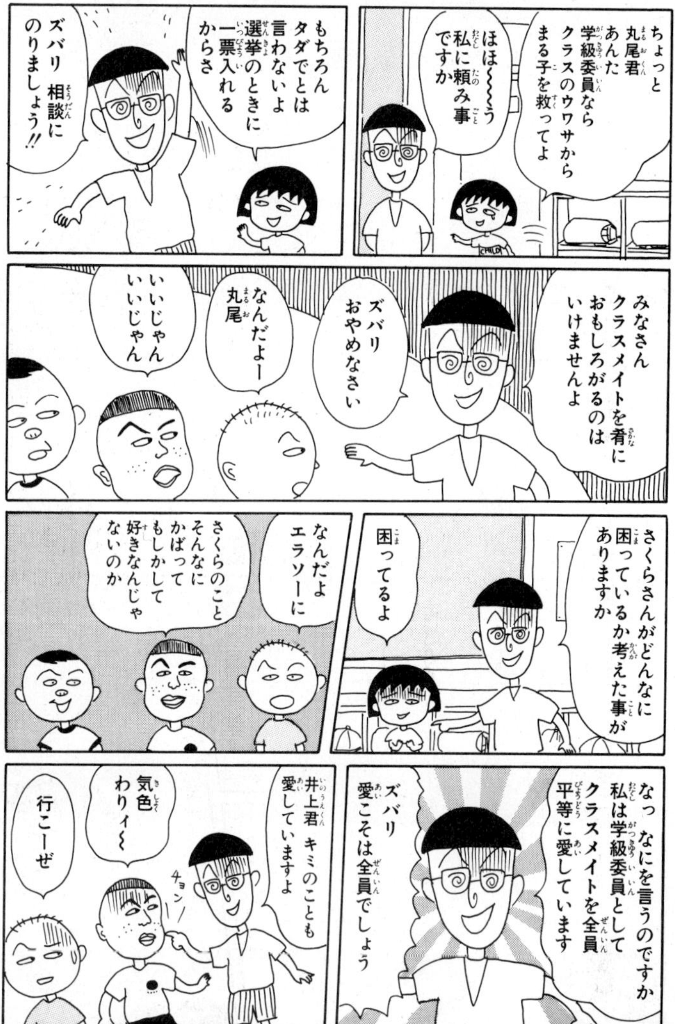

ちょっと
丸尾君
あんた
学級委員なら
クラスのウワサから
まる子を救ってよ
ほほ〜〜う
私に頼み事
ですか
もちろん
タダでとは
言わないよ
選挙のときに
一票入れる
からさ
ズバリ 相談に
のりましょう!!
みなさん
クラスメイトを肴に
おもしろがるのは
いけませんよ
ズバリ
おやめなさい
なんだよー
丸尾
いいじゃん
いいじゃん
さくらさんがどんなに
困っているか考えた事が
ありますか
困ってるよ
なんだよ
エラソーに
さくらのこと
そんなに
かばって
もしかして
好きなんじゃ
ないのか
なっ なにを言うのですか
私は学級委員として
クラスメイトを全員
平等に愛しています
ズバリ
愛こそは全員でしょう
井上君 キミのことも
愛していますよ
4ョン
気色
わりィ〜
行こーぜ

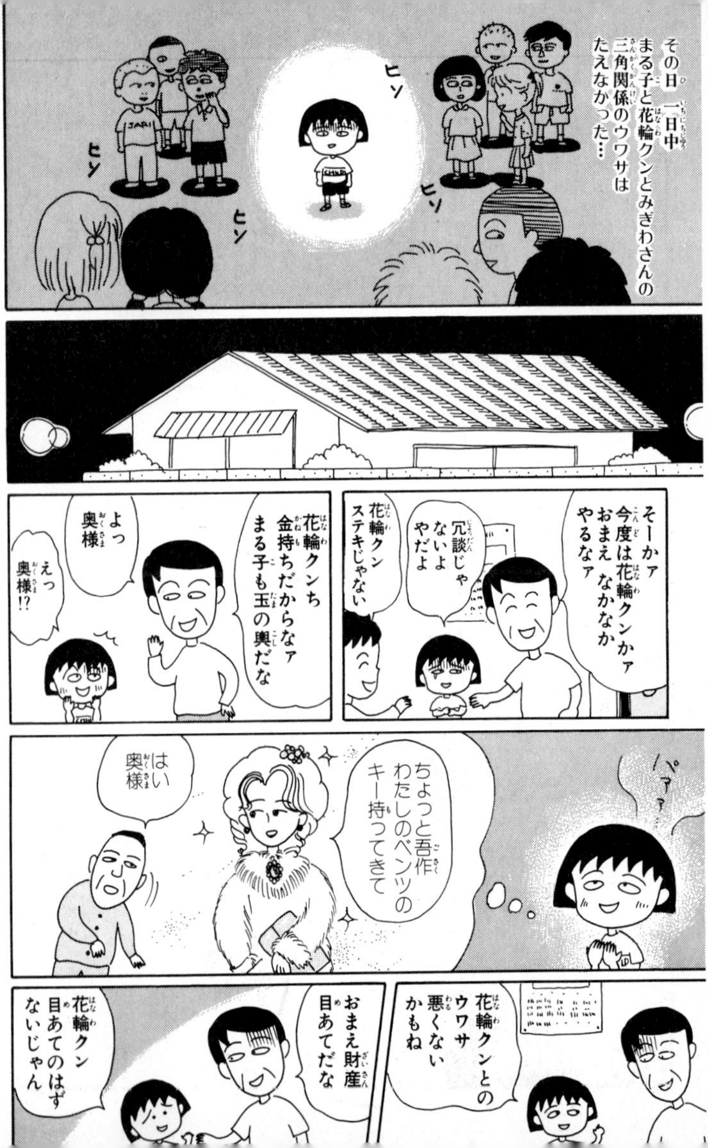

その日一日中
まる子と花輪クンとみぎわさんの
三角関係のウワサは
たえなかった…
ヒソ
ヒソ
ヒソ
ヒソ
そーかァ
今度は花輪クンかァ
おまえ なかなか
やるなァ
冗談じゃ
ないよ
やだよ
花輪クン
ステキじゃない
花輪クンち
金持ちだからなァ
まる子も玉の輿だな
よっ
奥様
えっ
奥様!?
パァァ…
ちょっと吾作
わたしのベンツの
キー持ってきて
はい
奥様
花輪クンとの
ウワサ
悪くない
かもね
おまえ財産
目あてだな
花輪クン
目あてのはず
ないじゃん

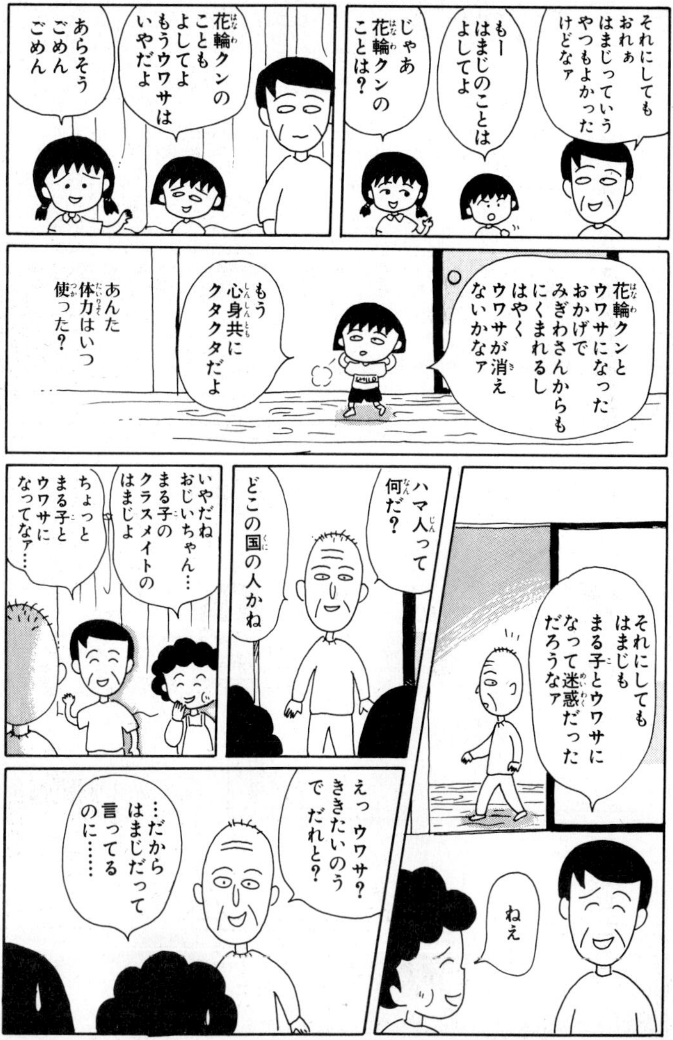
それにしても おれぁ はまじっていう やつもよかった けどなァ
もー はまじのことは よしてよ
じゃあ 花輪クンの ことは？
花輪クンの こともよしてよ もうウワサは いやだよ
あらそう ごめん ごめん
花輪クンと ウワサになった おかげで みぎわさんからも にくまれるし はやく ウワサが消え ないかなァ
もう 心身共に クタクタだよ
あんた 体力はいつ 使った？
それにしても はまじも まる子とウワサに なって迷惑だった だろうなァ
ハマ人って 何だ？
どこの国の人かね
いやだね おじいちゃん… まる子の クラスメイトの はまじよ
ちょっと まる子と ウワサに なってなァ…
ねえ
えっ ウワサ？ ききたいのう で だれと？
…だから はまじだって 言ってる のに……

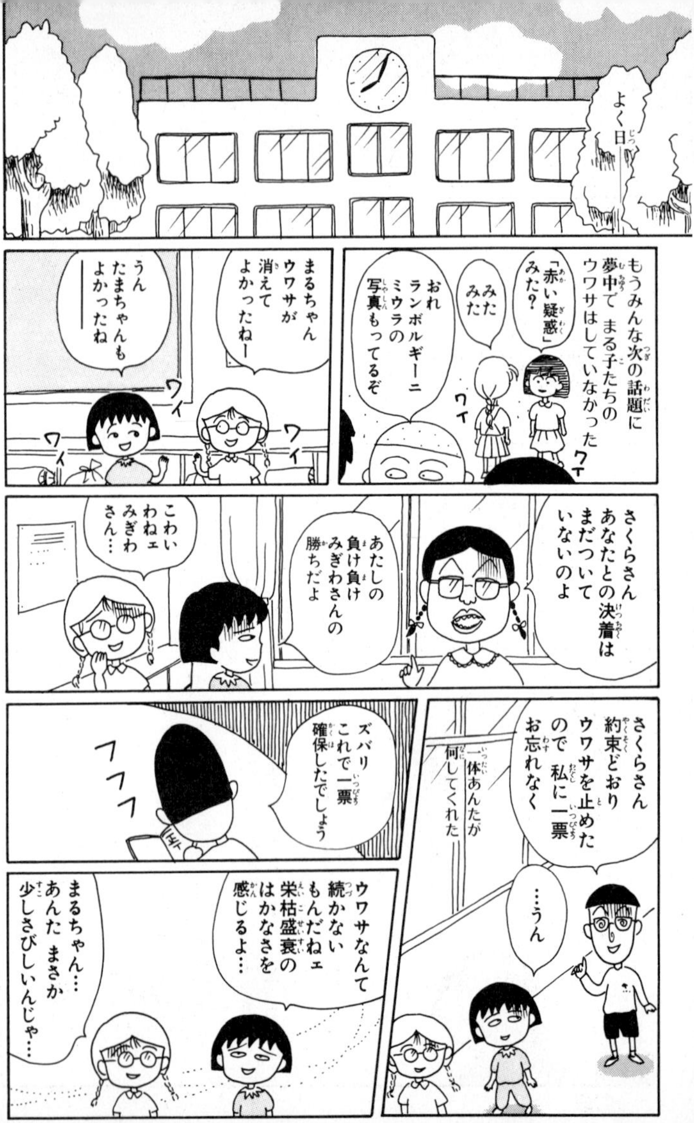
よく日
もうみんな次の話題に夢中で まる子たちのウワサはしていなかった
「赤い疑惑」みた?
みたみた
おれランボルギーニミウラの写真もってるぞ
ワイ
ワイ
まるちゃんウワサが消えてよかったねー
うんたまちゃんもよかったね――
ワイ
ワイ
さくらさんあなたとの決着はまだついていないのよ
あたしの負け負けみぎわさんの勝ちだよ
こわいわねェみぎわさん…
さくらさん約束どおりウワサを止めたので 私に一票お忘れなく
一体あんたが何してくれた
…うん
ズバリこれで一票確保したでしょう
フフフ
ウワサなんて続かないもんだねェ栄枯盛衰のはかなさを感じるよ…
まるちゃん…あんた まさか少しさびしいんじゃ…

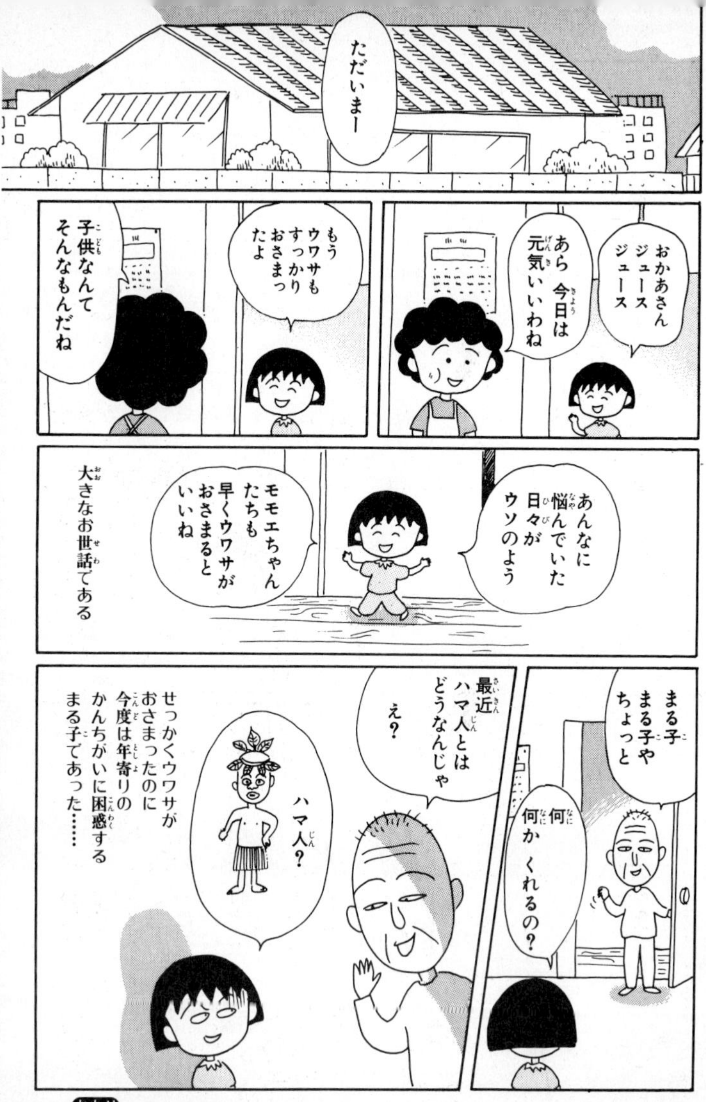
ただいまー
おかあさん ジュース ジュース
あら 今日は元気いいわね
もう ウワサも すっかり おさまったよ
子供なんて そんなもんだね
あんなに 悩んでいた 日々が ウソのよう
モモエちゃん たちも 早くウワサが おさまると いいね
大きなお世話である
まる子 まる子や ちょっと
何 何か くれるの?
最近 ハマ人とは どうなんじゃ
え?
ハマ人?
せっかくウワサが おさまったのに 今度は年寄りの かんちがいに困惑する まる子であった……

おわり

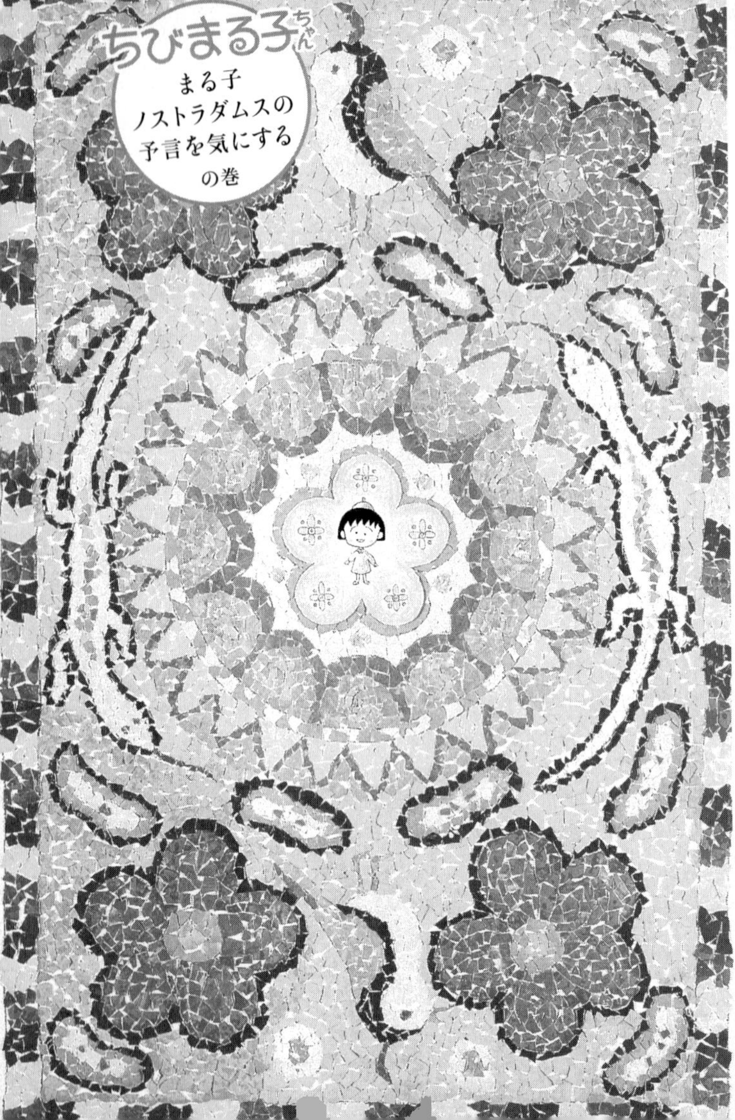
ちびまる子ちゃん
まる子
ノストラダムスの
予言を気にする
の巻

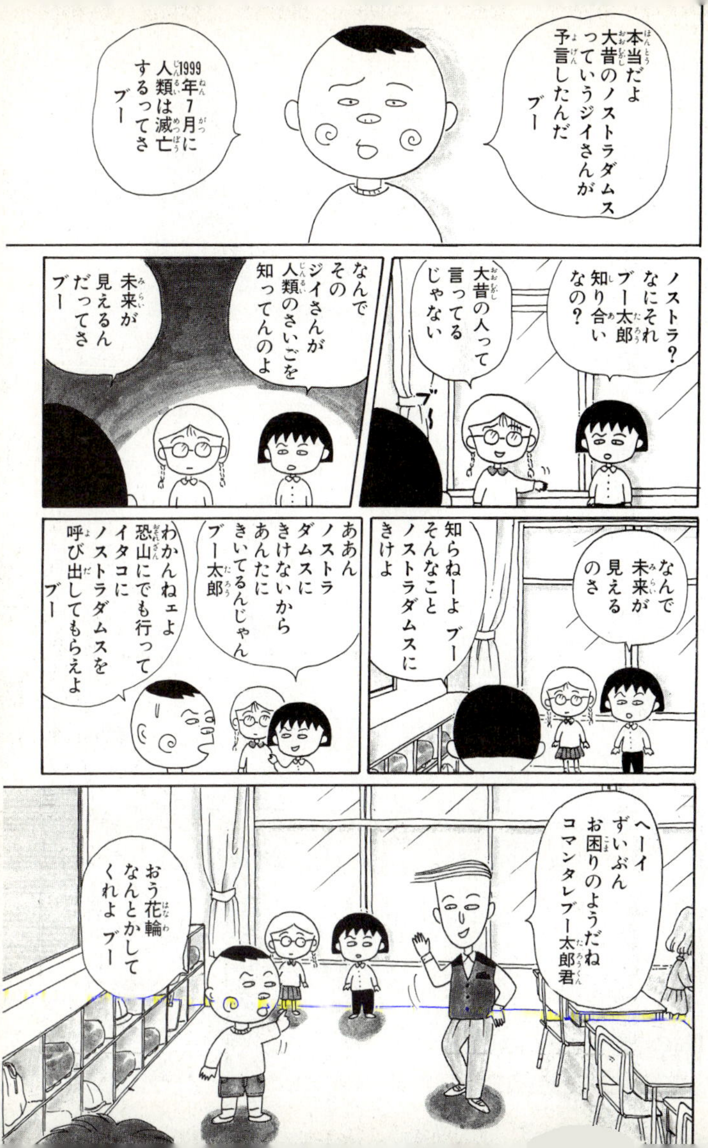
本当だよ 大昔のノストラダムスっていうジイさんが予言したんだ ブー
1999年7月に人類は滅亡するってさ ブー
ノストラ？ なにそれ ブー太郎知り合いなの？
大昔の人って言ってるじゃない
なんでそのジイさんが人類のさいごを知ってんのよ
未来が見えるんだってさ ブー
なんで未来が見えるのさ
知らねーよ ブー そんなことノストラダムスにきけよ
ああん ノストラダムスにきけないからあんたにきいてるんじゃん ブー太郎
わかんねェよ 恐山にでも行ってイタコにノストラダムスを呼び出してもらえよ ブー
ヘーイ ずいぶんお困りのようだね コマンタレブー太郎君
おう花輪 なんとかしてくれよ ブー

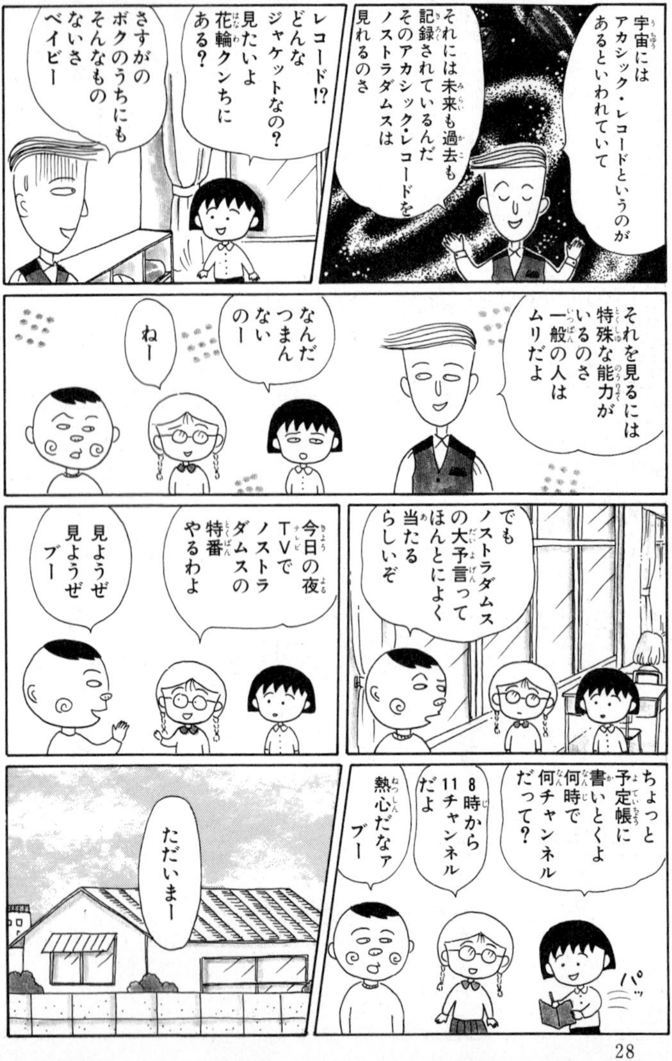

宇宙にはアカシック・レコードというのがあるといわれていて
それには未来も過去も記録されているんだそのアカシック・レコードをノストラダムスは見れるのさ
レコード!?どんなジャケットなの?見たいよ花輪クンちにある?
さすがのボクのうちにもそんなものないさベイビー
それを見るには特殊な能力がいるのさ一般の人はムリだよ
なんだつまんないのー
ねー
でもノストラダムスの大予言ってほんとによく当たるらしいぞ
今日の夜TVでノストラダムスの特番やるわよ
見ようぜ見ようぜブー
ちょっと予定帳に書いとくよ何時で何チャンネルだって?
8時から11チャンネルだよ
熱心だなァブー
パッ
ただいまー

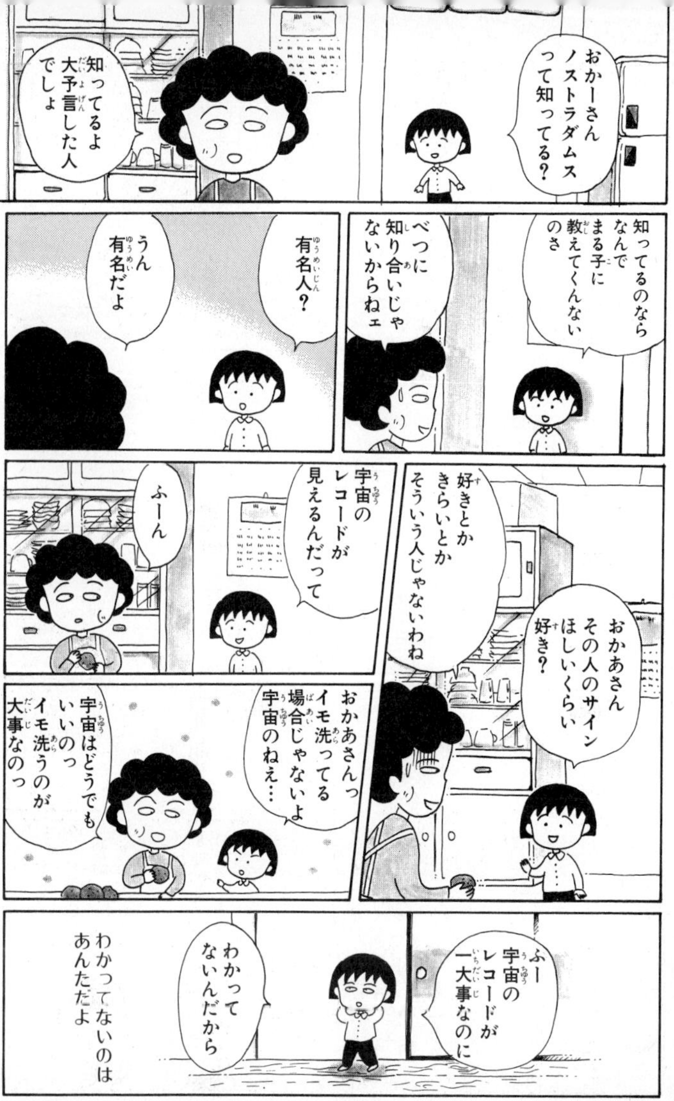
おかーさん ノストラダムスって知ってる?
知ってるよ 大予言した人でしょ
知ってるのならなんでまる子に教えてくんないのさ
べつに知り合いじゃないからねェ
有名人?
うん 有名だよ
おかあさん その人のサインほしいくらい好き?
好きとかきらいとかそういう人じゃないわね
宇宙のレコードが見えるんだって
ふーん
おかあさんっ イモ洗ってる場合じゃないよ 宇宙のねえ…
宇宙はどうでもいいのっ イモ洗うのが大事なのっ
ふー 宇宙のレコードが一大事なのに
わかってないんだから
わかってないのはあんただよ

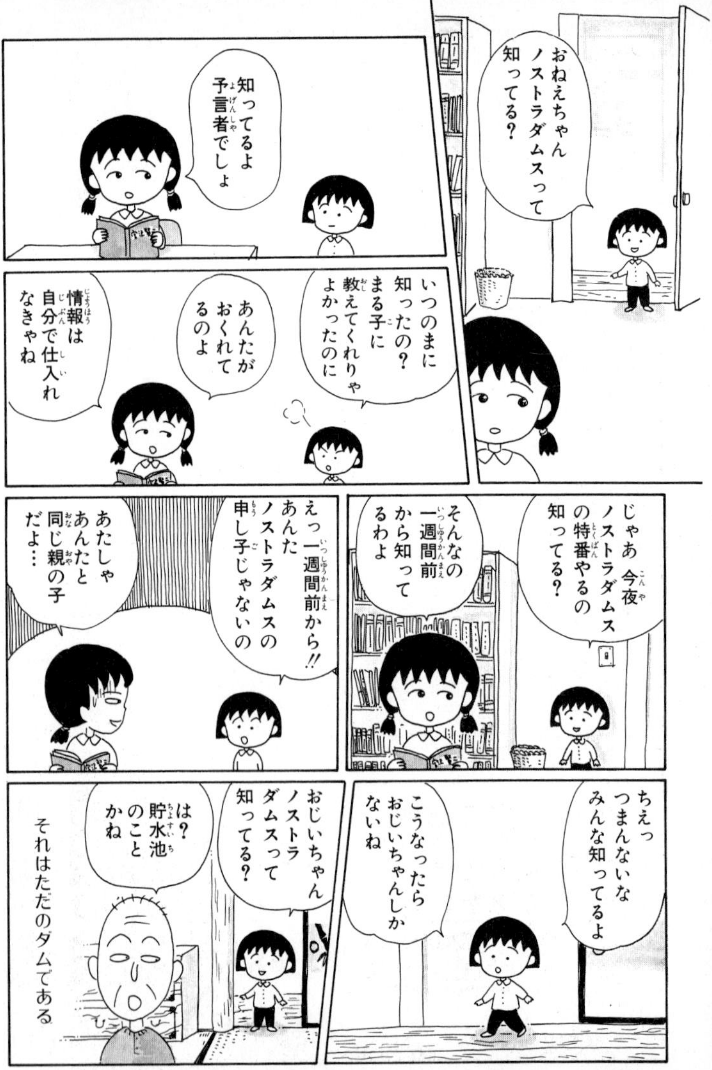
おねえちゃん ノストラダムスって知ってる？
知ってるよ 予言者でしょ
いつのまに知ったの？ まる子に教えてくれりゃよかったのに
あんたがおくれてるのよ
情報は自分で仕入れなきゃね
じゃあ 今夜ノストラダムスの特番やるの知ってる？
そんなの一週間前から知ってるわよ
えっ一週間前から!! あんた ノストラダムスの申し子じゃないの
あたしゃ あんたと同じ親の子だよ…
ちぇっ つまんないな みんな知ってるよ
こうなったらおじいちゃんしかないね
おじいちゃん ノストラダムスって知ってる？
は？ 貯水池のことかね
それはただのダムである

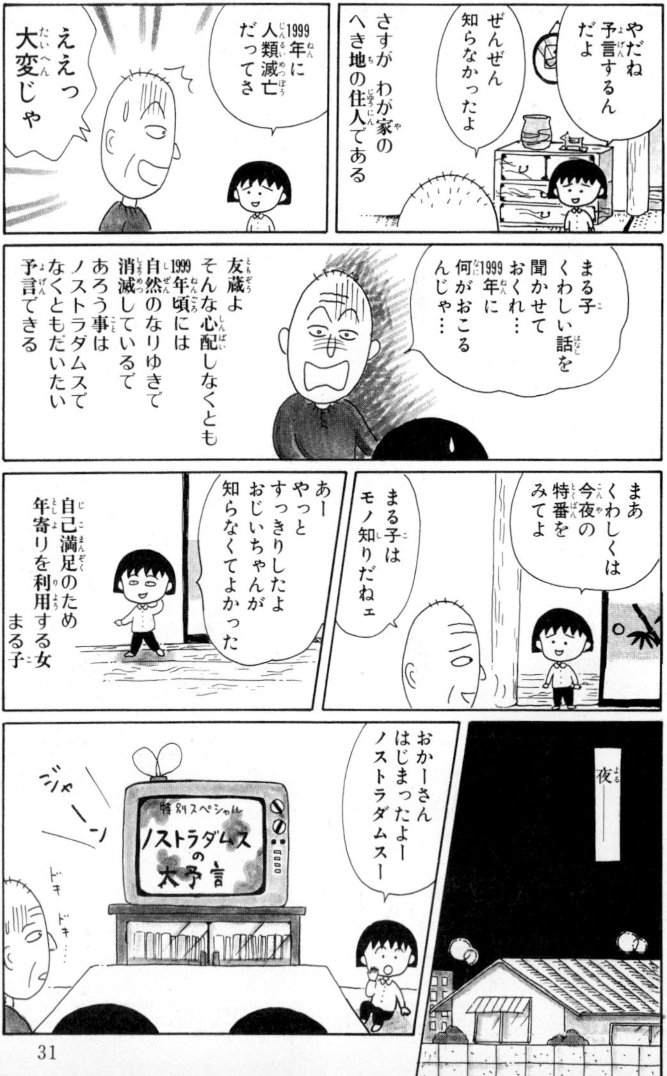
やだね
予言するんだよ
ぜんぜん知らなかったよ
さすが わが家のへき地の住人である
1999年に人類滅亡だってさ
ええっ大変じゃや
まる子くわしい話を聞かせておくれ…1999年に何がおこるんじゃ…
友蔵よ そんな心配しなくとも1999年頃には自然のなりゆきで消滅しているであろう事はノストラダムスでなくともだいたい予言できる
まあくわしくは今夜の特番をみてよ
まる子はモノ知りだねェ
あーやっとすっきりしたよ おじいちゃんが知らなくてよかった
自己満足のため年寄りを利用する女まる子
夜——
おかーさんはじまったよーノストラダムスー
特別スペシャル
ノストラダムスの大予言
ジャーン
ドキドキ…

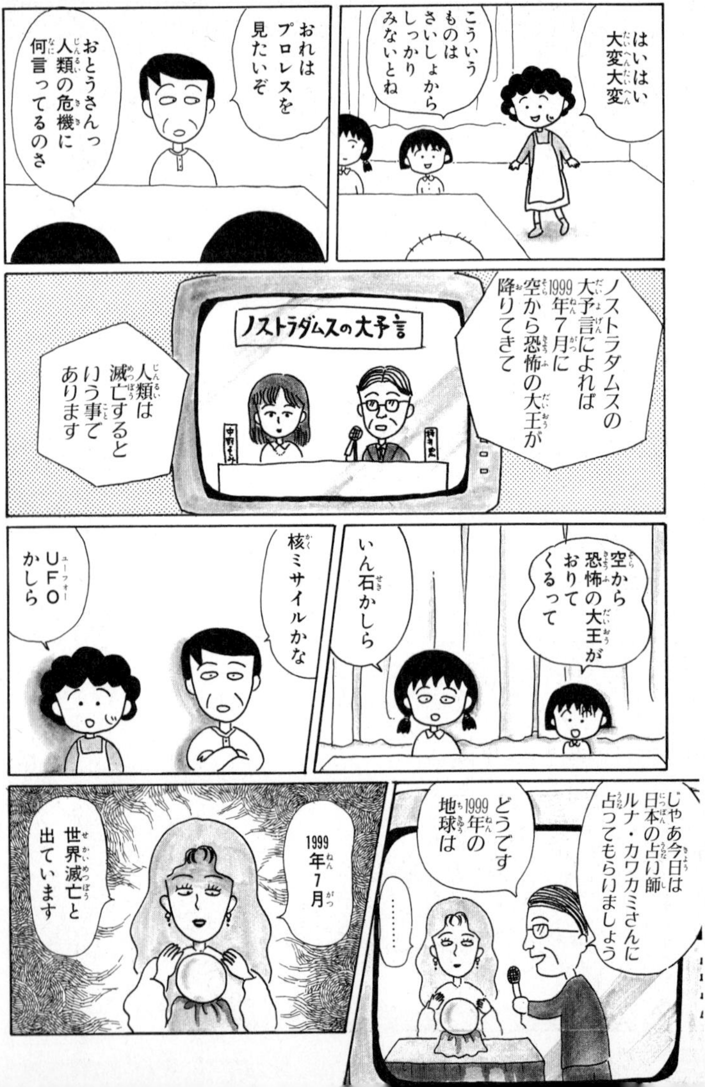
はいはい大変大変
こういうものはさいしょからしっかりみないとね
おれはプロレスを見たいぞ
おとうさんっ人類の危機に何言ってるのさ
ノストラダムスの大予言
ノストラダムスの大予言によれば1999年7月に空から恐怖の大王が降りてきて
人類は滅亡するという事であります
空から恐怖の大王がおりてくるって
いん石かしら
核ミサイルかな
UFOかしら
じゃあ今日は日本の占い師ルナ・カワカミさんに占ってもらいましょう
どうです1999年の地球は
……
1999年7月
世界滅亡と出ています

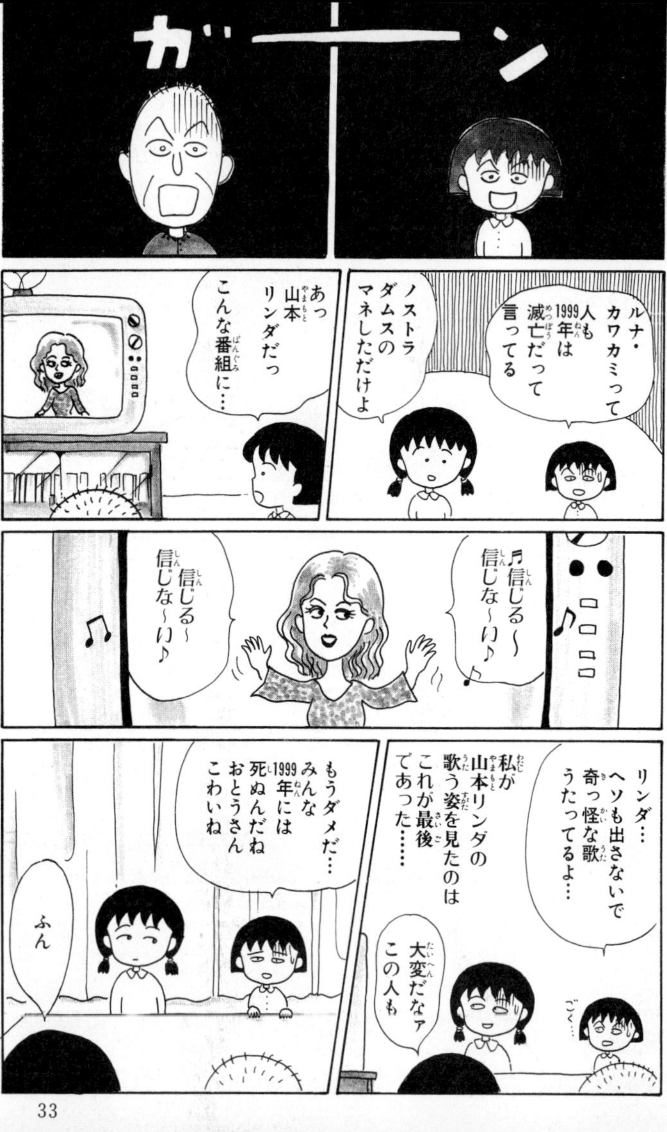
ガーーン
ルナ・カワカミって人も1999年は滅亡だって言ってる
ノストラダムスのマネしただけよ
あっ山本リンダだっこんな番組に…
♬信じる〜信じな〜い♪
信じる〜信じな〜い♪
リンダ…ヘソも出さないで奇っ怪な歌うたってるよ…
私が山本リンダの歌う姿を見たのはこれが最後であった……
大変だなァこの人も
ごく…
もうダメだ…みんな1999年には死ぬんだねおとうさんこわいね
ふん

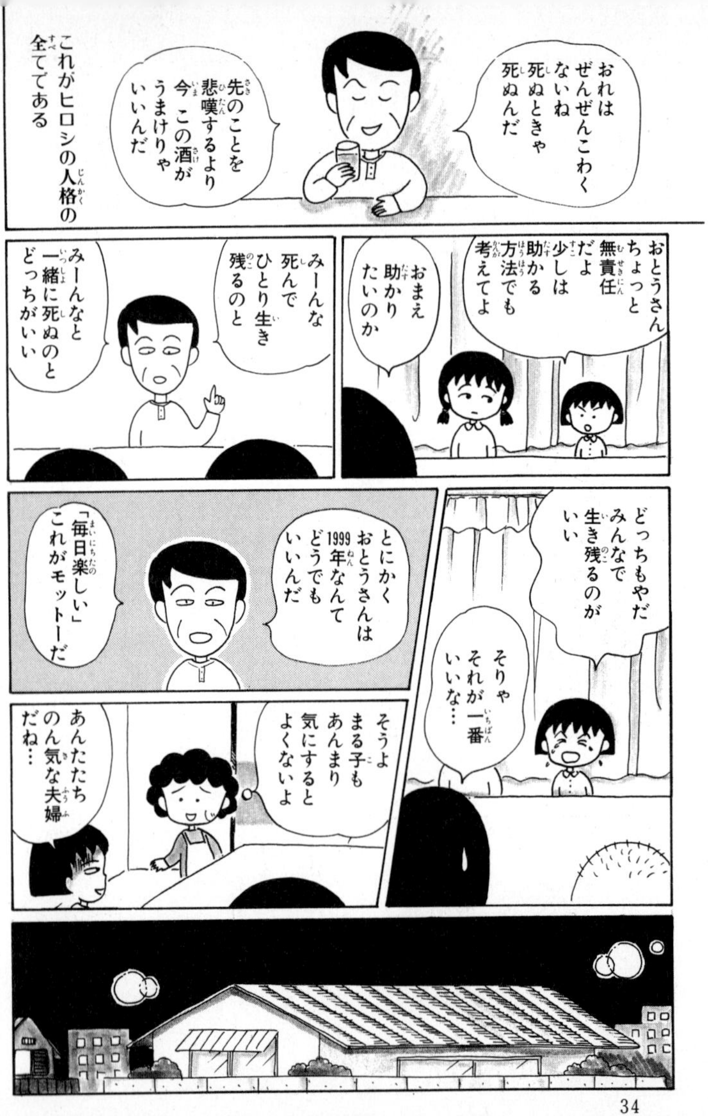
おれはぜんぜんこわくないね
死ぬときゃ死ぬんだ
先のことを悲嘆するより今 この酒がうまけりゃいいんだ
これがヒロシの人格の全てである
おとうさんちょっと無責任だよ
少しは助かる方法でも考えてよ
おまえ助かりたいのか
みーんな死んでひとり生き残るのと
みーんなと一緒に死ぬのとどっちがいい
どっちもやだ
みんなで生き残るのがいい
そりゃそれが一番いいな…
とにかくおとうさんは1999年なんてどうでもいいんだ
「毎日楽しい」これがモットーだ
そうよまる子もあんまり気にするとよくないよ
あんたたちのん気な夫婦だね…

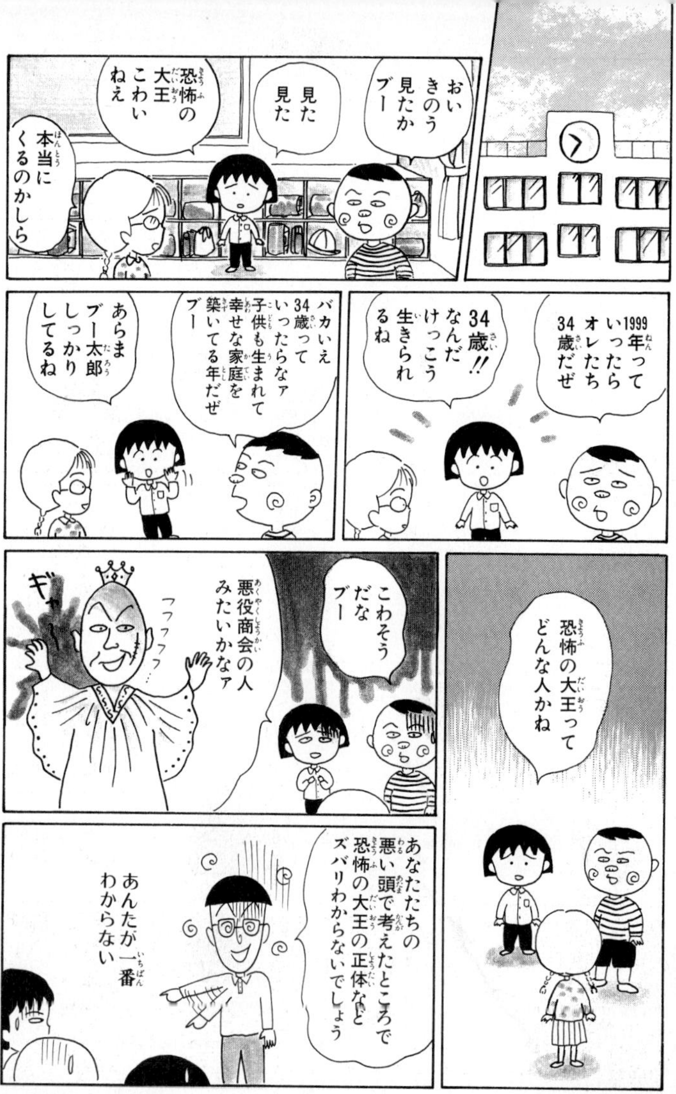
おい
きのう
見たか
ブー
見た
見た
恐怖の
大王
こわい
ねえ
本当に
くるのかしら
1999年って
いったら
オレたち
34歳だぜ
34歳!!
なんだ
けっこう
生きられ
るね
バカいえ
34歳って
いったらなァ
子供も生まれて
幸せな家庭を
築いてる年だぜ
ブー
あらま
ブー太郎
しっかり
してるね
恐怖の大王って
どんな人かね
こわそう
だな
ブー
悪役商会の人
みたいかなァ
ギャ～
フフフフ…
あなたたちの
悪い頭で考えたところで
恐怖の大王の正体など
ズバリわからないでしょう
あんたが一番
わからない

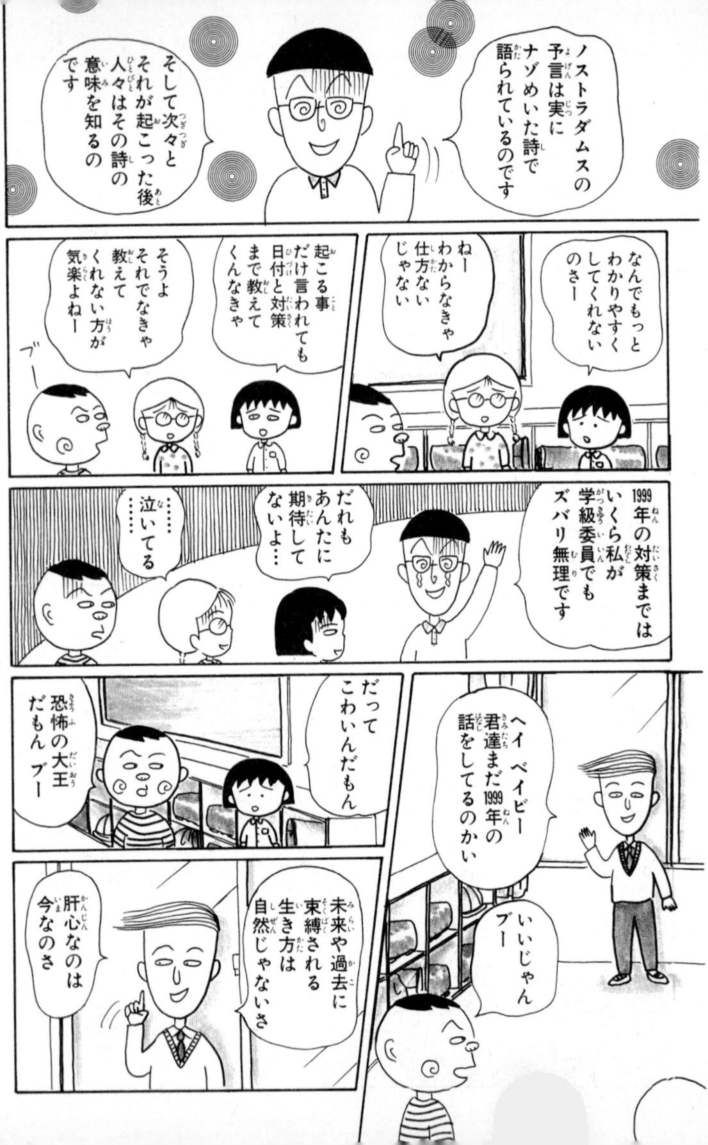

ノストラダムスの予言は実にナゾめいた詩で語られているのです
そして次々とそれが起こった後人々はその詩の意味を知るのです
なんでもっとわかりやすくしてくれないのさー
ねーわからなきゃ仕方ないじゃない
起こる事だけ言われても日付と対策まで教えてくんなきゃ
そうよそれでなきゃ教えてくれない方が気楽よねー
ブー
1999年の対策まではいくら私が学級委員でもズバリ無理です
だれもあんたに期待してないよ…
……泣いてる……
ヘイ ベイビー君達まだ1999年の話をしてるのかい
いいじゃんブー
だってこわいんだもん
恐怖の大王だもん ブー
未来や過去に束縛される生き方は自然じゃないさ
肝心なのは今なのさ

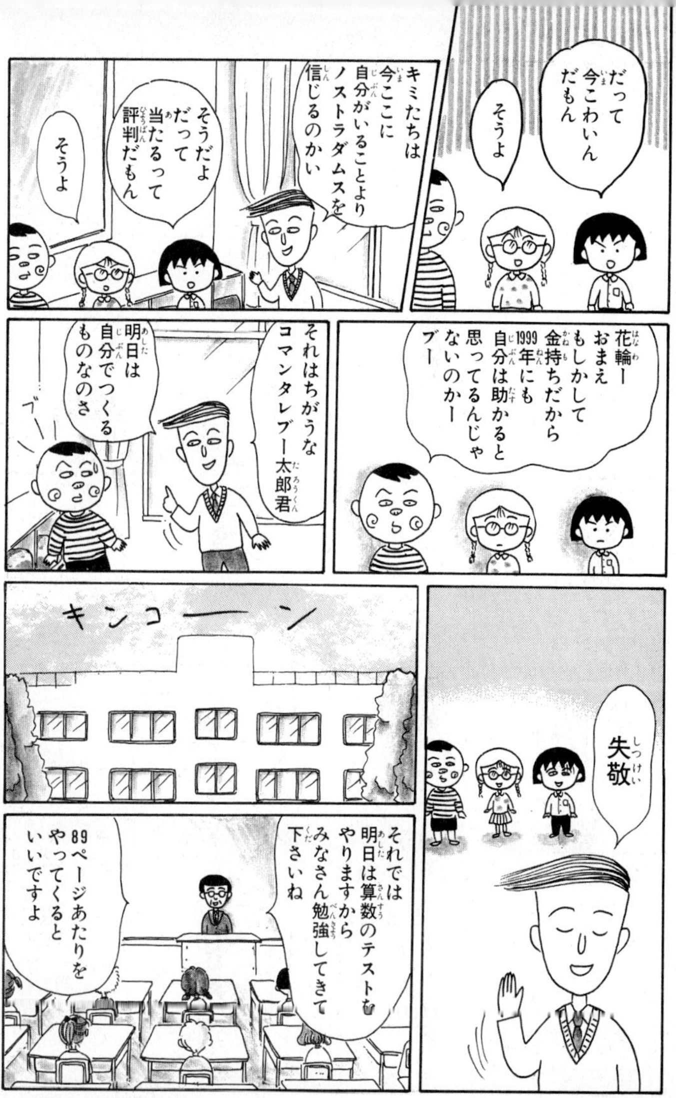
だって今こわいんだもん
そうよ
キミたちは今ここに自分がいることよりノストラダムスを信じるのかい
そうだよだって当たるって評判だもん
そうよ
花輪ーおまえもしかして金持ちだから1999年にも自分は助かると思ってるんじゃないのかーブー
それはちがうなコマンタレブー太郎君
明日は自分でつくるものなのさ
ブ
失敬
キンコーーン
それでは明日は算数のテストをやりますからみなさん勉強してきて下さいね
89ページあたりをやってくるといいですよ

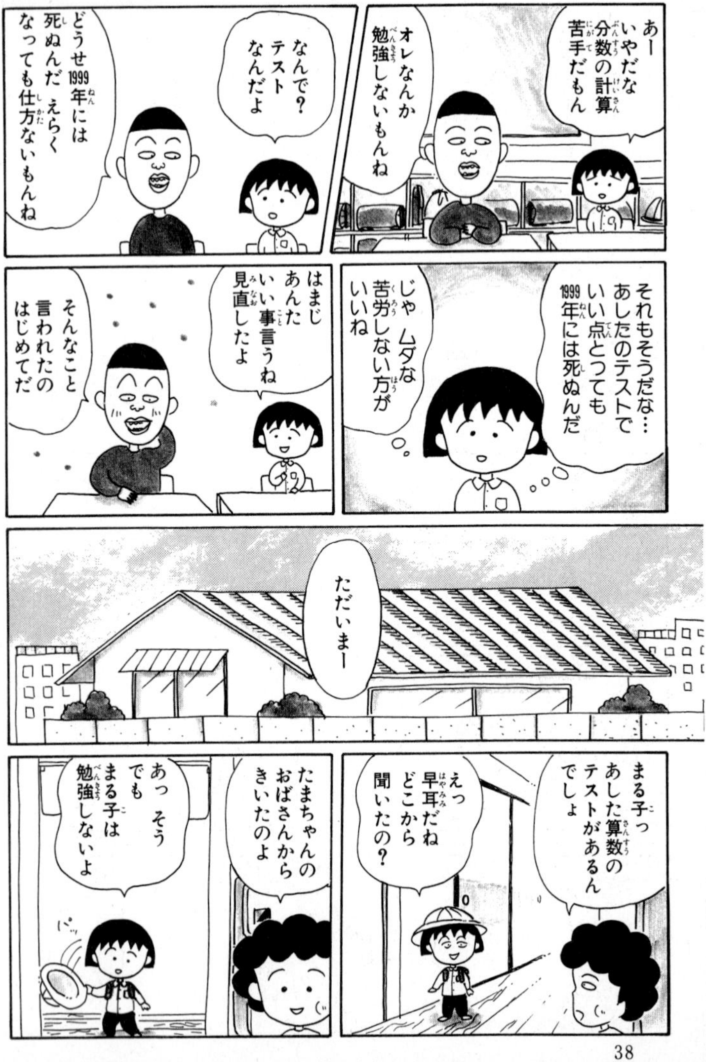
あー いやだな 分数の計算 苦手だもん
オレなんか 勉強しないもんね
なんで? テスト なんだよ
どうせ1999年には 死ぬんだ えらく なっても仕方ないもんね
それもそうだな… あしたのテストで いい点とっても 1999年には死ぬんだ
じゃ ムダな 苦労しない方が いいね
はまじ あんた いい事言うね 見直したよ
そんなこと 言われたの はじめてだ
ただいまー
まる子っ あした算数の テストがあるん でしょ
えっ 早耳だね どこから 聞いたの?
たまちゃんの おばさんから きいたのよ
あっ そう でも まる子は 勉強しないよ
パッ

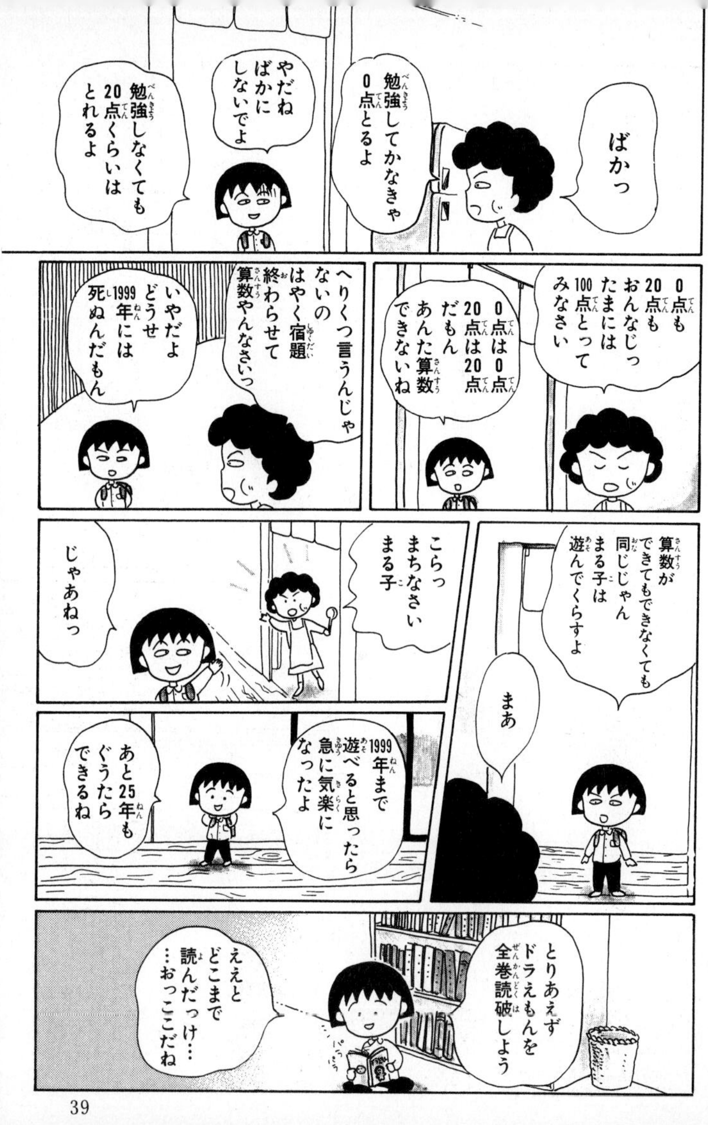
ばかっ
勉強してかなきゃ0点とるよ
やだねばかにしないでよ
勉強しなくても20点くらいはとれるよ
0点も20点もおんなじっ たまには100点とってみなさい
0点は0点 20点は20点だもん あんた算数できないね
へりくつ言うんじゃないの はやく宿題終わらせて算数やんなさいっ
いやだよ どうせ1999年には死ぬんだもん
算数ができてもできなくても同じじゃん まる子は遊んでくらすよ
まあ
こらっ まちなさい まる子
じゃあねっ
1999年まで遊べると思ったら急に気楽になったよ
あと25年もぐうたらできるね
とりあえずドラえもんを全巻読破しよう
ええと どこまで読んだっけ…おっここだね

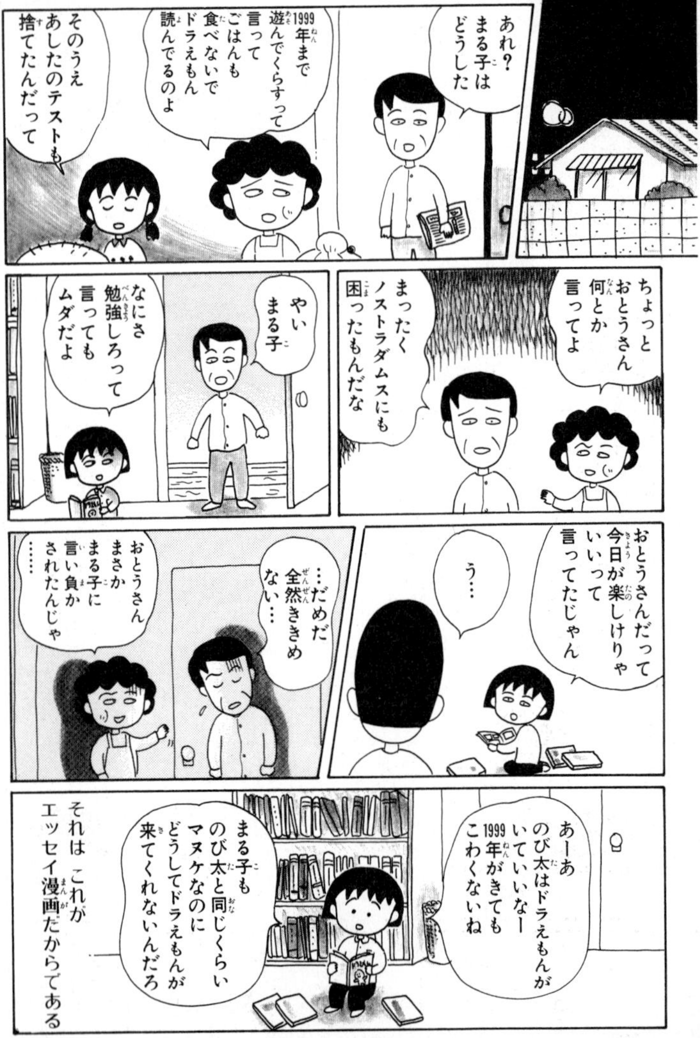

あれ?まる子はどうした
1999年まで遊んでくらすって言ってごはんも食べないでドラえもん読んでるのよ
そのうえあしたのテストも捨てたんだって
ちょっとおとうさん何とか言ってよ
まったくノストラダムスにも困ったもんだな
やいまる子
なにさ勉強しろって言ってもムダだよ
おとうさんだって今日が楽しけりゃいいいって言ってたじゃん
う…
…だめだ全然ききめない…
おとうさんまさかまる子に言い負かされたんじゃ……
あーあのび太はドラえもんがいていいなー1999年がきてもこわくないね
まる子ものび太と同じくらいマヌケなのにどうしてドラえもんが来てくれないんだろ
それは これがエッセイ漫画だからである

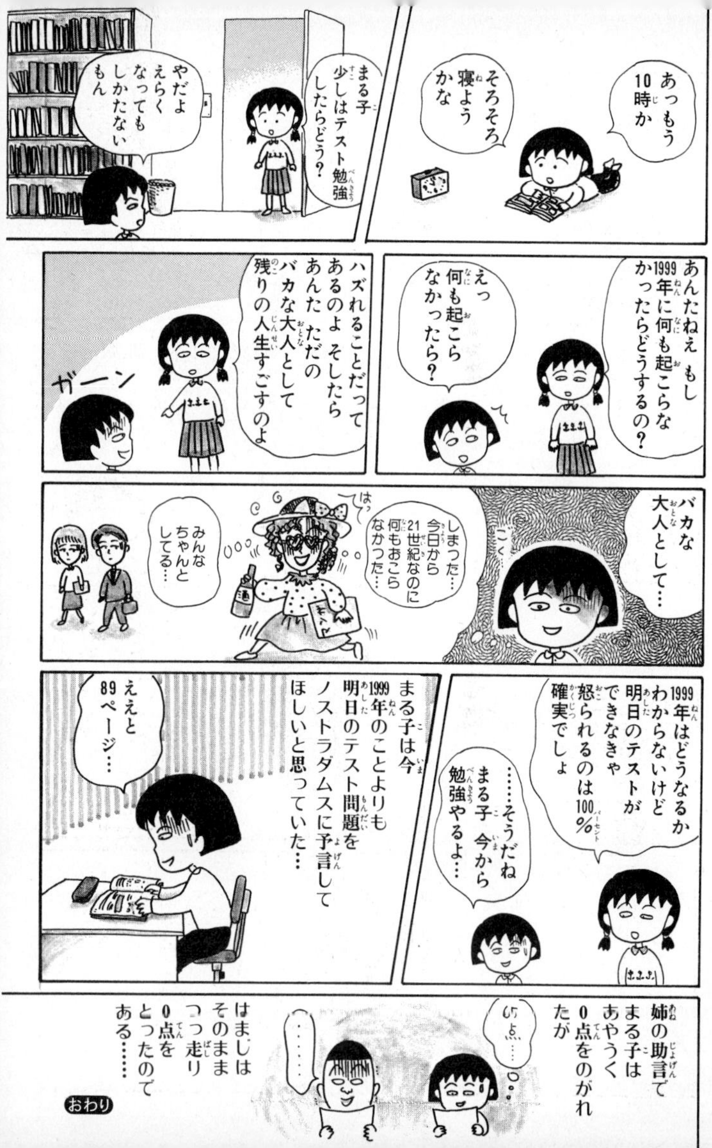

あっもう10時か
そろそろ寝ようかな
まる子 少しはテスト勉強したらどう?
やだよ えらくなってもしかたないもん
あんたねえ もし1999年に何も起こらなかったらどうするの?
えっ 何も起こらなかったら?
ハズれることだってあるのよ そしたらあんた ただのバカな大人として残りの人生すごすのよ
ガーン
バカな大人として…
ごく…
はっ
しまった… 今日から21世紀なのに何もおこらなかつた…
みんなちゃんとしてる…
1999年はどうなるかわからないけど明日のテストができなきゃ怒られるのは100%確実でしょ
……そうだね まる子 今から勉強やるよ…
まる子は今1999年のことよりも明日のテスト問題をノストラダムスに予言してほしいと思っていた…
ええと89ページ…
姉の助言でまる子はあやうく0点をのがれたが
65点…
……
はまじはそのままつっ走り0点をとったのである……
おわり

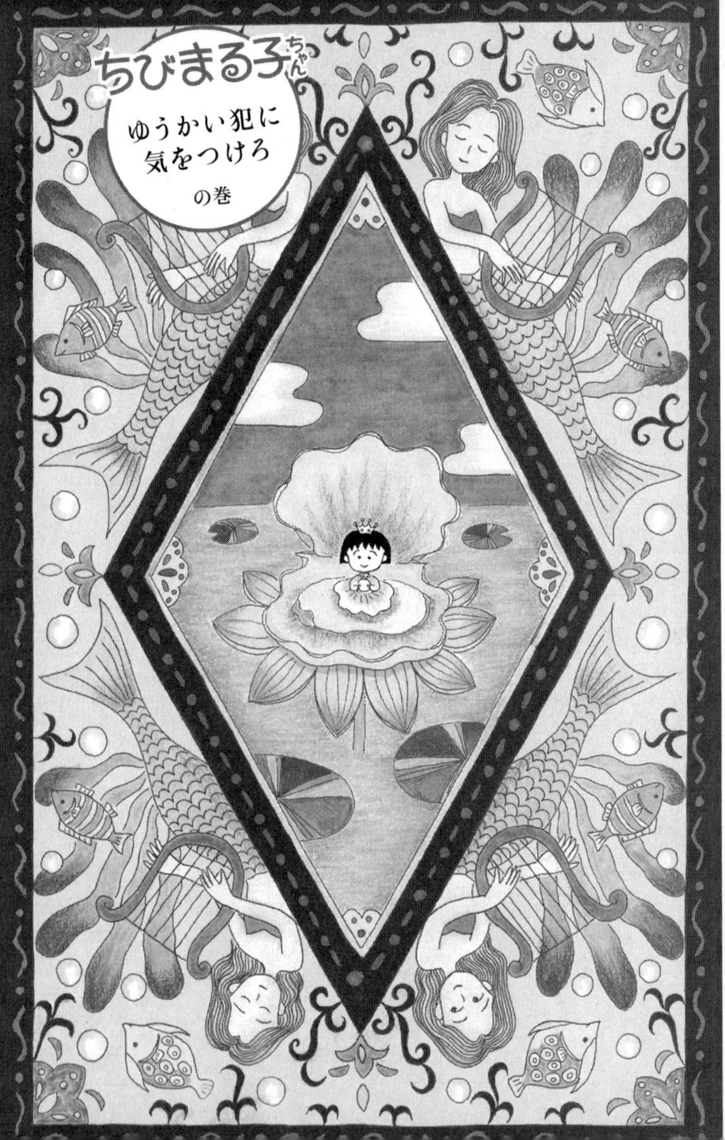
ちびまる子ちゃん
ゆうかい犯に
気をつけろ
の巻

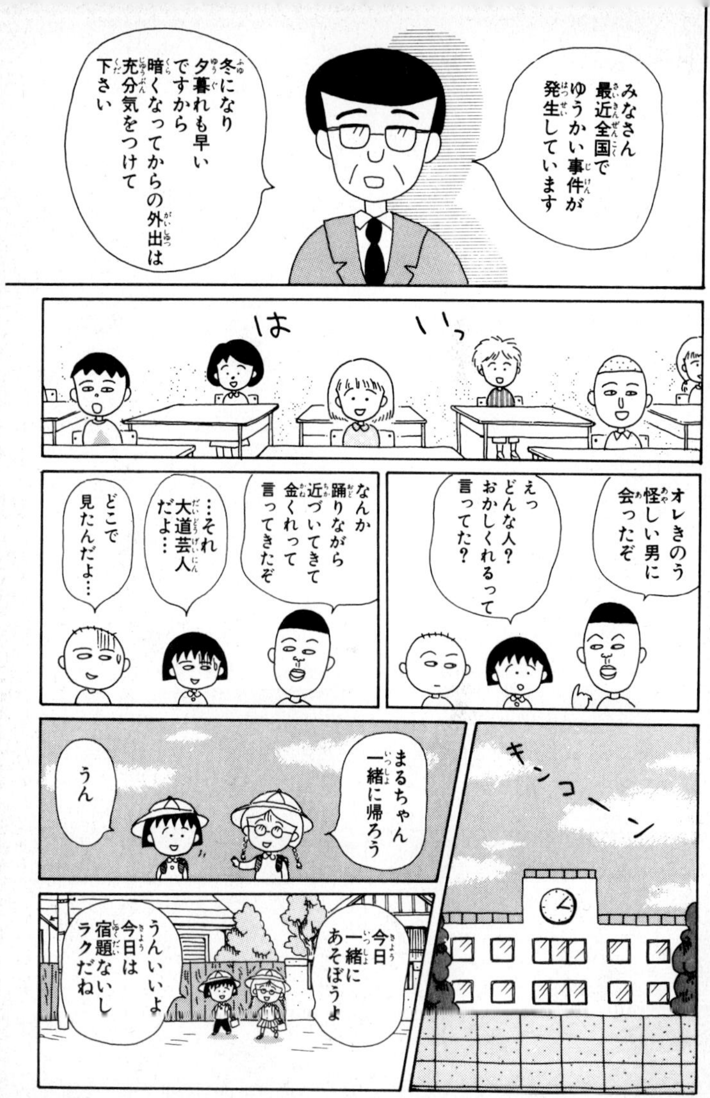
みなさん
最近全国で
ゆうかい事件が
発生しています
冬になり
夕暮れも早い
ですから
暗くなってからの外出は
充分気をつけて
下さい
はいっ
オレきのう
怪しい男に
会ったぞ
えっ
どんな人?
おかしくれるって
言ってた?
なんか
踊りながら
近づいてきて
金くれって
言ってきたぞ
…それ
大道芸人
だよ…
どこで
見たんだよ…
キンコーン
まるちゃん
一緒に帰ろう
うん
今日
一緒に
あそぼうよ
うんいいよ
今日は
宿題ないし
ラクだね

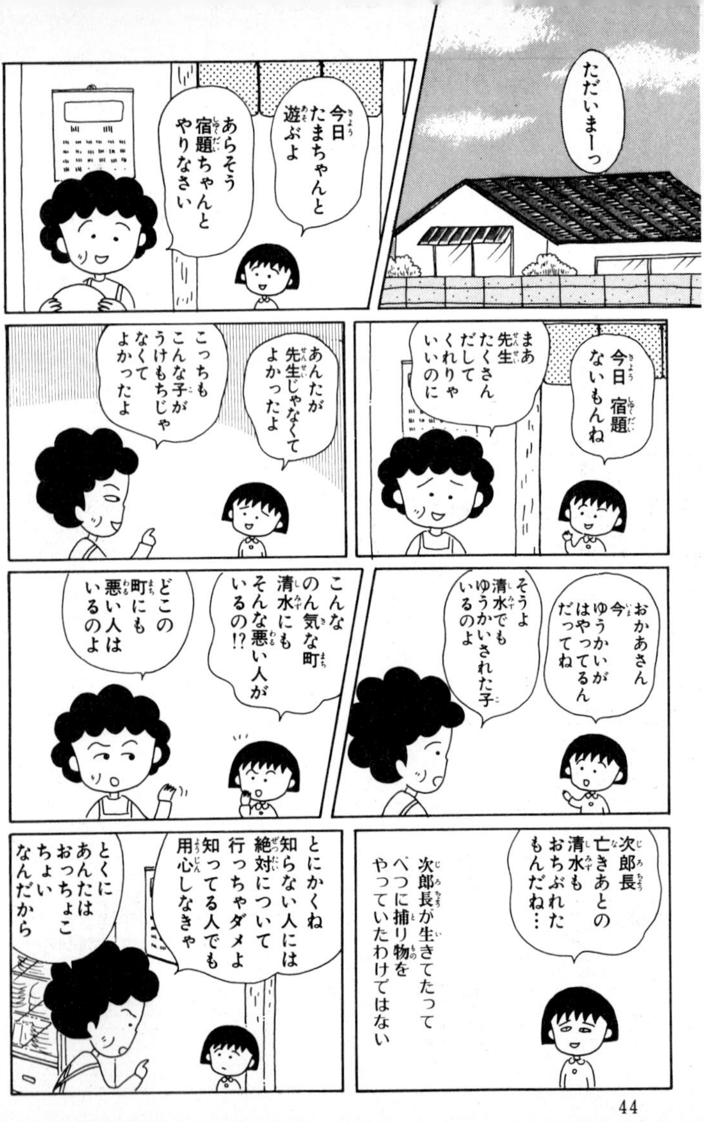
ただいまーっ
今日 たまちゃんと遊ぶよ
あらそう 宿題ちゃんとやりなさい
今日 宿題ないもんね
まあ 先生たくさんだしてくれりゃいいのに
あんたが先生じゃなくてよかったよ
こっちもこんな子がうけもちじゃなくてよかったよ
おかあさん 今ゆうかいがはやってるんだってね
そうよ 清水でもゆうかいされた子いるのよ
こんなのん気な町清水にもそんな悪い人がいるの!?
どこの町にも悪い人はいるのよ
次郎長亡きあとの清水もおちぶれたもんだね…
次郎長が生きてたってべつに捕り物をやっていたわけではない
とにかくね知らない人には絶対について行っちゃダメよ 知ってる人でも用心しなきゃ
とくにあんたはおっちょこちょいなんだから

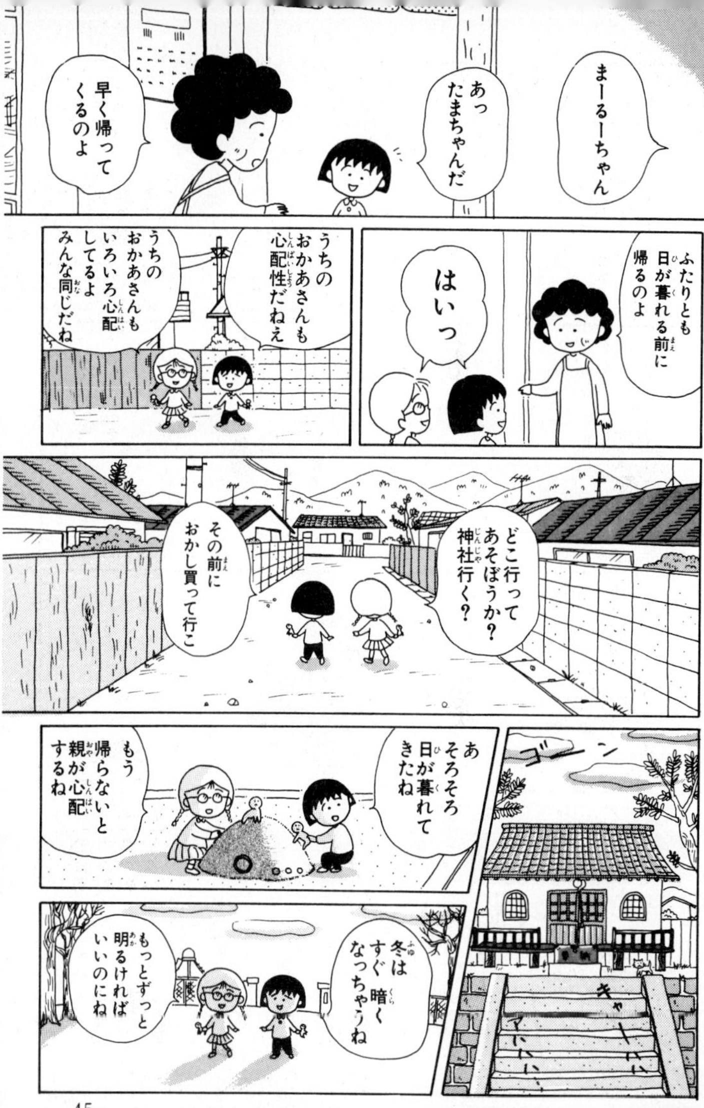
まーるーちゃん
あっ たまちゃんだ
早く帰ってくるのよ
ふたりとも日が暮れる前に帰るのよ
はいっ
うちのおかあさんも心配性だねえ
うちのおかあさんもいろいろ心配してるよ みんな同じだね
どこ行ってあそぼうか? 神社行く?
その前におかし買って行こ
ゴーン
あ そろそろ日が暮れてきたね
もう帰らないと親が心配するね
冬はすぐ暗くなっちゃうね
もっとずっと明るければいいのにね

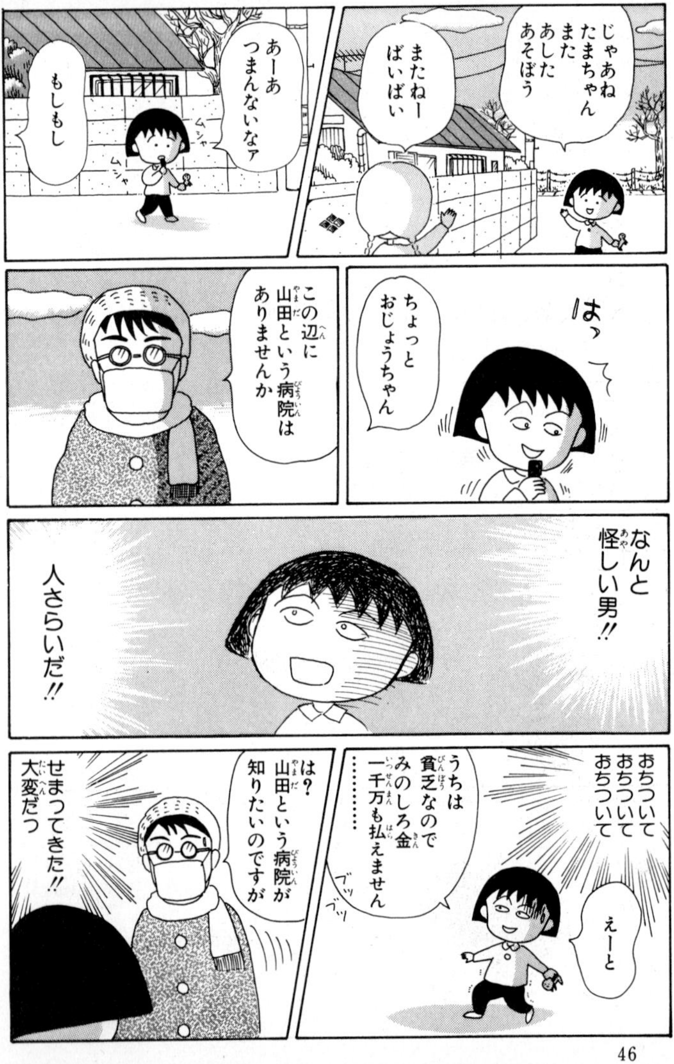

じゃあね たまちゃん また あした あそぼう
またねー ばいばい
あーあ つまんないなァ
ムシャ ムシャ
もしもし
は
ちょっと おじょうちゃん
この辺に山田という病院はありませんか
なんと怪しい男!!
人さらいだ!!
おちついて おちついて おちついて
えーと
うちは貧乏なので みのしろ金 一千万も払えません
……………
ブツ ブツ
は? 山田という病院が知りたいのですが
せまってきた!! 大変だっ

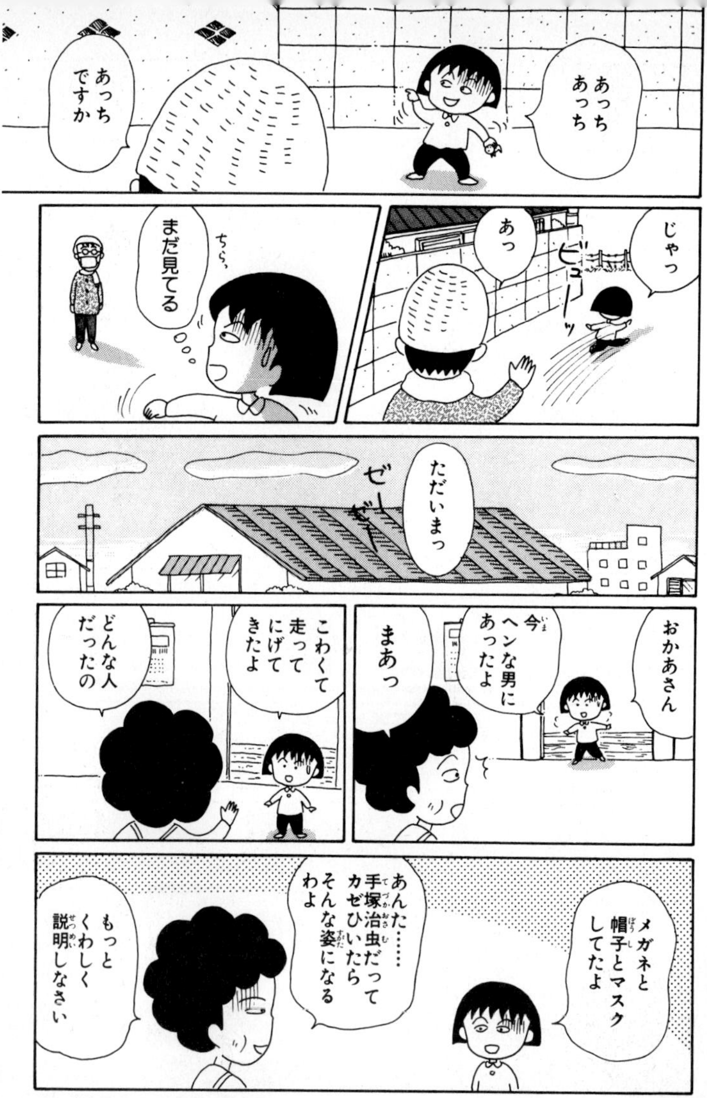
あっち あっち
あっちですか
じゃっ
ビューーッ
あっ
ちらっ
まだ見てる
ゼーゼー
ただいまっ
おかあさん
今ヘンな男にあったよ
まあっ
こわくて走ってにげてきたよ
どんな人だったの
メガネと帽子とマスクしてたよ
あんた……手塚治虫だってカゼひいたらそんな姿になるわよ
もっとくわしく説明しなさい

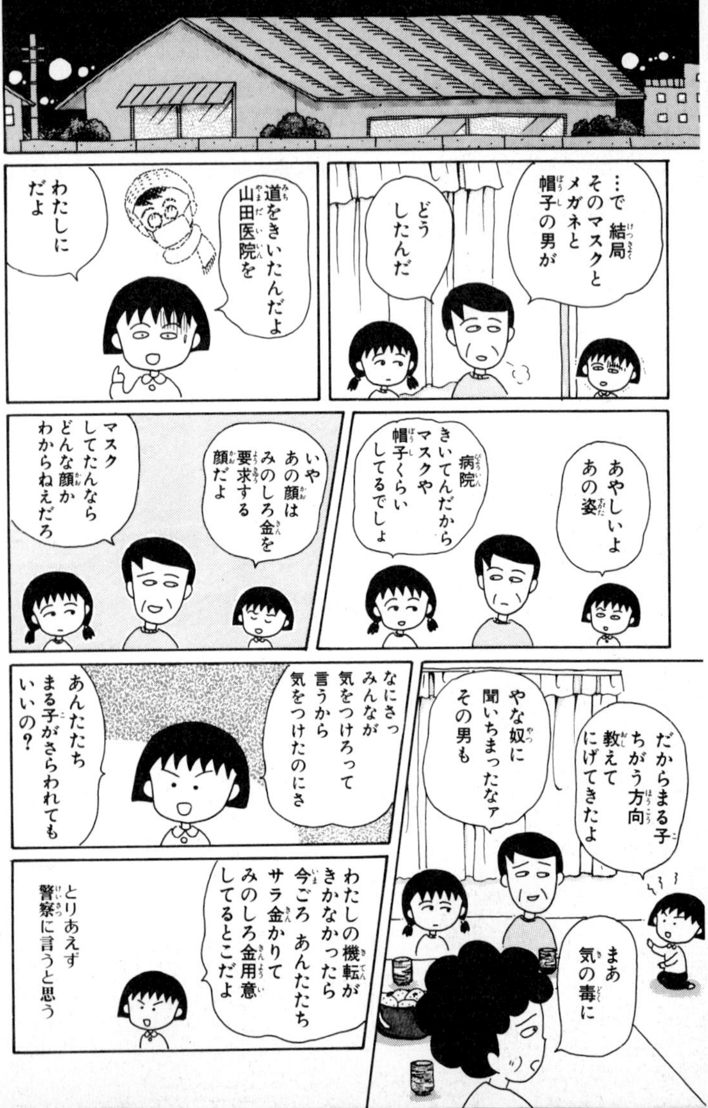

…で 結局 そのマスクと メガネと 帽子の男が
どう したんだ
道をきいたんだよ 山田医院を
わたしに だよ
あやしいよ あの姿
病院 きいてんだから マスクや 帽子くらい してるでしょ
いや あの顔は みのしろ金を 要求する 顔だよ
マスク してたんなら どんな顔か わからねえだろ
だからまる子 ちがう方向 教えて にげてきたよ
やな奴に 聞いちまったなァ その男も
まあ 気の毒に
なにさっ みんなが 気をつけろって 言うから 気をつけたのにさ
あんたたち まる子がさらわれても いいの?
わたしの機転が きかなかったら 今ごろ あんたたち サラ金かりて みのしろ金用意 してるとこだよ
とりあえず 警察に言うと思う

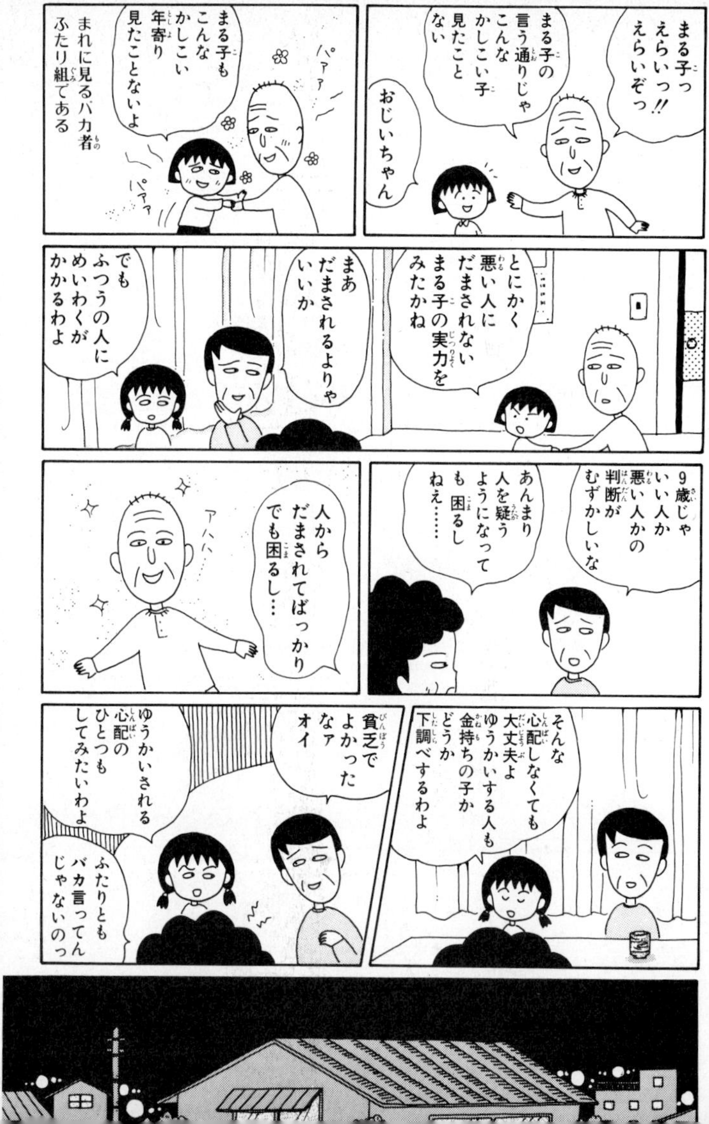
まる子っ
えらいっ!!
えらいぞっ
まる子の
言う通りじゃ
こんな
かしこい子
見たこと
ない
おじいちゃん
まる子も
こんな
かしこい
年寄り
見たことないよ
パァァ
パァァ
まれに見るバカ者
ふたり組である
とにかく
悪い人に
だまされない
まる子の実力を
みたかね
まあ
だまされるよりゃ
いいか
でも
ふつうの人に
めいわくが
かかるわよ
9歳じゃ
いい人か
悪い人かの
判断が
むずかしいな
あんまり
人を疑う
ようになって
も困るし
ねえ……
人から
だまされてばっかり
でも困るし…
アハハ…
そんな
心配しなくても
大丈夫よ
ゆうかいする人も
金持ちの子か
どうか
下調べするわよ
貧乏で
よかった
なァ
オイ
ゆうかいされる
心配の
ひとつも
してみたいわよ
ふたりとも
バカ言ってん
じゃないのっ

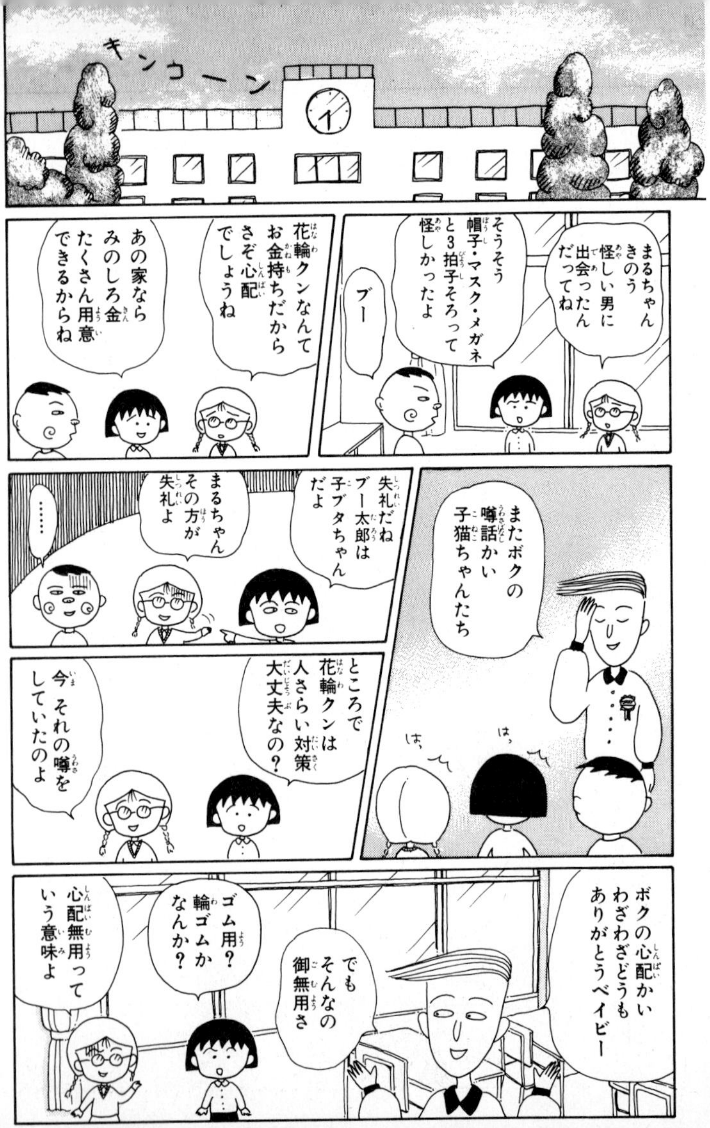
キンコーン
まるちゃん きのう 怪しい男に 出会ったん だってね
そうそう 帽子・マスク・メガネと3拍子そろって 怪しかったよ
ブー
花輪クンなんて お金持ちだから さぞ心配 でしょうね
あの家なら みのしろ金 たくさん用意 できるからね
またボクの 噂話かい 子猫ちゃんたち
は、
は、
失礼だね ブー太郎は 子ブタちゃん だよ
まるちゃん その方が 失礼よ
……
ところで 花輪クンは 人さらい対策 大丈夫なの？
今 それの噂を していたのよ
ボクの心配かい わざわざどうも ありがとうベイビー
でも そんなの 御無用さ
ゴム用？ 輪ゴムか なんか？
心配無用って いう意味よ

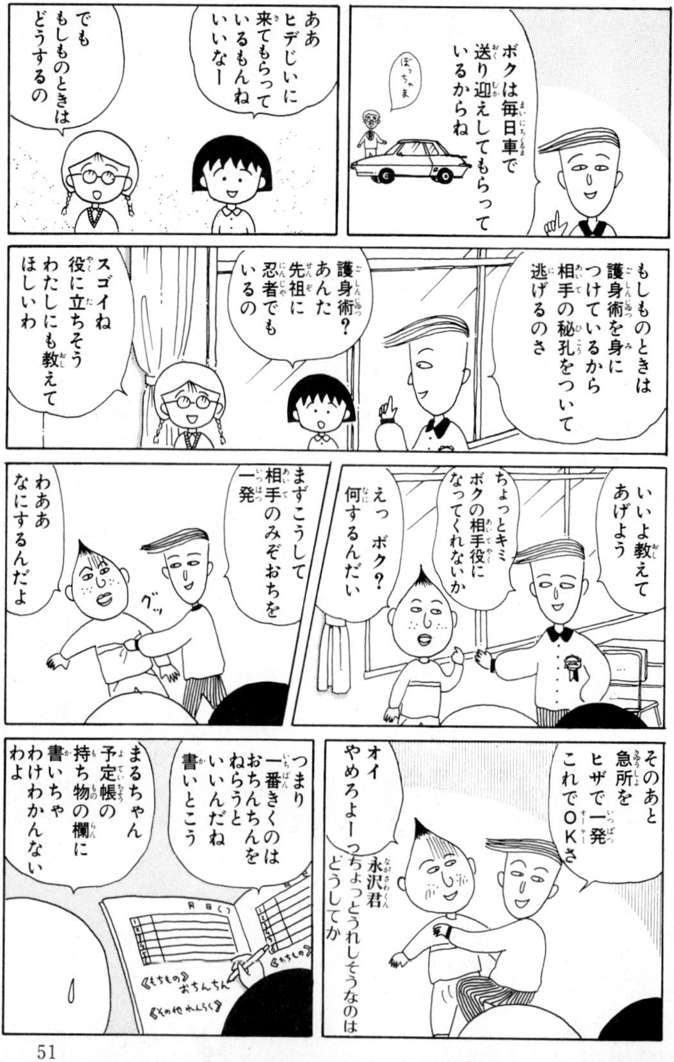
ボクは毎日車で送り迎えしてもらっているからね
ぼっちゃま
ああ ヒデじいに来てもらっているもんね いいなー
でも もしものときはどうするの
もしものときは護身術を身につけているから相手の秘孔をついて逃げるのさ
護身術? あんた先祖に忍者でもいるの
スゴイね 役に立ちそう わたしにも教えてほしいわ
いいよ教えてあげよう
ちょっとキミ ボクの相手役になってくれないか
えっ ボク? 何するんだい
まずこうして相手のみぞおちを一発
グッ
わああ なにするんだよ
そのあと急所をヒザで一発 これでOKさ
オイ やめろよーっ
永沢君ちょっとうれしそうなのはどうしてか
つまり 一番きくのはおちんちんをねらうといいんだね 書いとこう
まるちゃん 予定帳の持ち物の欄に書いちゃ わけわかんないわよ
《もちもの》おちんちん
《その他 れんらく》
《もちもの》

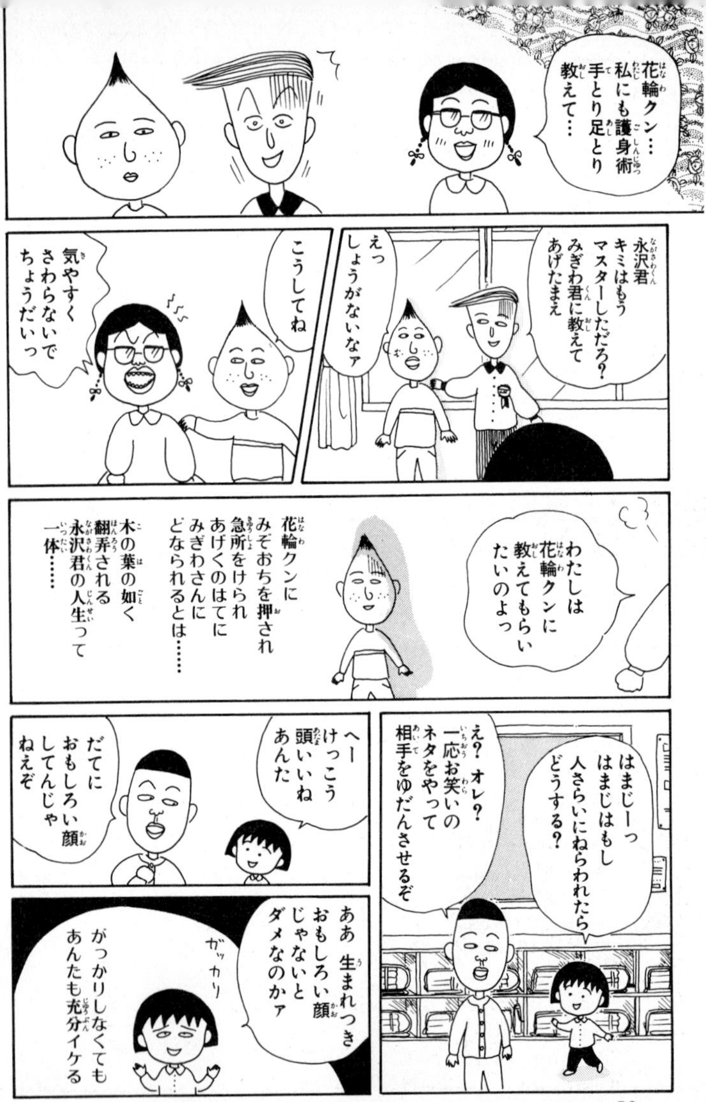
花輪クン…
私にも護身術
手とり足とり
教えて…
永沢君
キミはもう
マスターしただろ?
みぎわ君に教えて
あげたまえ
えっ
しょうがないなァ
こうしてね
気やすく
さわらないで
ちょうだいっ
わたしは
花輪クンに
教えてもらい
たいのよっ
花輪クンに
みぞおちを押され
急所をけられ
あげくのはてに
みぎわさんに
どなられるとは……
木の葉の如く
翻弄される
永沢君の人生って
一体……
はまじーっ
はまじはもし
人さらいにねらわれたら
どうする?
え? オレ?
一応お笑いの
ネタをやって
相手をゆだんさせるぞ
へー
けっこう
頭いいね
あんた
だてに
おもしろい顔
してんじゃ
ねえぞ
ああ 生まれつき
おもしろい顔
じゃないと
ダメなのかァ
ガッカリ
がっかりしなくても
あんたも充分イケる

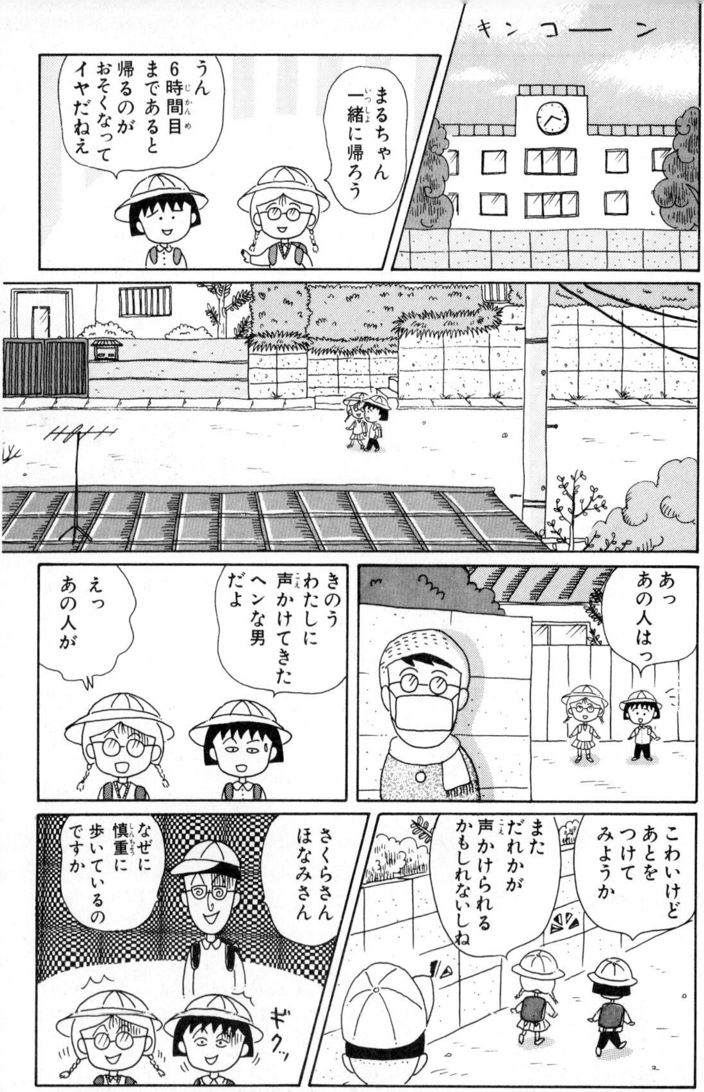
キンコーン
まるちゃん一緒に帰ろう
うん 6時間目まであると帰るのがおそくなってイヤだねえ
あっ あの人はっ
きのうわたしに声かけてきたヘンな男だよ
えっ あの人が
こわいけどあとをつけてみようか
またはだれかが声かけられるかもしれないしね
さくらさん ほなみさん
なぜに慎重に歩いているのですか
ギクッ

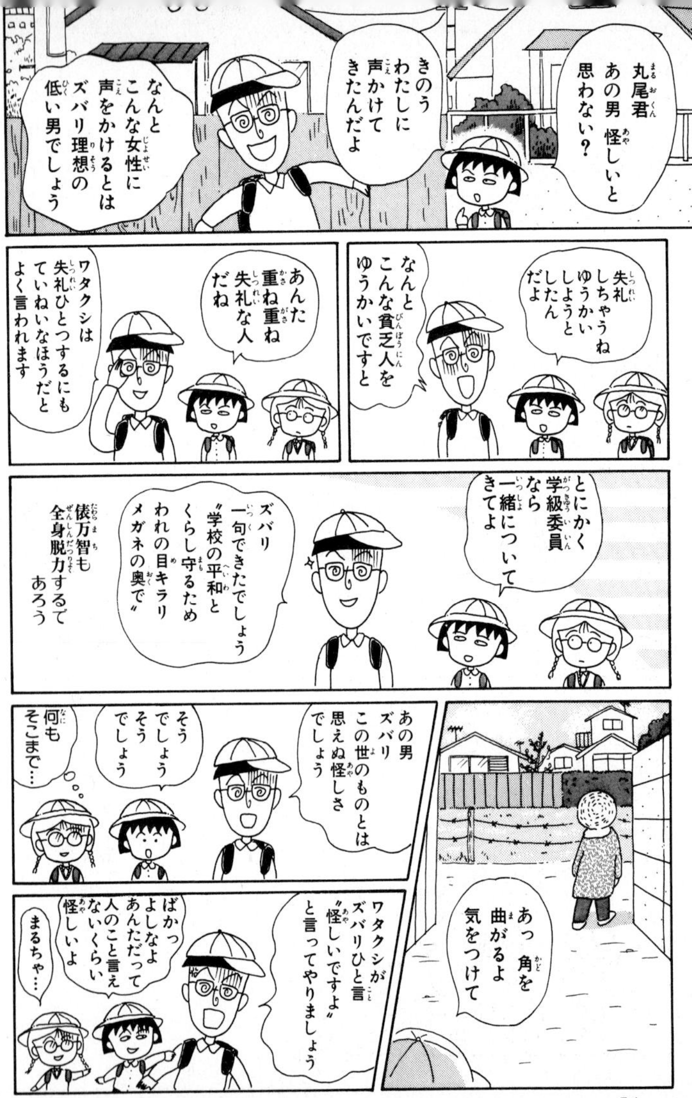
丸尾君
あの男 怪しいと
思わない？
きのう
わたしに
声かけて
きたんだよ
なんと
こんな女性に
声をかけるとは
ズバリ理想の
低い男でしょう
失礼
しちゃうね
ゆうかい
しようと
したん
だよ
なんと
こんな貧乏人を
ゆうかいですと
あんた
重ね重ね
失礼な人
だね
ワタクシは
失礼ひとつするにも
ていねいなほうだと
よく言われます
とにかく
学級委員
なら
一緒について
きてよ
ズバリ
一句できたでしょう
〝学校の平和と
くらし守るため
われの目キラリ
メガネの奥で〟
俵万智も
全身脱力するで
あろう
あっ 角を
曲がるよ
気をつけて
あの男
ズバリ
この世のものとは
思えぬ怪しさ
でしょう
そう
でしょう
そう
でしょう
何も
そこまで…
ワタクシが
ズバリひと言
〝怪しいですよ〟
と言ってやりましょう
ばかっ
よしなよ
あんただって
人のこと言え
ないくらい
怪しいよ
まるちゃ…

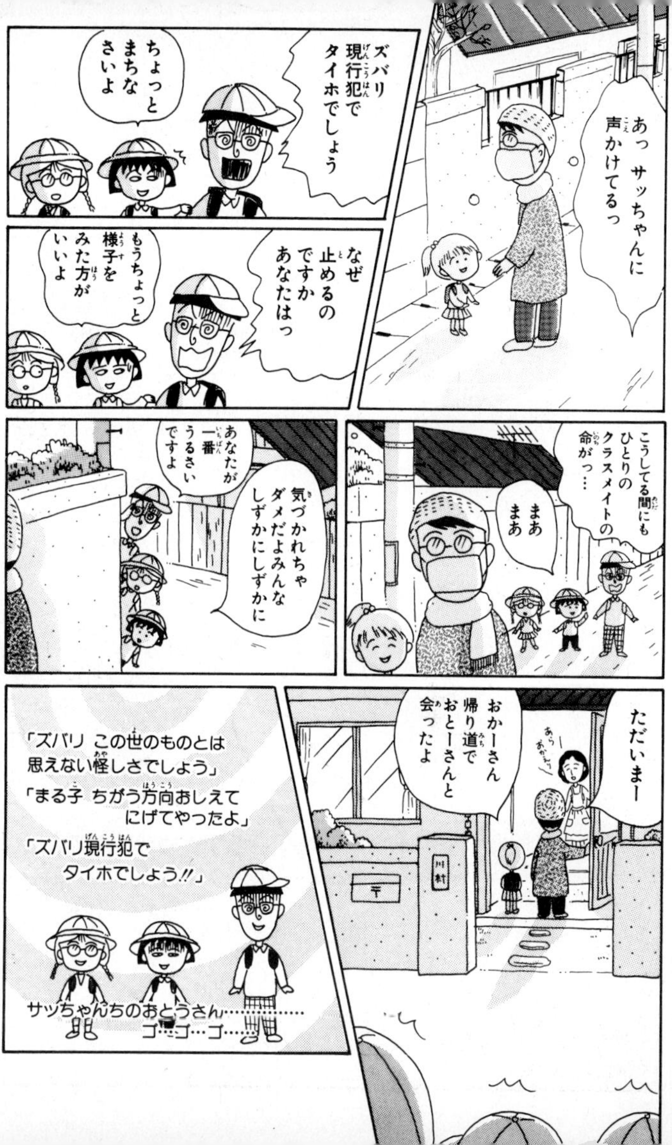

あっ サッちゃんに
声かけてるっ
ズバリ
現行犯で
タイホでしょう
ちょっと
まちな
さいよ
なぜ
止めるの
ですか
あなたはっ
もうちょっと
様子を
みた方が
いいよ
こうしてる間にも
ひとりの
クラスメイトの
命がっ…
まあ
まあ
気づかれちゃ
ダメだよみんな
しずかにしずかに
あなたが
一番
うるさい
ですよ
ただいまー
あら おかえり
おかーさん
帰り道で
おとーさんと
会ったよ
川村
「ズバリ この世のものとは
思えない怪しさでしょう」
「まる子 ちがう方向おしえて
にげてやったよ」
「ズバリ現行犯で
タイホでしょう!!」
サッちゃんちのおとうさん…………
ゴ…ゴ…ゴ……!!

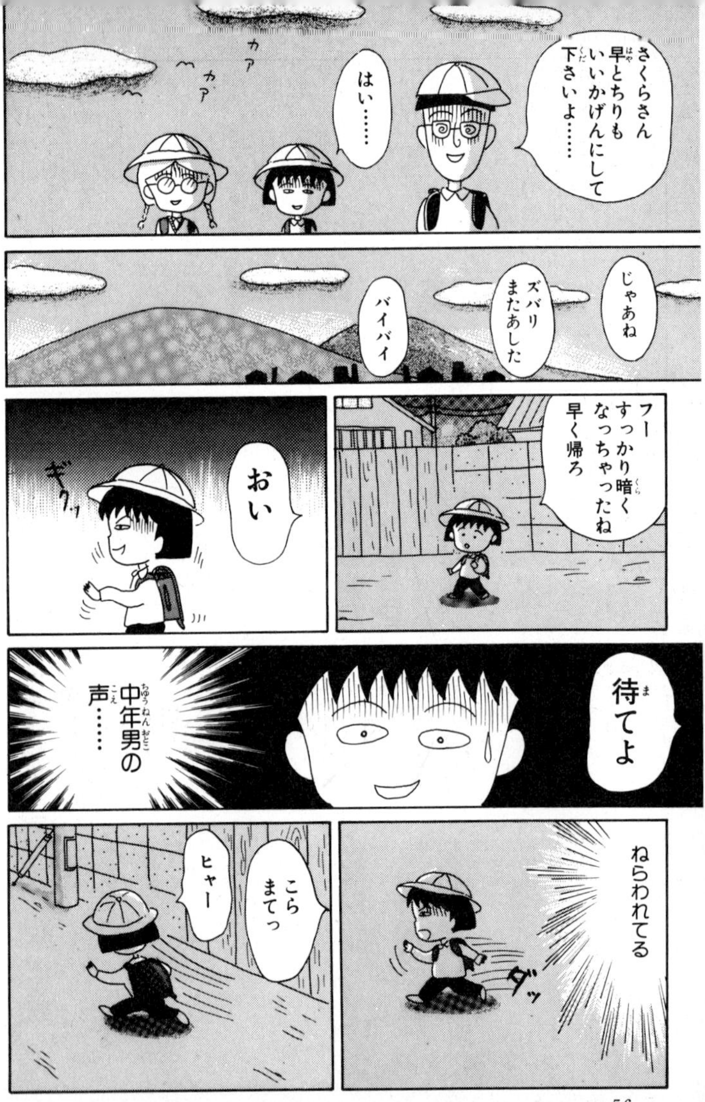
さくらさん
早とちりもいいかげんにして下さいよ……
はい……
カァ
カァ
じゃあね
ズバリまたあした
バイバイ
フーすっかり暗くなっちゃったね早く帰ろ
おい
ギクッ
待てよ
中年男の声……
ねらわれてる
ダッ
こら まてっ
ヒャー

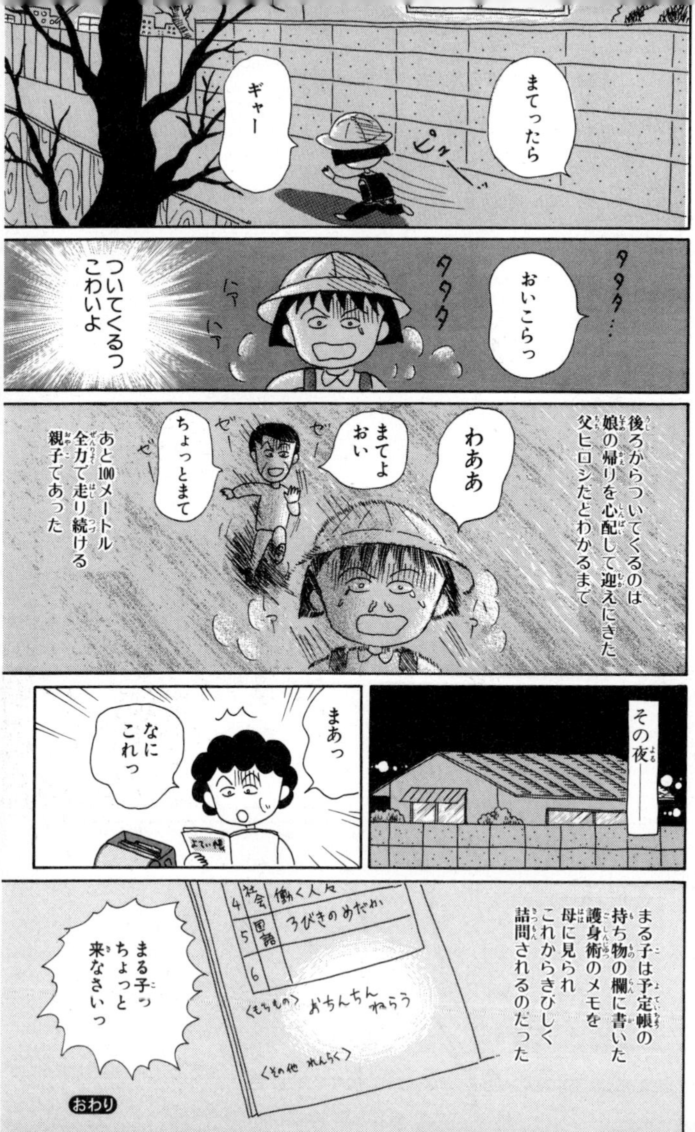
まてったら
ギャー
おいこらっ
タタタ…
タタタ
ハァ ハァ
ついてくるっ
こわいよ
後ろからついてくるのは
娘の帰りを心配して迎えにきた
父ヒロシだとわかるまで
わああ
まてよ
おい
ちょっとまて
ゼー ゼー ゼ
あと100メートル
全力で走り続ける
親子であった
その夜——
まあっ
なにこれっ
まる子は予定帳の
持ち物の欄に書いた
護身術のメモを
母に見られ
これからきびしく
詰問されるのだった
4 社会 働く人々
5 国語 3びきのめだか
6
<もちもの> おちんちん ねらう
<その他 れんらく>
まる子っ
ちょっと
来なさいっ
おわり

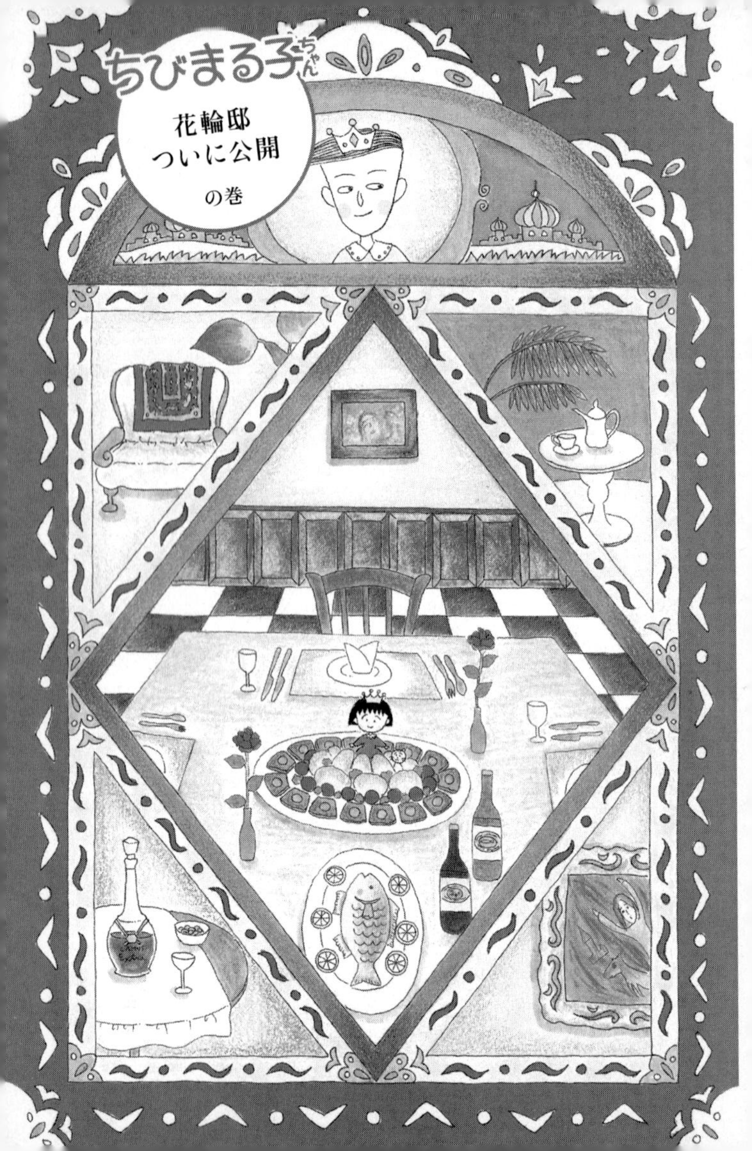
ちびまる子ちゃん
花輪邸
ついに公開
の巻

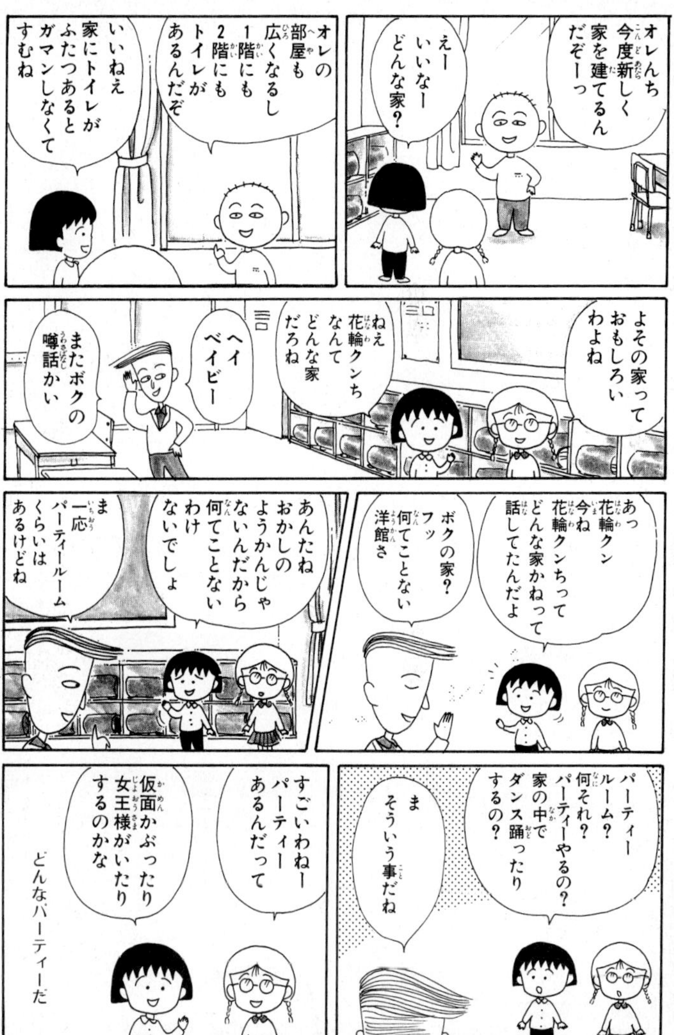

オレんち今度新しく家を建てるんだぞーっ
えー いいなー どんな家？
オレの部屋も広くなるし1階にも2階にもトイレがあるんだぞ
いいねえ 家にトイレがふたつあるとガマンしなくてすむね
よその家っておもしろいわよね
ねえ 花輪クンちなんてどんな家だろね
ヘイ ベイビー
またボクの噂話かい
あっ 花輪クン 今ね 花輪クンちってどんな家かねって話してたんだよ
ボクの家？ フッ 何てことない洋館さ
あんたね おかしのようかんじゃないんだから 何てことないわけないでしょ
ま 一応パーティールームくらいはあるけどね
パーティールーム？ 何それ？ パーティーやるの？ 家の中でダンス踊ったりするの？
ま そういう事だね
すごいわねー パーティーあるんだって
仮面かぶったり女王様がいたりするのかな
どんなパーティーだ

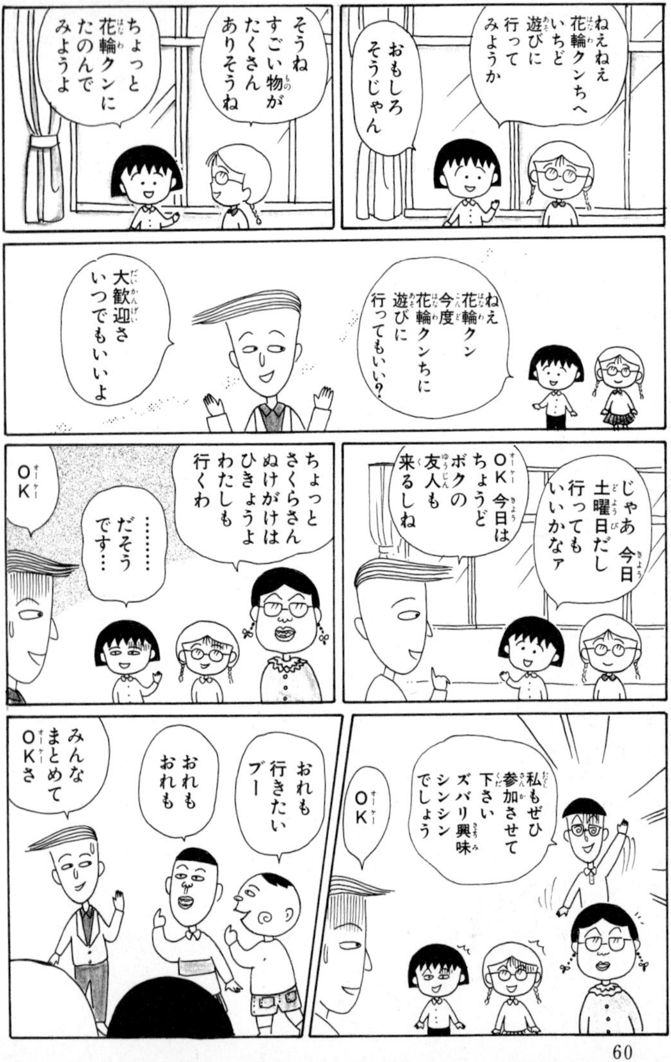
ねえねえ 花輪クンちへ いちど 遊びに 行って みようか
おもしろ そうじゃん
そうね すごい物が たくさん ありそうね
ちょっと 花輪クンに たのんで みようよ
ねえ 花輪クン 今度 花輪クンちに 遊びに 行ってもいい?
大歓迎さ いつでもいいよ
じゃあ 今日 土曜日だし 行っても いいかなァ
OK 今日は ちょうど ボクの 友人も 来るしね
ちょっと さくらさん ぬけがけは ひきょうよ わたしも 行くわ
……だそう です……
OK
私もぜひ 参加させて 下さい ズバリ興味 シンシン でしょう
OK
おれも 行きたい ブー
おれも おれも
みんな まとめて OKさ

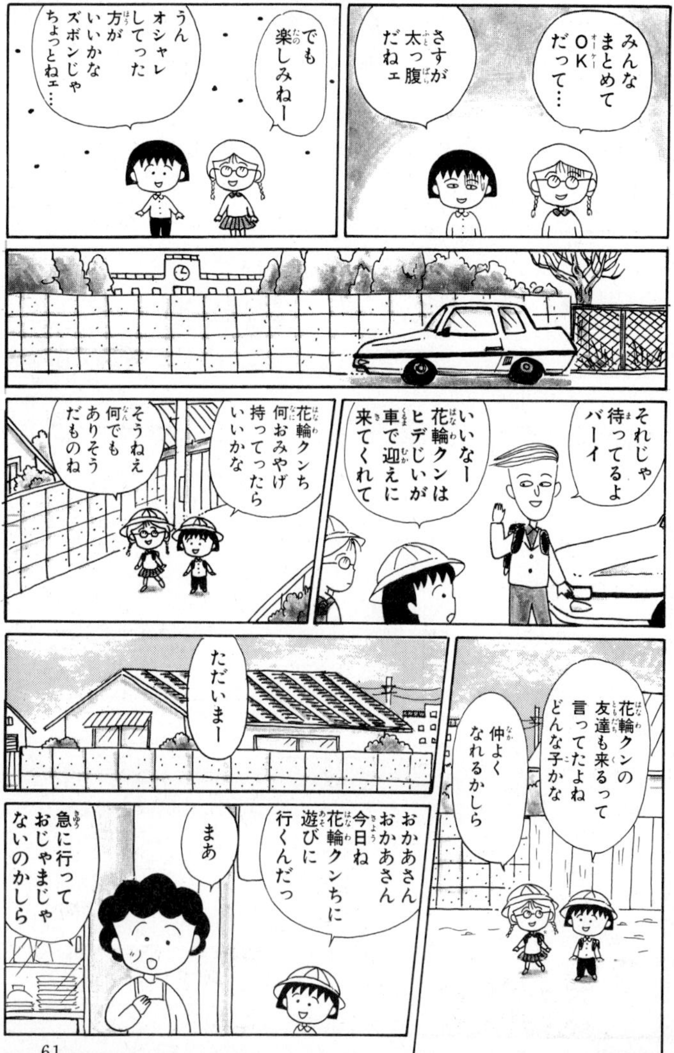
みんなまとめてOK(オーケー)だって…
さすが太っ腹(ふとっぱら)だねェ
でも楽しみねー
うんオシャレしてった方がいいかなズボンじゃちょっとねェ…
それじゃ待ってるよバーイ
いいなー花輪クンはヒデじいが車で迎えに来てくれて
花輪クンち何おみやげ持ってったらいいかな
そうねえ何でもありそうだものね
花輪クンの友達も来るって言ってたよねどんな子かな
仲よくなれるかしら
ただいまー
おかあさんおかあさん今日ね花輪クンちに遊びに行くんだっ
まあ
急に行っておじゃまじゃないのかしら

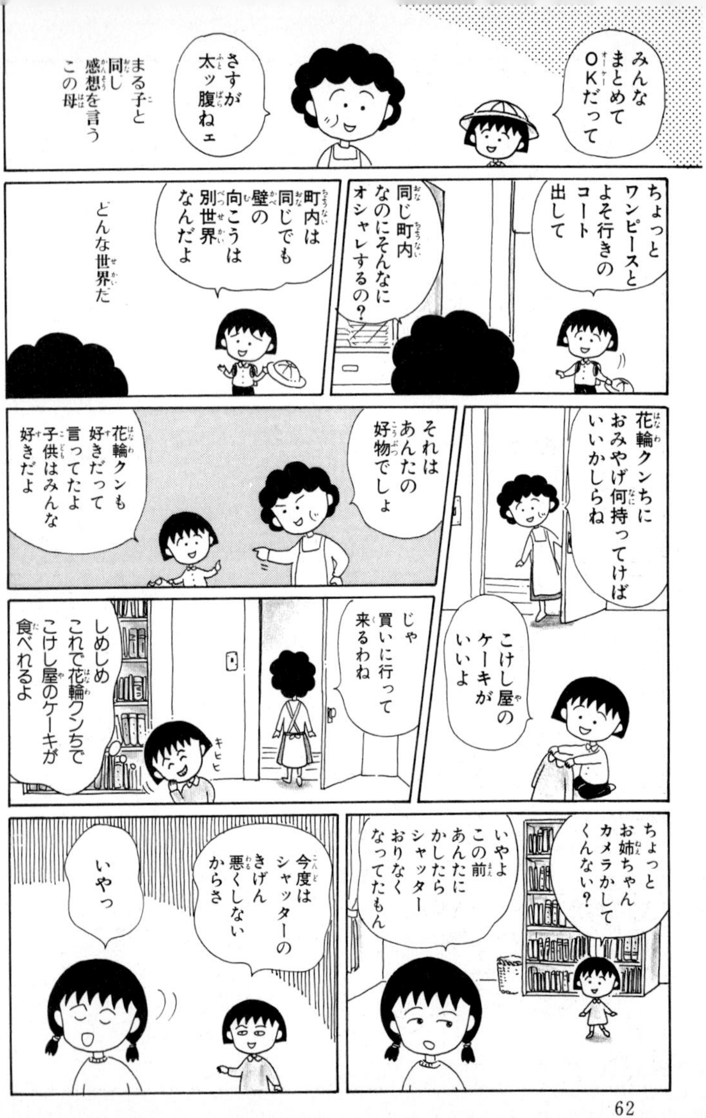
みんな まとめて OKだって
さすが 太ッ腹ねェ
まる子と 同じ 感想を言う この母
ちょっと ワンピースと よそ行きの コート 出して
同じ町内 なのにそんなに オシャレするの?
町内は 同じでも 壁の 向こうは 別世界 なんだよ
どんな世界だ
花輪クンちに おみやげ何持ってけば いいかしらね
それは あんたの 好物でしょ
花輪クンも 好きだって 言ってたよ 子供はみんな 好きだよ
こけし屋の ケーキが いいよ
じゃ 買いに行って 来るわね
しめしめ これで花輪クンちで こけし屋のケーキが 食べれるよ
キヒヒ
ちょっと お姉ちゃん カメラかして くんない?
いやよ この前 あんたに かしたら シャッター おりなく なってたもん
今度は シャッターの きげん 悪くしない からさ
いやっ

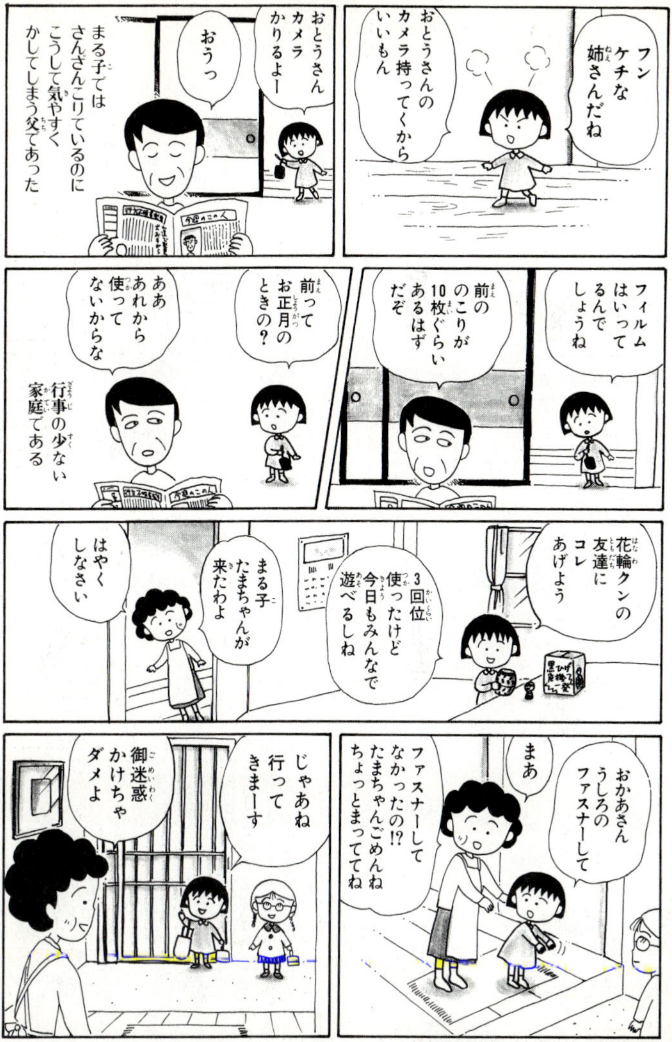
フン ケチな 姉さんだね
おとうさんのカメラ持ってくからいいもん
おとうさん カメラ かりるよー
おうっ
まる子ではさんざんこりているのにこうして気やすくかしてしまう父であった
フィルムはいってるんでしょうね
前ののこりが10枚ぐらいあるはずだぞ
前ってお正月のときの?
ああ あれから使ってないからな
行事の少ない家庭である
花輪クンの友達にコレあげよう
3回位使ったけど今日もみんなで遊べるしね
まる子 たまちゃんが来たわよ
はやくしなさい
おかあさん うしろのファスナーして
まあ
ファスナーしてなかったの!? たまちゃんごめんね ちょっとまっててね
じゃあね 行ってきまーす
御迷惑かけちゃダメよ

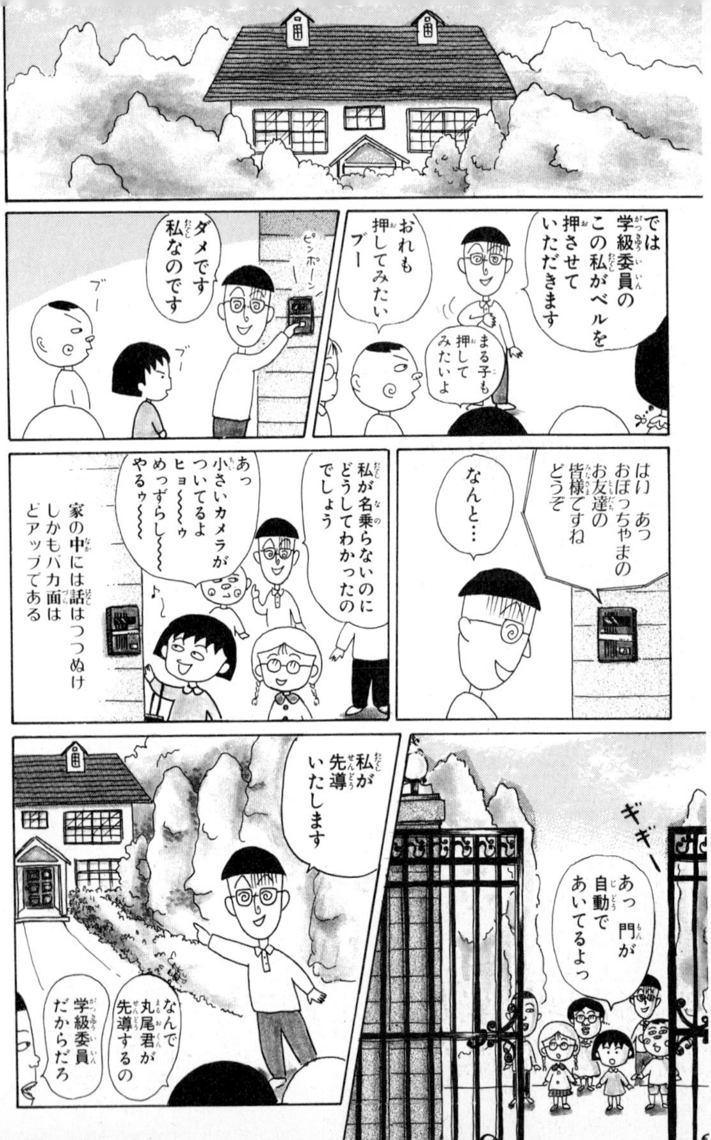
では学級委員のこの私がベルを押させていただきます
おれも押してみたいブー
まる子も押してみたいよ
ピンポーン
ダメです私なのです
ブー
ブー
はい あっおぼっちゃまのお友達の皆様ですねどうぞ
なんと…
私が名乗らないのにどうしてわかったのでしょう
あっ小さいカメラがついてるよヒョ〜〜〜ゥめっずらし〜〜〜やるゥ〜〜〜
家の中には話はつつぬけしかもバカ面はどアップである
ギギー
あっ門が自動であいてるよっ
私が先導いたします
なんで丸尾君が先導するの
学級委員だからだろ

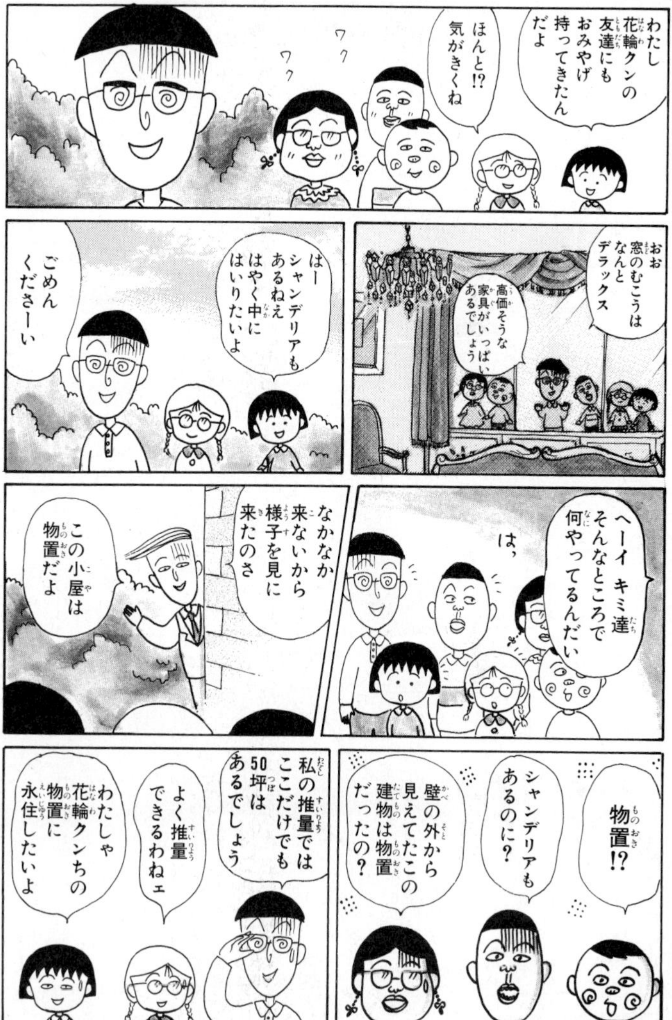
わたし花輪クンの友達にもおみやげ持ってきたんだよ
ほんと!? 気がきくね
ワク ワク
おお窓のむこうはなんとデラックス
高価そうな家具がいっぱいあるでしょう
はーシャンデリアもあるねえ はやく中にはいりたいよ
ごめんくださーい
へーイ キミ達 そんなところで何やってるんだい
は,
なかなか来ないから様子を見に来たのさ
この小屋は物置だよ
物置!?
シャンデリアもあるのに?
壁の外から見えてたこの建物は物置だったの?
私の推量ではここだけでも50坪はあるでしょう
よく推量できるわねェ
わたしゃ花輪クンちの物置に永住したいよ

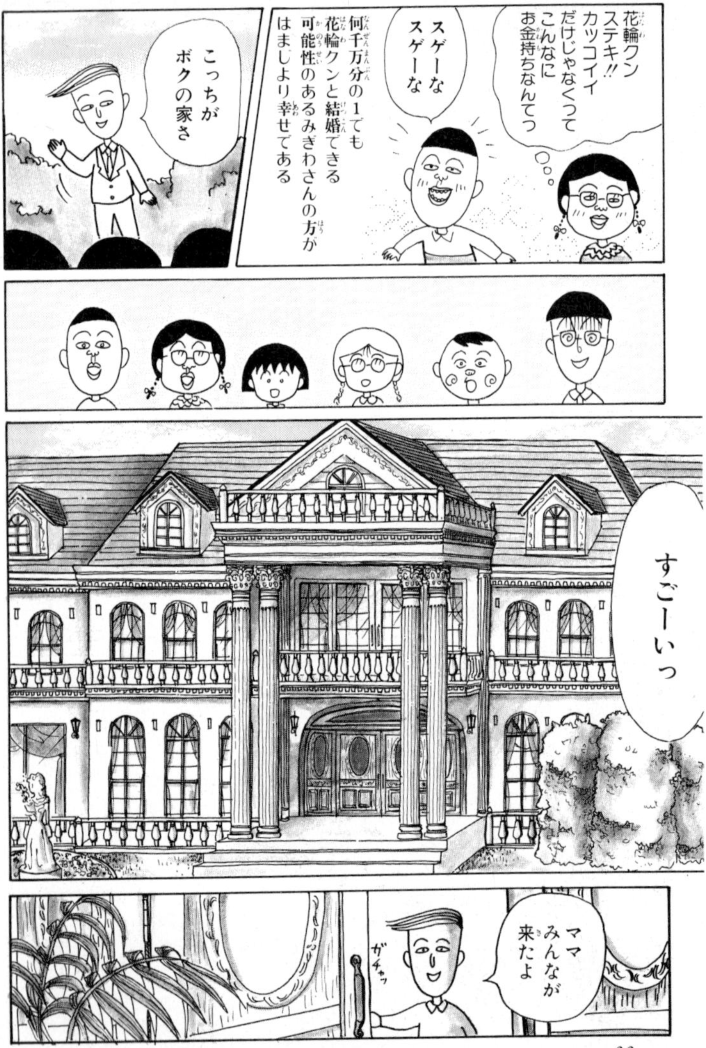
花輪クン
ステキ!!
カッコイイ
だけじゃなくって
こんなに
お金持ちなんてっ
スゲーな
スゲーな
何千万分の1でも
花輪クンと結婚できる
可能性のあるみぎわさんの方が
はまじより幸せである
こっちが
ボクの家さ
すごーいっ
ガチャッ
ママ
みんなが
来たよ

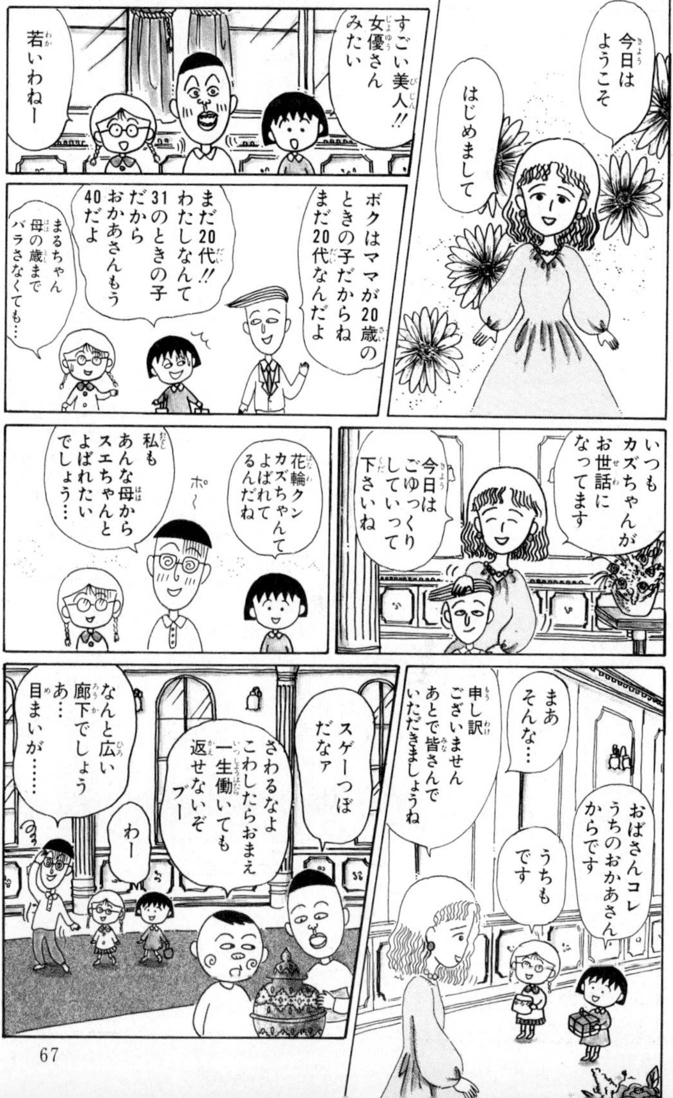
今日はようこそ
はじめまして
すごい美人!!女優さんみたい
若いわねー
ボクはママが20歳のときの子だからねまだ20代なんだよ
まだ20代!!わたしなんて31のときの子だからおかあさんもう40だよ
まるちゃん母の歳までバラさなくても…
いつもカズちゃんがお世話になってます
今日はごゆっくりしていって下さいね
花輪クンカズちゃんてよばれてるんだね
ポ〜
私もあんな母からスエちゃんとよばれたいでしょう…
おばさんコレうちのおかあさんからです
うちもです
まあそんな….
申し訳ございませんあとで皆さんでいただきましょうね
スゲーつぼだなァ
さわるなよこわしたらおまえ一生働いても返せないぞブー
なんと広い廊下でしょうあ…目まいが……
わー

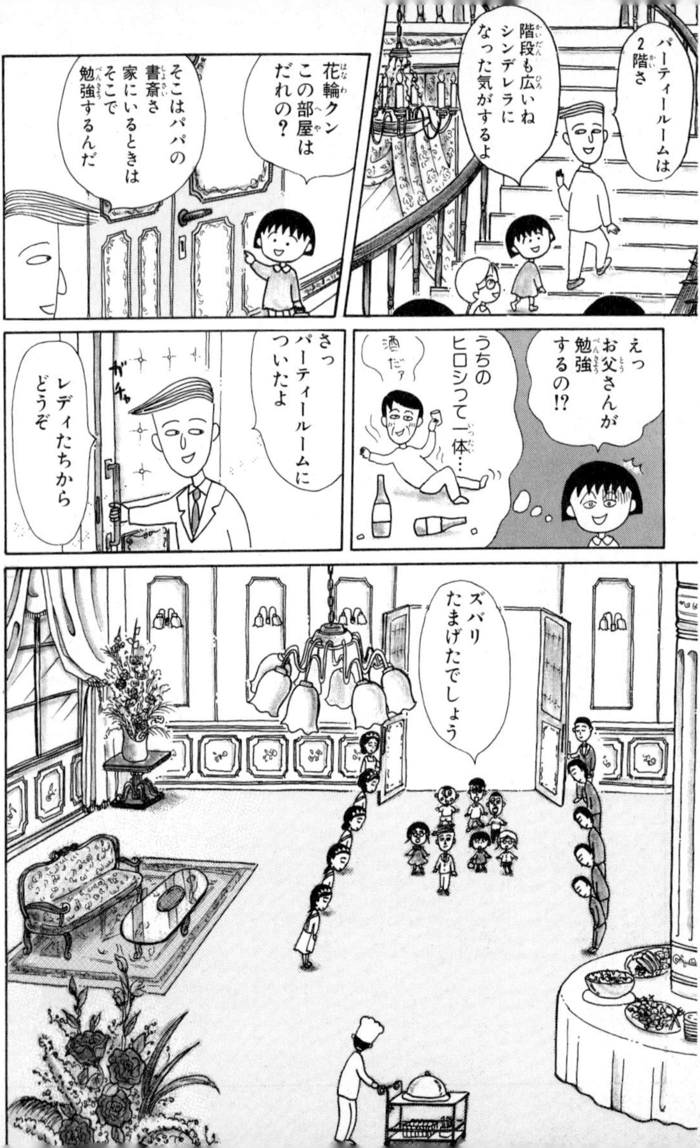
パーティールームは
2階さ
階段も広いね
シンデレラに
なった気がするよ
花輪クン
この部屋は
だれの？
そこはパパの
書斎さ
家にいるときは
そこで
勉強するんだ
えっ
お父さんが
勉強
するの!?
うちの
ヒロシって一体…
酒だァ
ガチャ
さっ
パーティールームに
ついたよ
レディたちから
どうぞ
ズバリ
たまげたでしょう

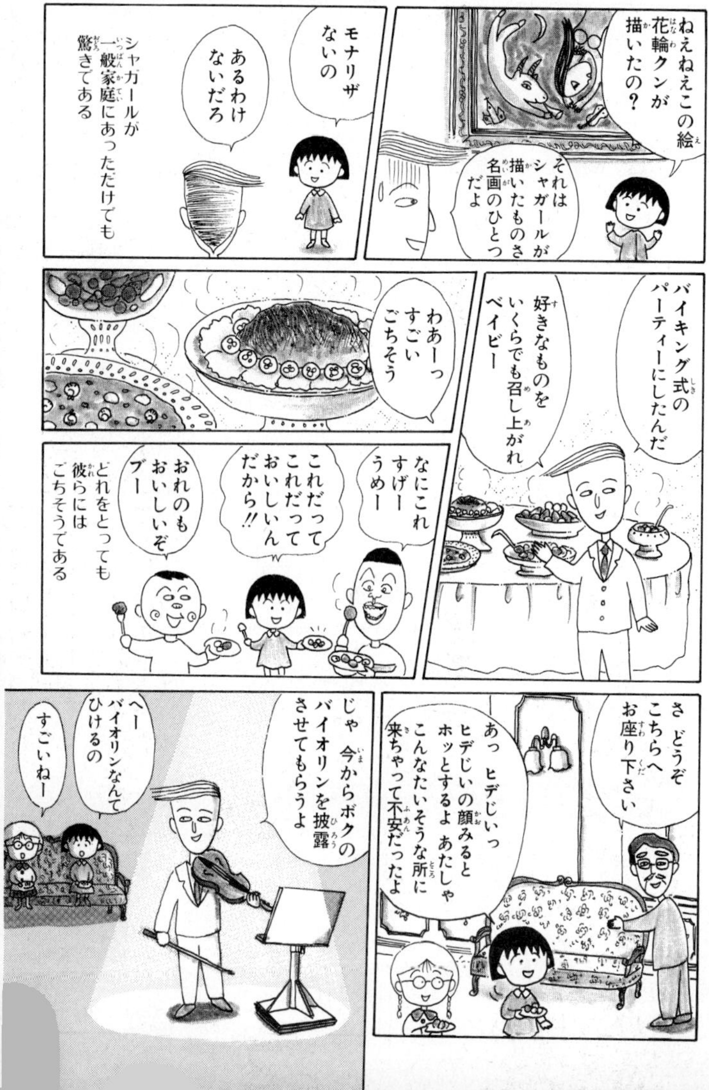
ねえねえこの絵 花輪クンが 描いたの？
それは シャガールが 描いたものさ 名画のひとつだよ
モナリザ ないの
あるわけ ないだろ
シャガールが 一般家庭にあっただけでも 驚きである
バイキング式の パーティーにしたんだ
好きなものを いくらでも召し上がれ ベイビー
わあーっ すごい ごちそう
なにこれ すげー うめー
これだって これだって おいしいんだから!!
おれのも おいしいぞ ブー
どれをとっても 彼らには ごちそうである
さ どうぞ こちらへ お座り下さい
あっ ヒデじいっ ヒデじいの顔みると ホッとするよ あたしゃ こんなたいそうな所に 来ちゃって不安だったよ
じゃ 今からボクの バイオリンを披露 させてもらうよ
へー バイオリンなんて ひけるの
すごいねー

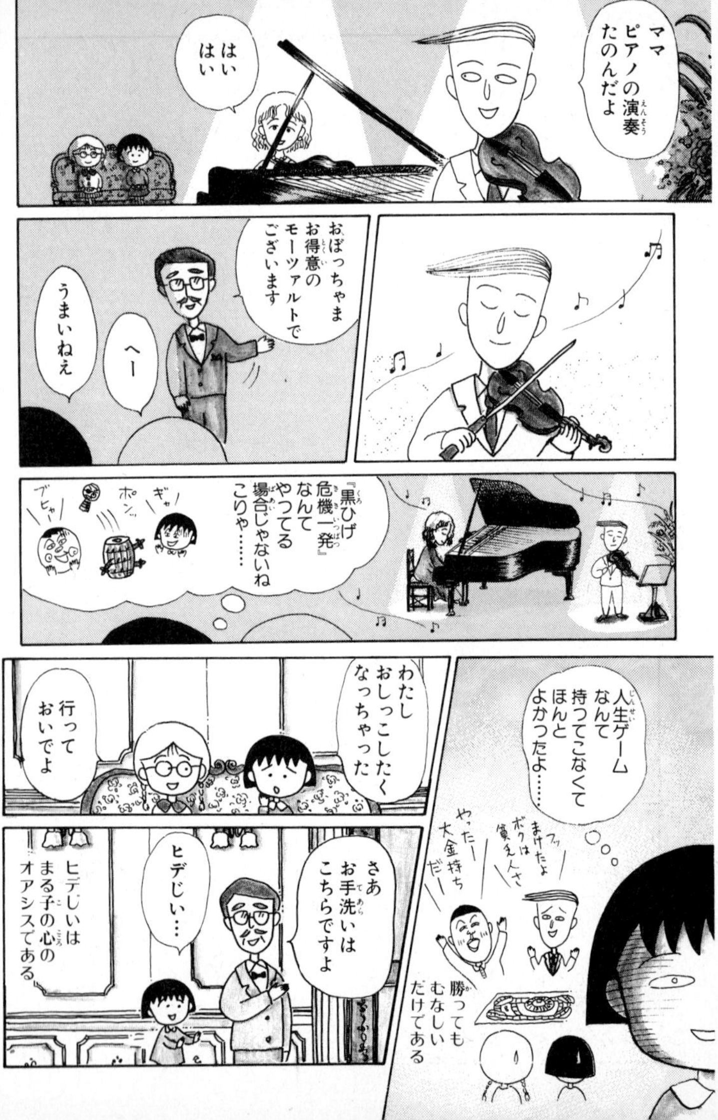
ママ
ピアノの演奏たのんだよ
はい
はい
おぼっちゃま
お得意のモーツァルトでございます
へー
うまいねえ
『黒ひげ危機一発』なんてやってる場合じゃないねこりゃ……
ブヒャ
ポンッ
ギャ
人生ゲームなんて持ってこなくてほんとよかったよ……
まけたよ
ボクは貧乏人さ
やったー
大金持ちだー
勝ってもむなしいだけである
わたしおしっこしたくなっちゃった
行っておいでよ
さあお手洗いはこちらですよ
ヒデじい…
ヒデじいはまる子の心のオアシスである

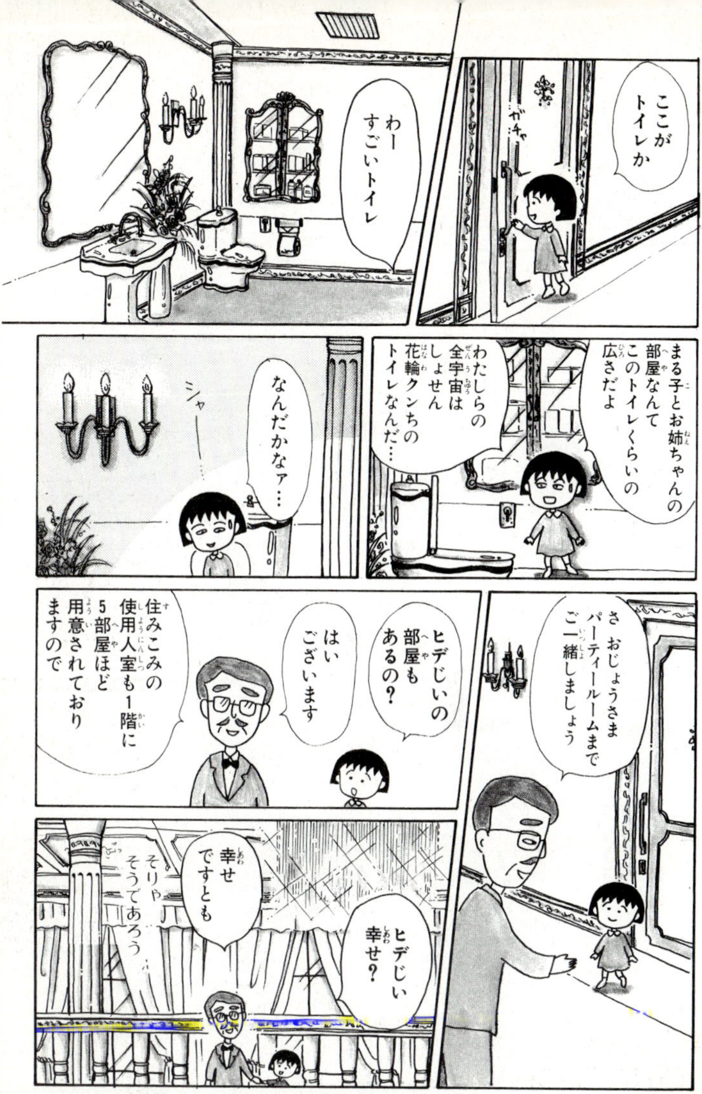
ここがトイレか
ガチャ
わー すごいトイレ
まる子とお姉ちゃんの部屋なんてこのトイレくらいの広さだよ
わたしらの全宇宙はしょせん花輪クンちのトイレなんだ…
シャー…
なんだかなァ…
さ おじょうさま パーティールームまでご一緒しましょう
ヒデじいの部屋もあるの?
はい ございます
住みこみの使用人室も1階に5部屋ほど用意されておりますので
ヒデじい幸せ?
幸せですとも
そりゃそうであろう

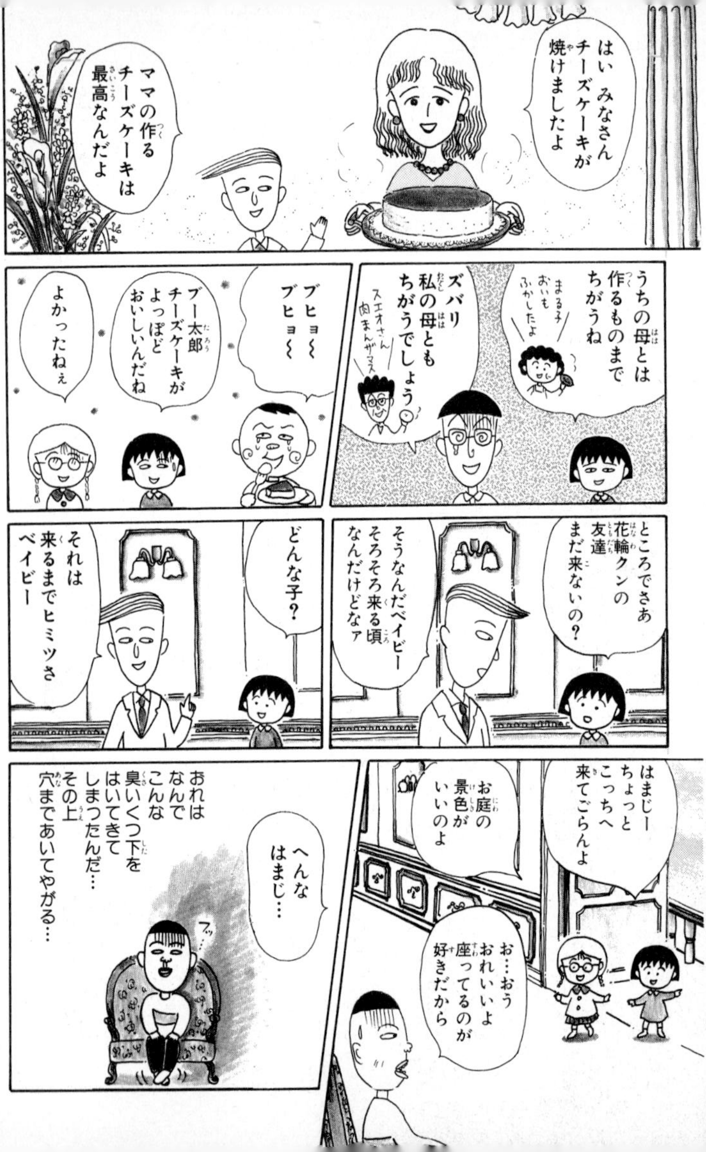
はい みなさん チーズケーキが焼けましたよ
ママの作るチーズケーキは最高なんだよ
うちの母とは作るものまでちがうね
まる子 おいも ふかしたよ
ズバリ 私の母ともちがうでしょう
スエオさん 肉まんザマス
ブヒョ〜 ブヒョ〜
ブー太郎 チーズケーキがよっぽどおいしいんだね
よかったねぇ
ところでさあ 花輪クンの友達まだ来ないの?
そうなんだベイビー そろそろ来る頃なんだけどなァ
どんな子?
それは来るまでヒミツさベイビー
はまじー ちょっとこっちへ来てごらんよ
お庭の景色がいいのよ
お…おう おれいいよ 座ってるのが好きだから
へんなはまじ…
おれはなんでこんな臭いくつ下をはいてきてしまつたんだ… その上穴まであいてやがる…
フッ…

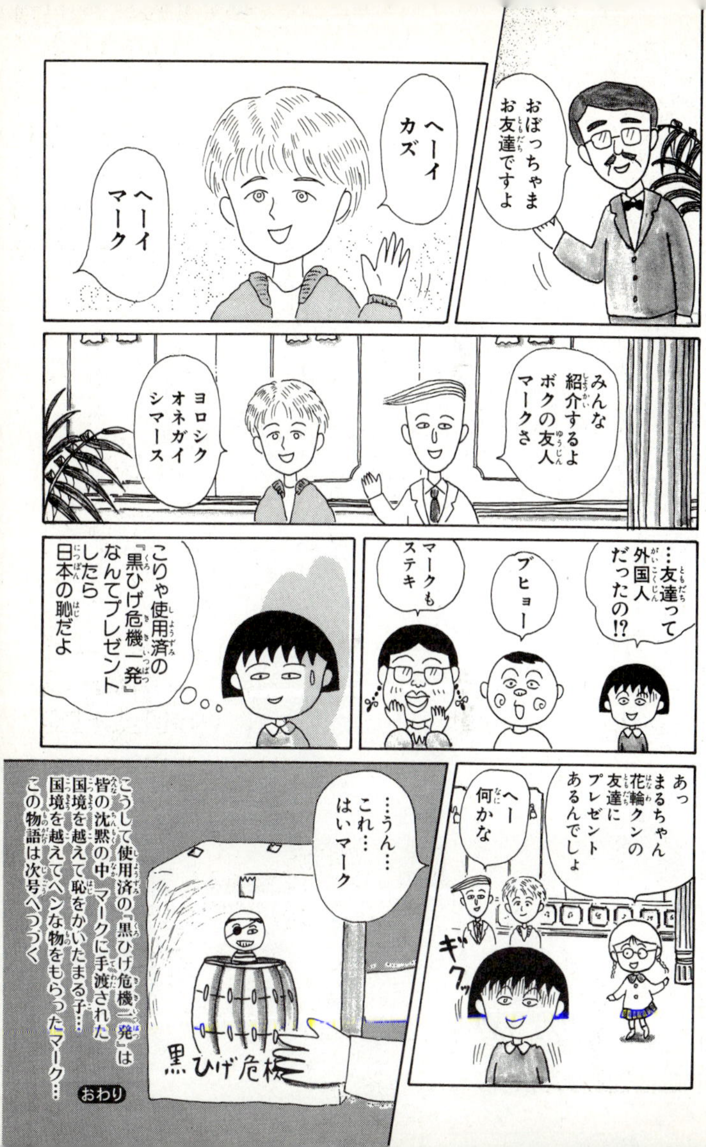
おぼっちゃま
お友達ですよ
ヘーイ
カズ
ヘーイ
マーク
みんな
紹介するよ
ボクの友人
マークさ
ヨロシク
オネガイ
シマース
…友達って
外国人
だったの!?
ブヒョー
マークも
ステキ
こりゃ使用済の
『黒ひげ危機一発』
なんてプレゼント
したら
日本の恥だよ
あっ
まるちゃん
花輪クンの
友達に
プレゼント
あるんでしょ
へー
何かな
ギクッ
…うん…
これ…
はいマーク
黒ひげ危
こうして使用済の『黒ひげ危機一発』は
皆の沈黙の中 マークに手渡された
国境を越えて恥をかいたまる子…
国境を越えてヘンな物をもらったマーク…
この物語は次号へつづく
おわり

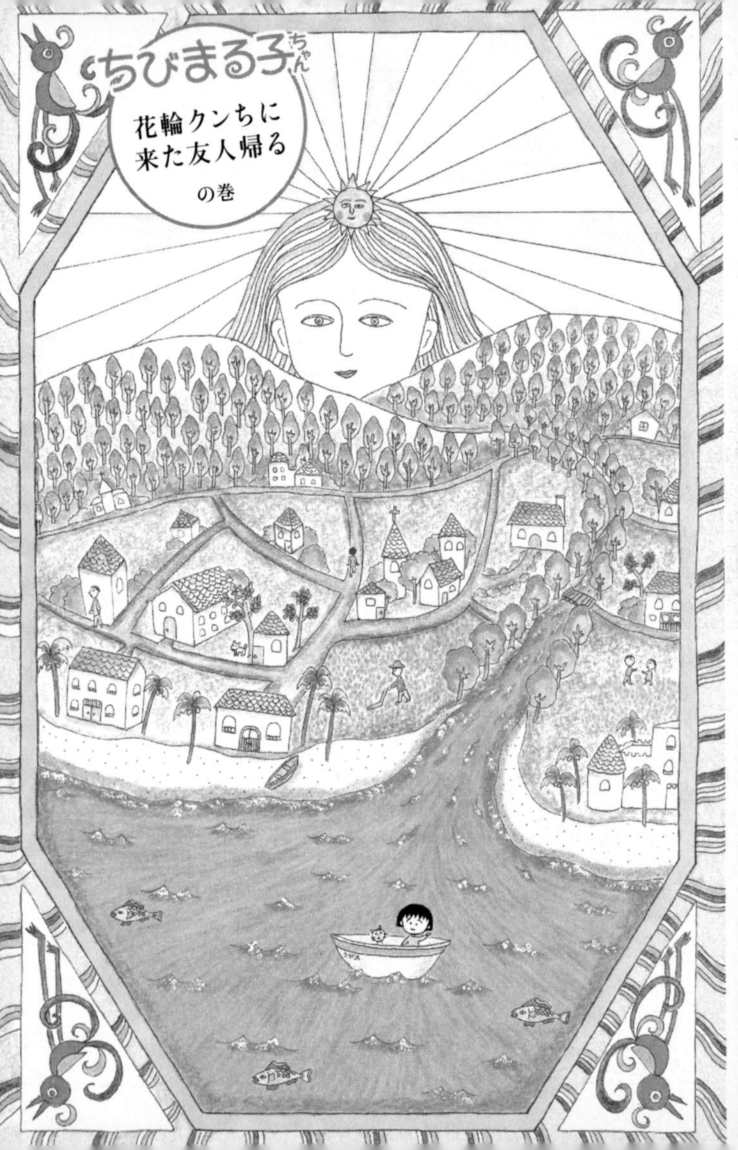
ちびまる子ちゃん
花輪クンちに
来た友人帰る
の巻

前号までのあらすじ

一度でいいから花輪クンの家に行ってみたいと思っていたまる子達は ついに花輪邸を訪れることになった。花輪クンの家はまる子達の想像以上にものすごく 一同はあっけにとられるばかり。ちょうど 花輪クンの家には外国からの友人も遊びに来ており 一同はなおさら色めきたつ。まる子は外国人の友人に使用済みの「黒ひげ危機一発」をあげてしまい 国境を越えて 恥をかいたのである。そういう話の 今回は続編であります。

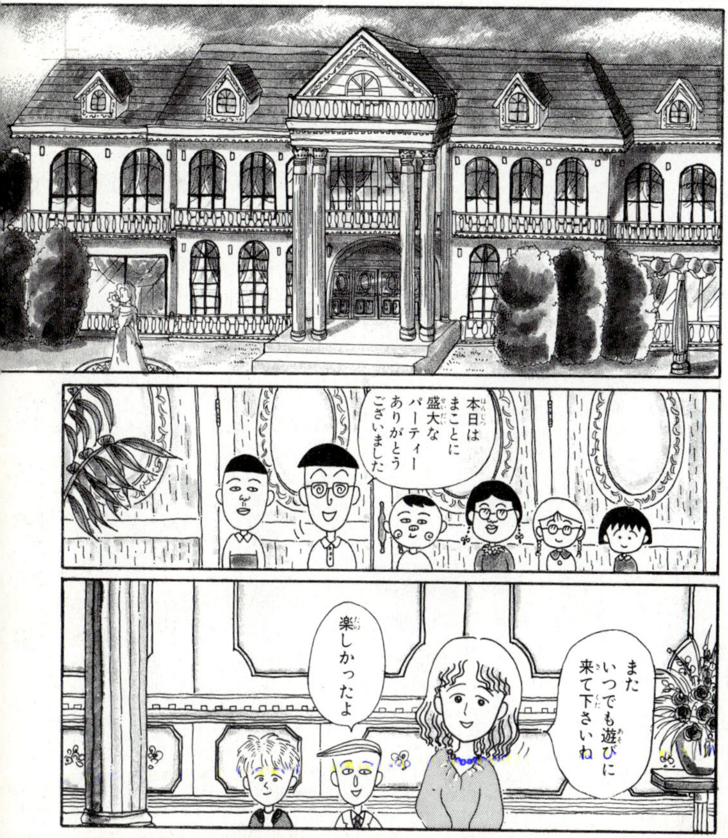

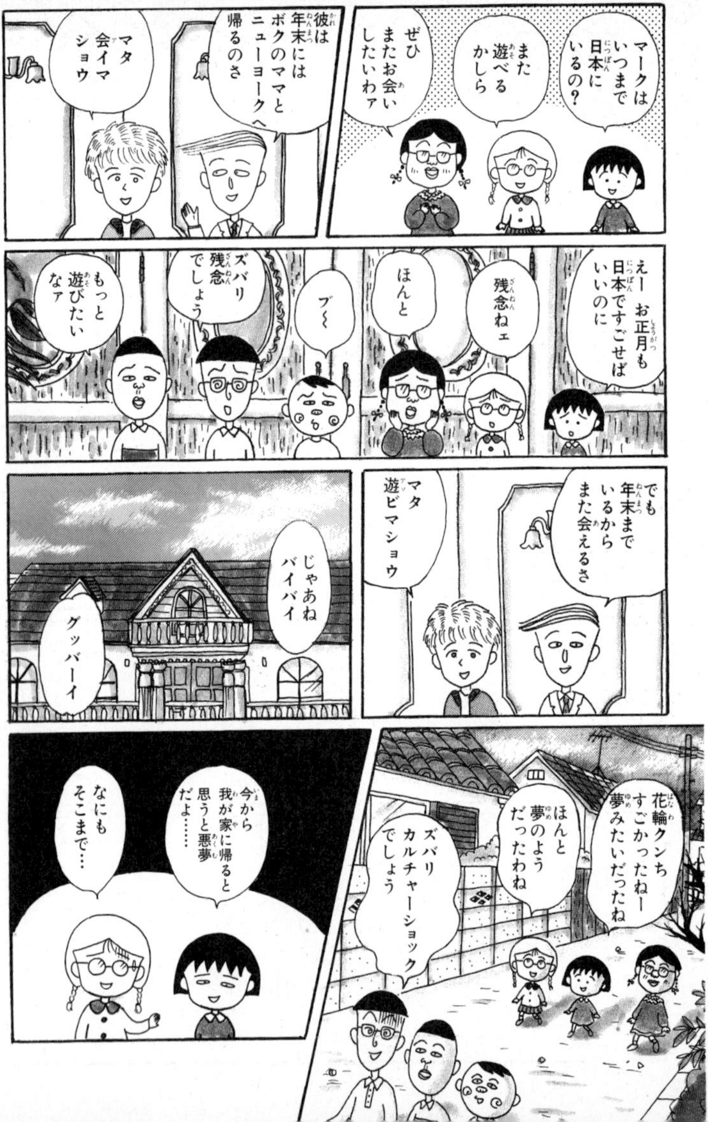
マークはいつまで日本にいるの？
また遊べるかしら
ぜひまたお会いしたいわァ
彼は年末にはボクのママとニューヨークへ帰るのさ
マタ会イマショウ
えー お正月も日本ですごせばいいのに
残念ねェ
ほんと
ブ～
ズバリ残念でしょう
もっと遊びたいなァ
でも年末までいるからまた会えるさ
マタ遊ビマショウ
じゃあねバイバイ
グッバーイ
花輪クンちすごかったねー夢みたいだったね
ほんと夢のようだったわね
ズバリカルチャーショックでしょう
今から我が家に帰ると悪夢だよ……
なにもそこまで…

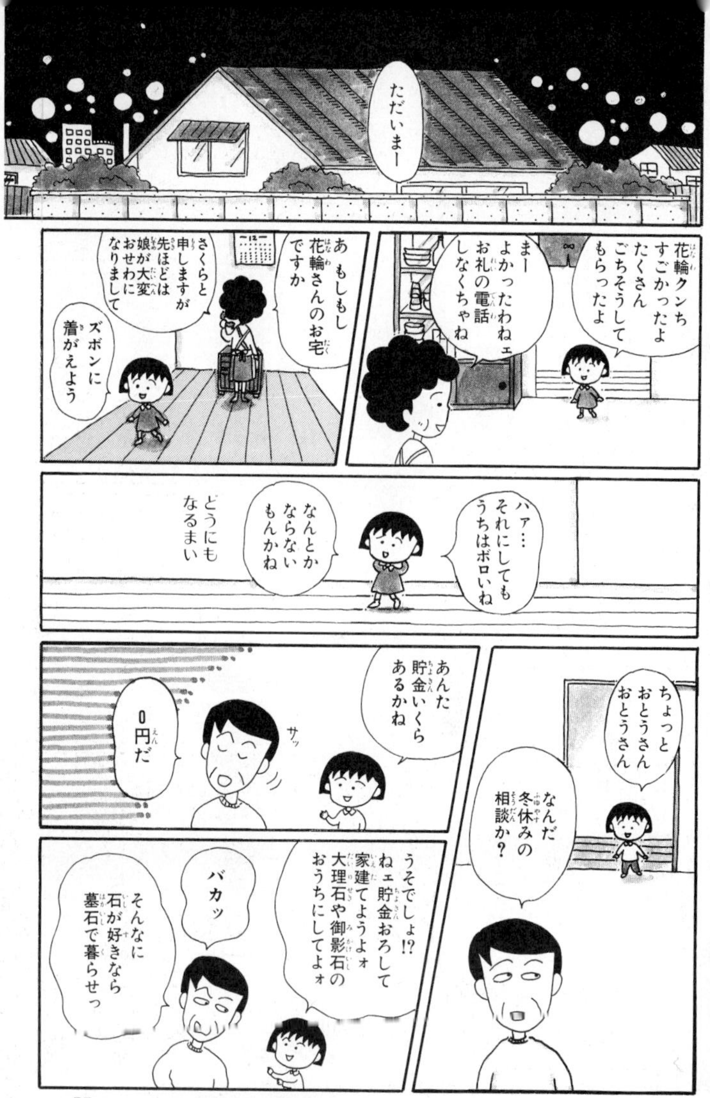
ただいまー
花輪クンち
すごかったよ
たくさん
ごちそうして
もらったよ
まー
よかったわねェ
お礼の電話
しなくちゃね
もしもし
花輪さんのお宅
ですか
さくらと
申しますが
先ほどは
娘が大変
おせわに
なりまして
ズボンに
着がえよう
ハァ…
それにしても
うちはボロいね
なんとか
ならない
もんかね
どうにも
なるまい
ちょっと
おとうさん
おとうさん
なんだ
冬休みの
相談か？
あんた
貯金いくら
あるかね
サッ
0円だ
うそでしょ!?
ねェ貯金おろして
家建てようよォ
大理石や御影石の
おうちにしてよォ
バカッ
そんなに
石が好きなら
墓石で暮らせっ

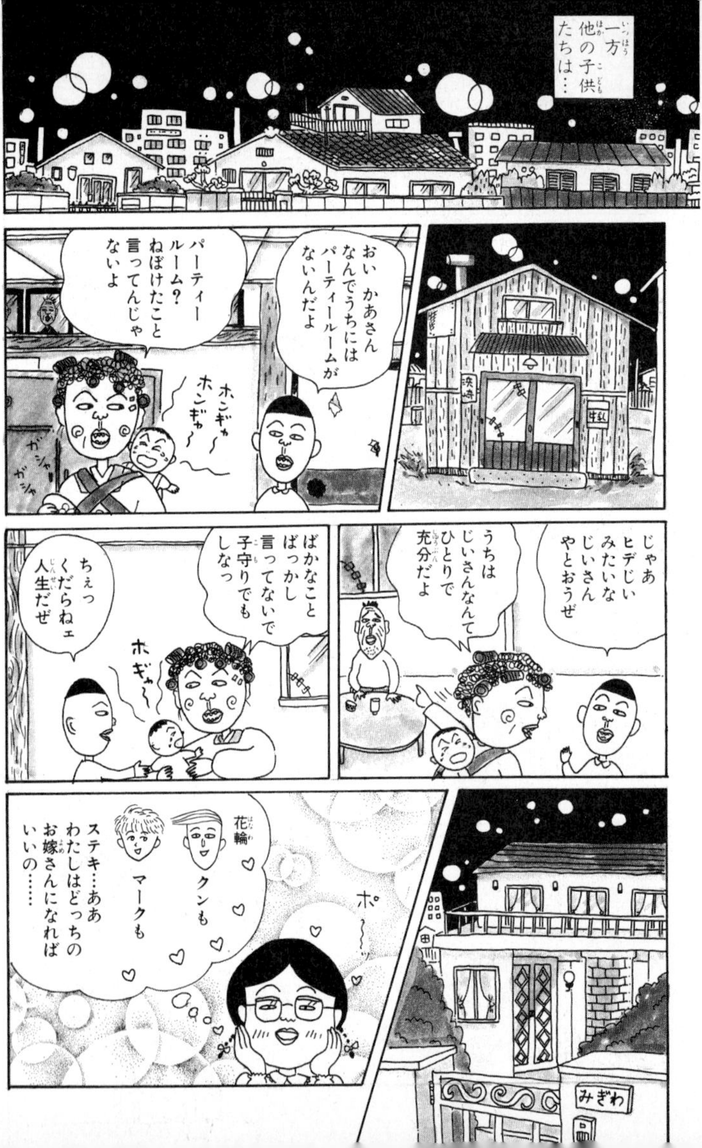
一方他の子供たちは…
おい かあさん なんでうちにはパーティールームがないんだよ
パーティールーム? ねぼけたこと言ってんじゃないよ
ホンギャ〜 ホンギャ〜
ガシャ ガシャ
じゃあ ヒデじいみたいなじいさんやとおうぜ
うちはじいさんなんてひとりで充分だよ
ばかなことばっかし言ってないで子守りでもしなっ
ホギャ〜
ちぇっ くだらねェ人生だぜ
花輪クンも マークも ステキ…ああ わたしはどっちのお嫁さんになればいいの……
ポ〜〜ッ
みぎわ

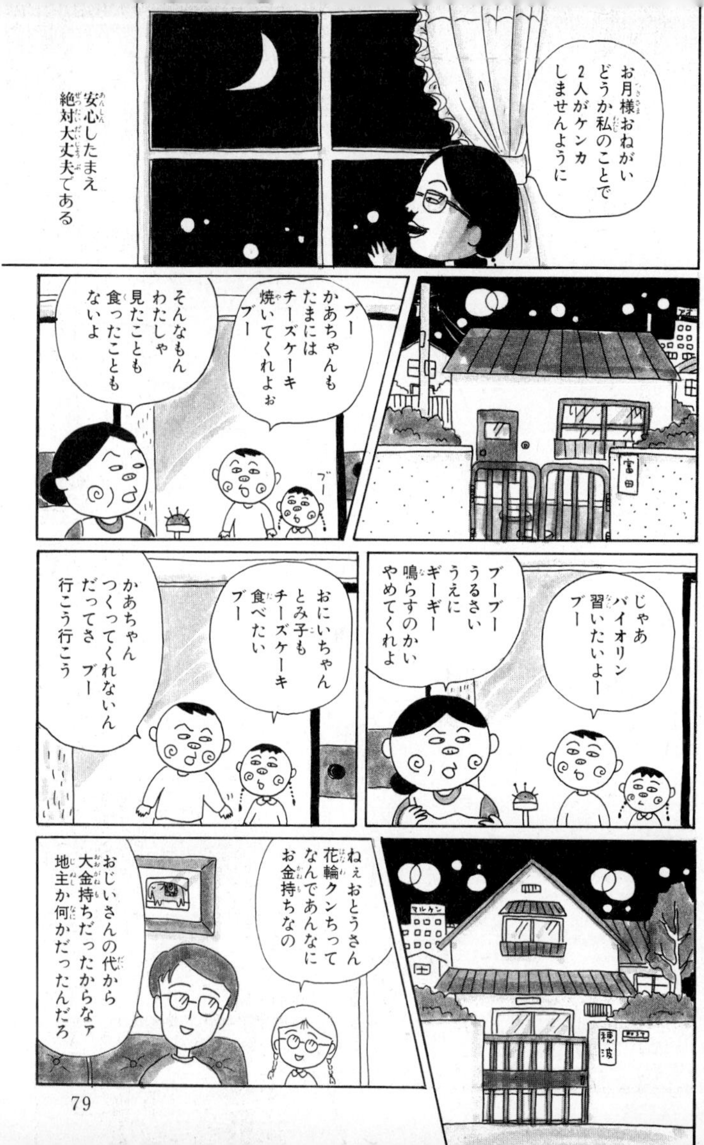
お月様おねがい
どうか私のことで
2人がケンカ
しませんように
安心したまえ
絶対大丈夫である
富田
ブー
かあちゃんも
たまには
チーズケーキ
焼いてくれよぉ
ブー
ブー
そんなもん
わたしゃ
見たことも
食ったことも
ないよ
じゃあ
バイオリン
習いたいよー
ブー
ブーブー
うるさい
うえに
ギーギー
鳴らすのかい
やめてくれよ
おにいちゃん
とみ子も
チーズケーキ
食べたい
ブー
かあちゃん
つくってくれないんだってさ　ブー
行こう行こう
マルケン
穂波
ねぇおとうさん
花輪クンちって
なんであんなに
お金持ちなの
おじいさんの代から
大金持ちだったからなァ
地主か何かだったんだろ

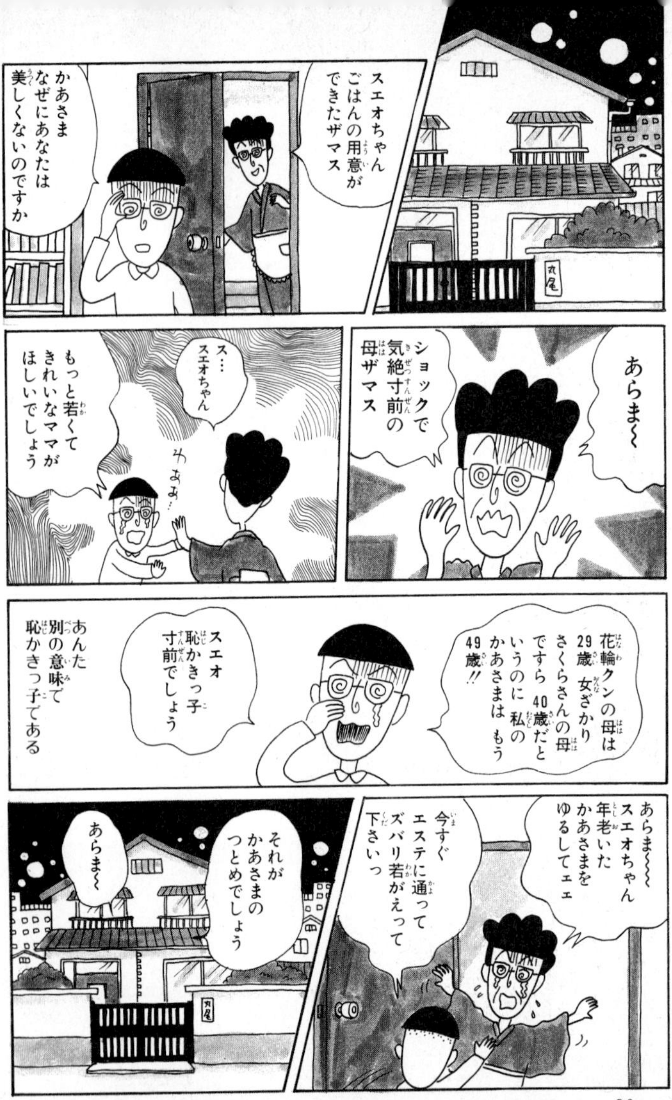
スエオちゃん
ごはんの用意が
できたザマス
かあさま
なぜにあなたは
美しくないのですか
あらま〜
ショックで
気絶寸前の
母ザマス
ス…
スエオちゃん
みあぁ…
もっと若くて
きれいなママが
ほしいでしょう
花輪クンの母は
29歳 女ざかり
さくらさんの母
ですら 40歳だと
いうのに 私の
かあさまは もう
49歳!!
スエオ
恥かきっ子
寸前でしょう
あんた
別の意味で
恥かきっ子である
あらま〜〜〜
スエオちゃん
年老いた
かあさまを
ゆるしてェェ
今すぐ
エステに通って
ズバリ若がえって
下さいっ
それが
かあさまの
つとめでしょう
あらま〜

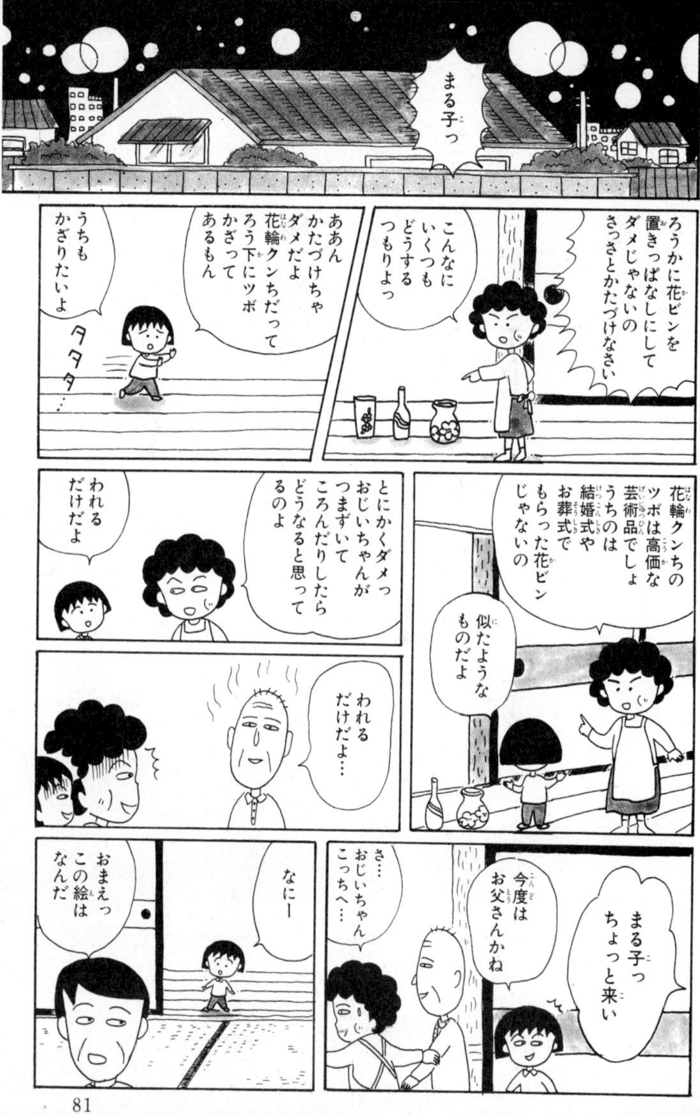

まる子っ
ろうかに花ビンを置きっぱなしにしてダメじゃないのさっさとかたづけなさい
こんなにいくつもどうするつもりよっ
ああんかたづけちゃダメだよ花輪クンちだってろう下にツボかざってあるもん
うちもかざりたいよ
タタタ…
花輪クンちのツボは高価な芸術品でしょうちのは結婚式やお葬式でもらった花ビンじゃないの
似たようなものだよ
とにかくダメっおじいちゃんがつまずいてころんだりしたらどうなると思ってるのよ
われるだけだよ
われるだけだよ…
まる子っちょっと来い
今度はお父さんかね
さ…おじいちゃんこっちへ…
なにー
おまえっこの絵はなんだ

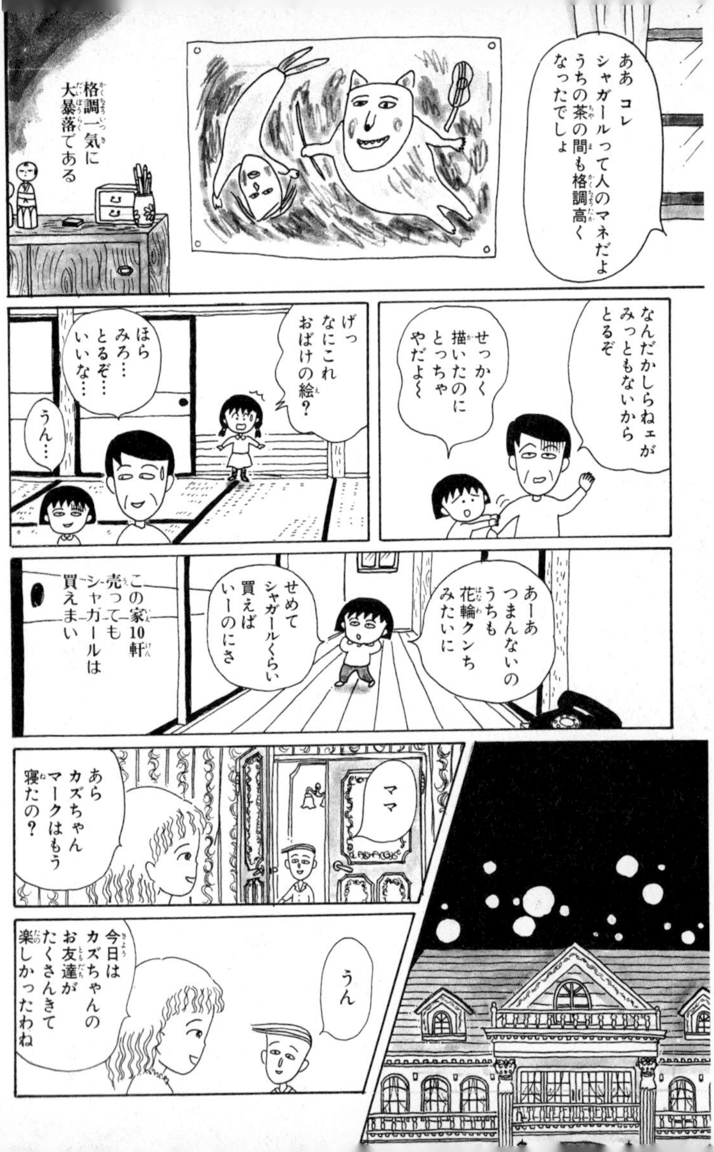

ああ コレ
シャガールって人のマネだよ
うちの茶の間も格調高く
なったでしょ
格調一気に
大暴落である
なんだかしらねェが
みっともないから
とるぞ
せっかく
描いたのに
とっちゃ
やだよ～
げっ
なにこれ
おばけの絵？
ほら
みろ…
とるぞ…
いいな…
うん…
あーあ
つまんないの
うちも
花輪クンち
みたいに
せめて
シャガールくらい
買えば
いーのにさ
この家10軒
売っても
シャガールは
買えまい
ママ
あら
カズちゃん
マークはもう
寝たの？
うん
今日は
カズちゃんの
お友達が
たくさんきて
楽しかったわね

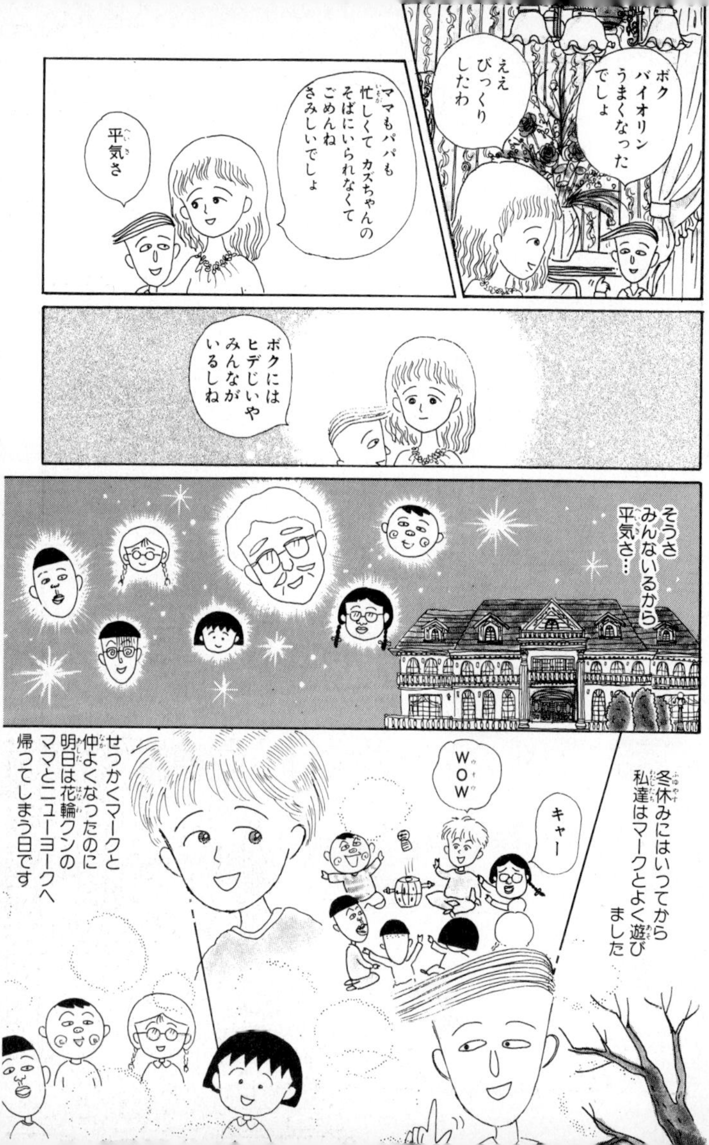

ボク
バイオリン
うまくなった
でしょ
ええ
びっくり
したわ
ママもパパも
忙しくて カズちゃんの
そばにいられなくて
ごめんね
さみしいでしょ
平気さ
ボクには
ヒデじいや
みんなが
いるしね
そうさ
みんないるから
平気さ…
冬休みにはいってから
私達はマークとよく遊び
ました
WOW
キャー
せっかくマークと
仲よくなったのに
明日は花輪クンの
ママとニューヨークへ
帰ってしまう日です

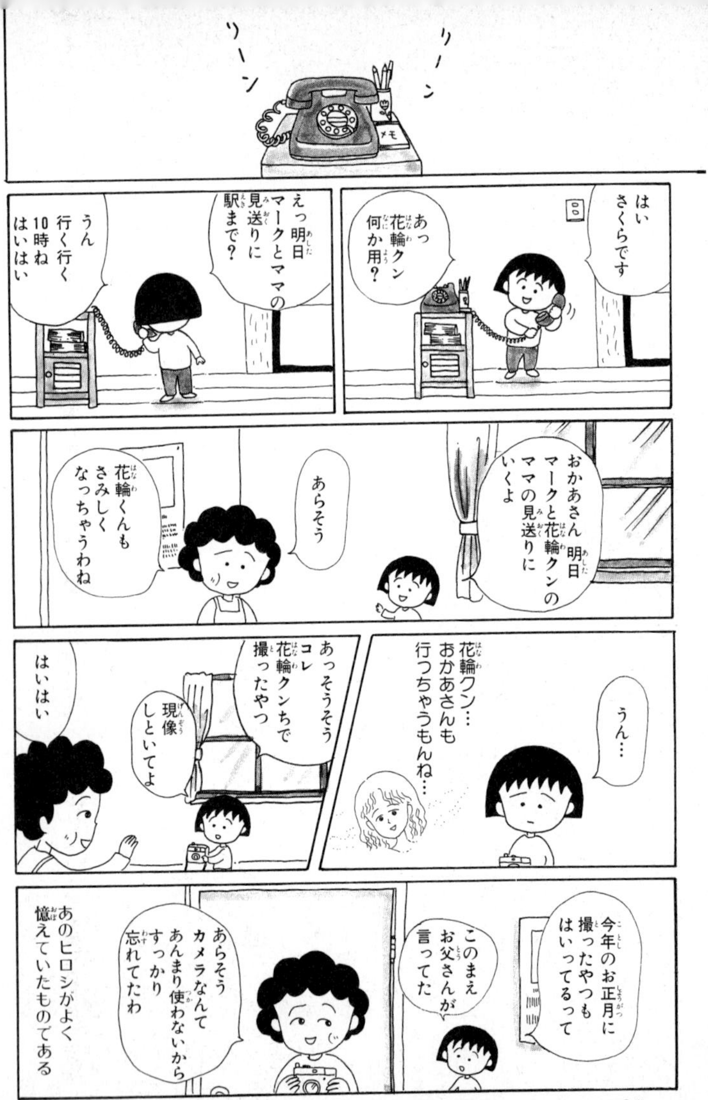
リーン
リーン
メモ
はい さくらです
あっ 花輪クン 何か用？
えっ明日 マークとママの 見送りに 駅まで？
うん 行く行く 10時ね はいはい
おかあさん 明日 マークと花輪クンの ママの見送りに いくよ
あらそう
花輪くんも さみしく なっちゃうわね
うん…
花輪クン… おかあさんも 行つちゃうもんね…
あっそうそう コレ 花輪クンちで 撮ったやつ
現像 しといてよ
はいはい
今年のお正月に 撮ったやつも はいってるって
このまえ お父さんが 言ってた
あらそう カメラなんて あんまり使わないから すっかり 忘れてたわ
あのヒロシがよく 憶えていたものである

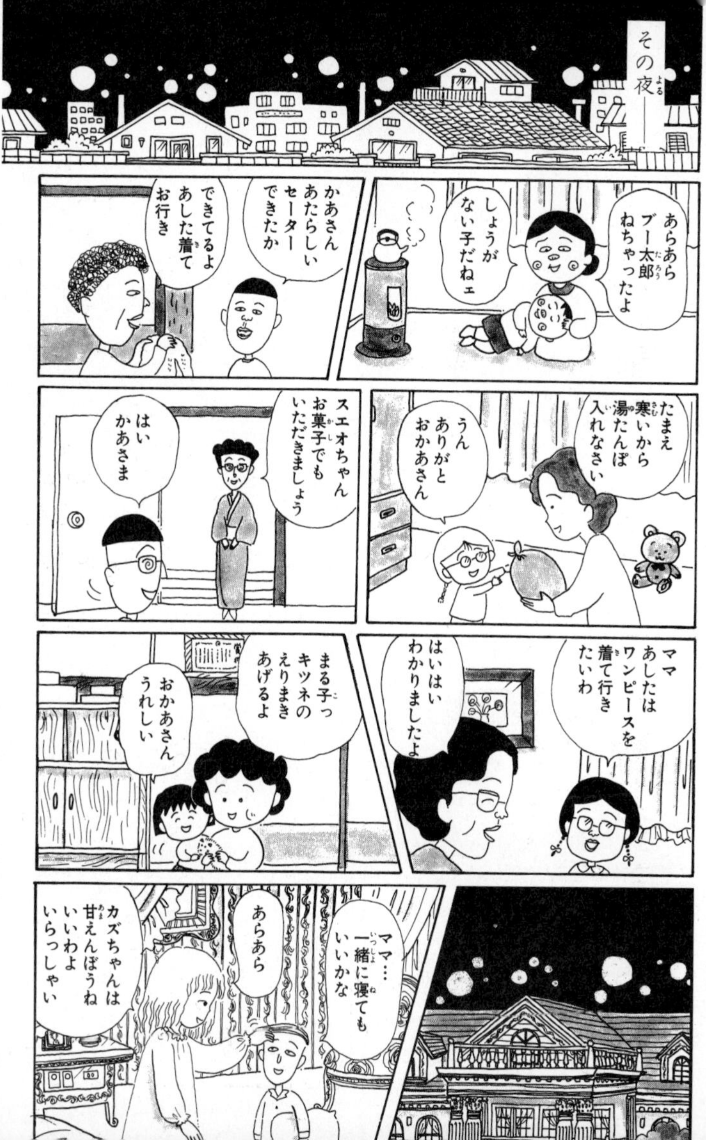
その夜──
あらあら ブー太郎 ねちゃったよ
しょうが ない子だねェ
かあさん あたらしい セーター できたか
できてるよ あした着て お行き
たまえ 寒いから 湯たんぽ 入れなさい
うん ありがと おかあさん
スエオちゃん お菓子でも いただきましょう
はい かあさま
ママ あしたは ワンピースを 着て行き たいわ
はいはい わかりましたよ
まる子っ キツネの えりまき あげるよ
おかあさん うれしい
ママ… 一緒に寝ても いいかな
あらあら
カズちゃんは 甘えんぼうね いいわよ いらっしゃい

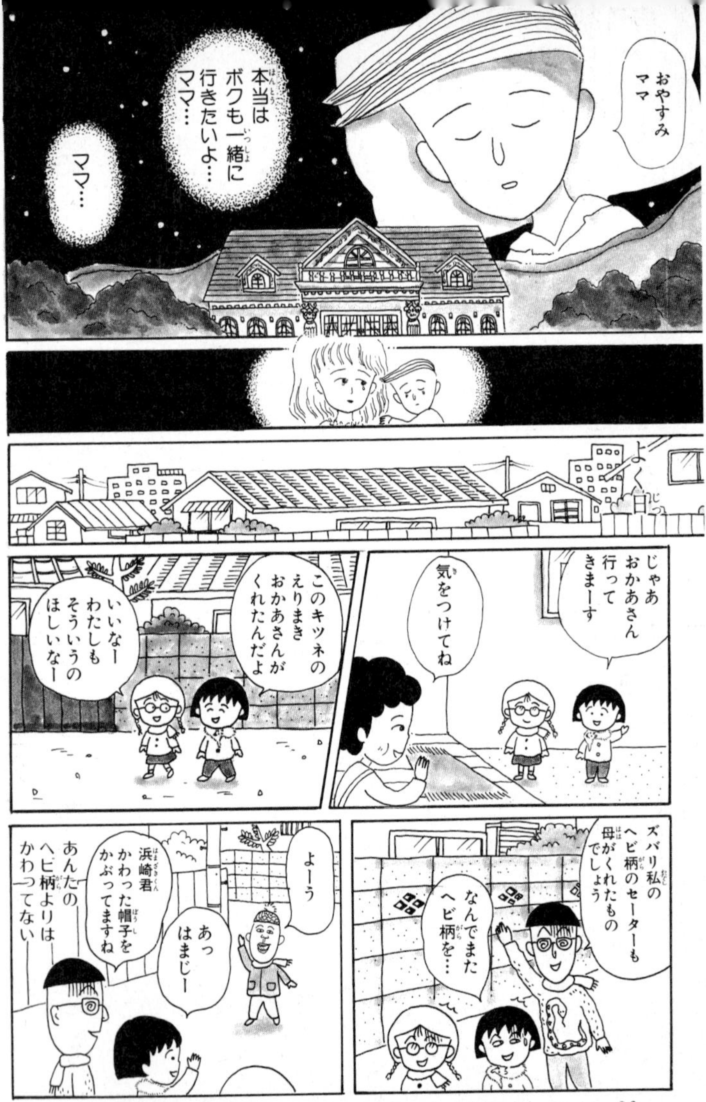
おやすみ
ママ
本当はボクも一緒に行きたいよ…ママ…
ママ…
よく日
じゃあおかあさん行ってきまーす
気をつけてね
このキツネのえりまきおかあさんがくれたんだよ
いいなーわたしもそういうのほしいなー
ズバリ私のヘビ柄のセーターも母がくれたものでしょう
なんでまたヘビ柄を…
よーう
あっはまじー
浜崎君かわった帽子をかぶってますね
あんたのヘビ柄よりはかわってない

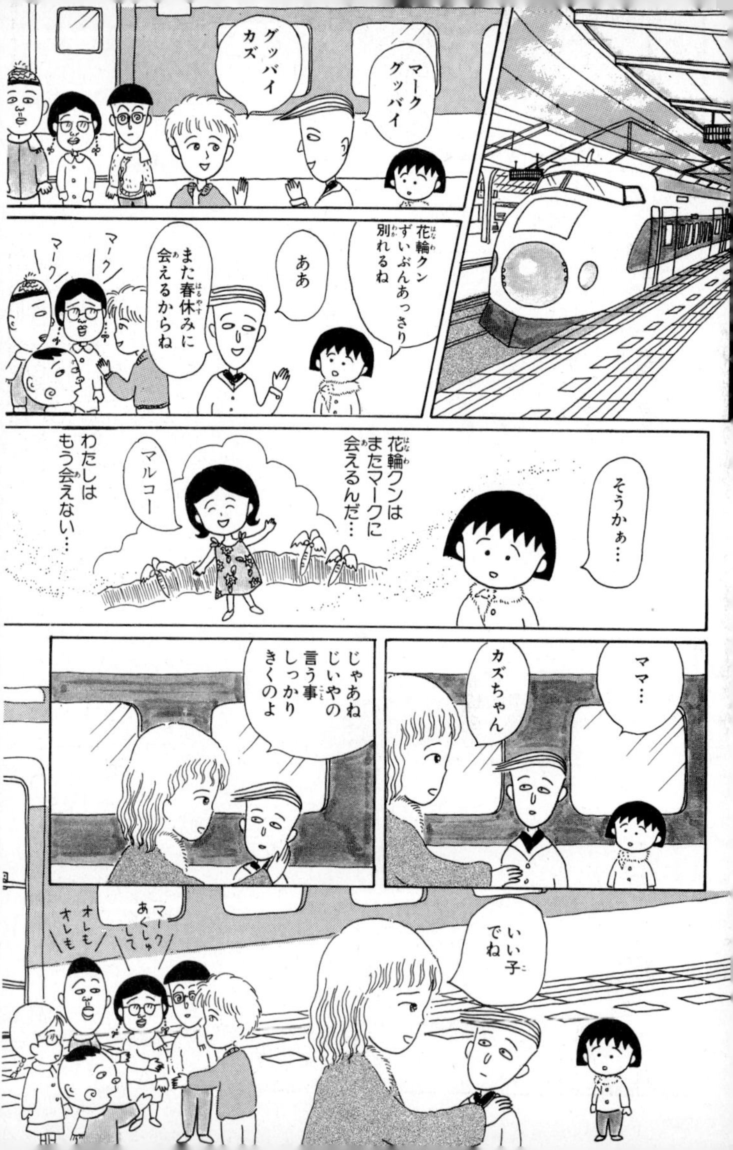

マーク グッバイ
グッバイ カズ
花輪クン ずいぶんあっさり 別れるね
ああ
また春休みに 会えるからね
マーク
マーク
そうかぁ…
花輪クンは またマークに 会えるんだ…
マルコー
わたしは もう会えない…
ママ…
カズちゃん
じゃあね じいやの 言う事 しっかり きくのよ
いい子 でね
マーク あくしゅ して
オレも オレも

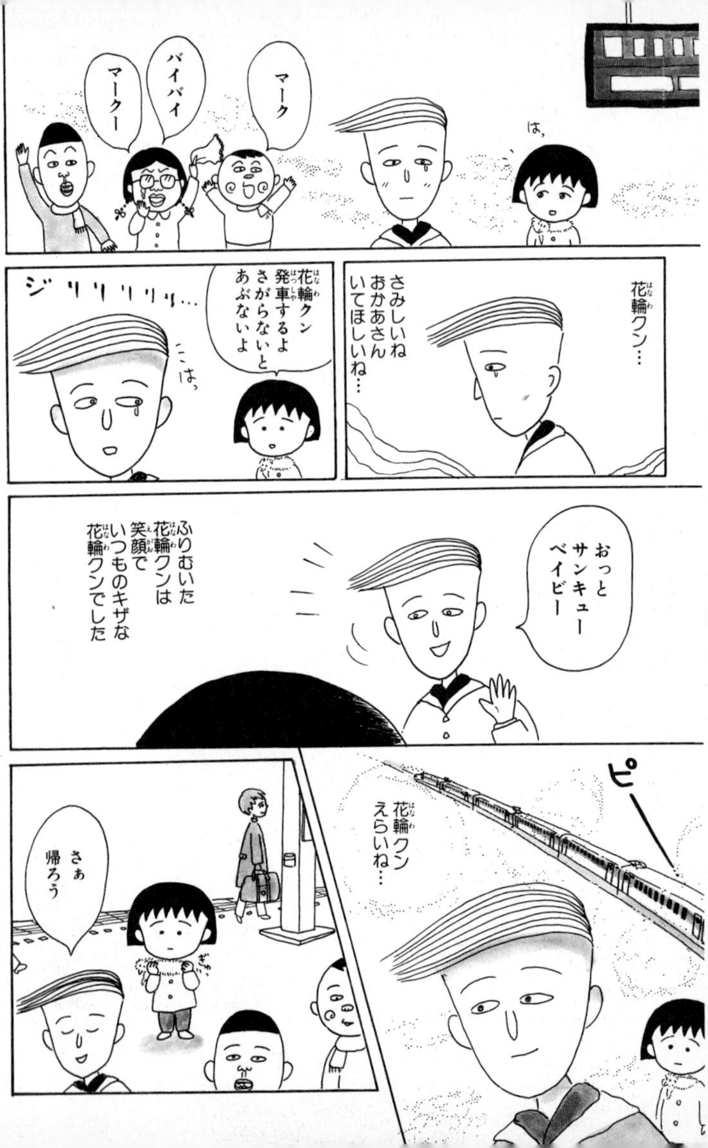

は,
マーク
バイバイ
マークー
花輪クン…
さみしいね おかあさん いてほしいね…
花輪クン 発車するよ さがらないと あぶないよ
は,
ジリリリリリ…
おっと サンキュー ベイビー
ふりむいた 花輪クンは 笑顔で いつものキザな 花輪クンでした
ピー
花輪クン えらいね…
ぎゅ
さぁ 帰ろう

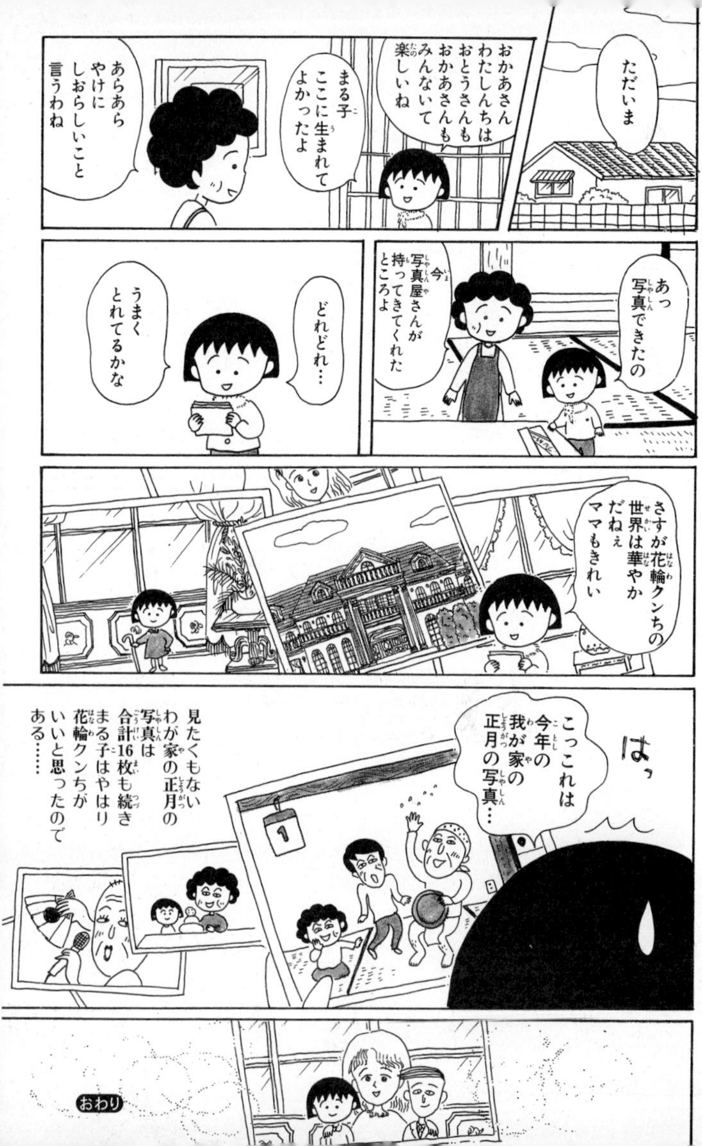
ただいま
おかあさん わたしんちは おとうさんも おかあさんも みんないて 楽しいね
まる子 ここに生まれて よかったよ
あらあら やけに しおらしいこと 言うわね
あっ 写真できたの
今 写真屋さんが 持ってきてくれた ところよ
どれどれ…
うまく とれてるかな
さすが花輪クンちの 世界は華やか だねぇ ママもきれい
はっ
こっこれは 今年の 我が家の 正月の写真…
見たくもない わが家の正月の 写真は 合計16枚も続き まる子はやはり 花輪クンちが いいと思ったので ある……
おわり

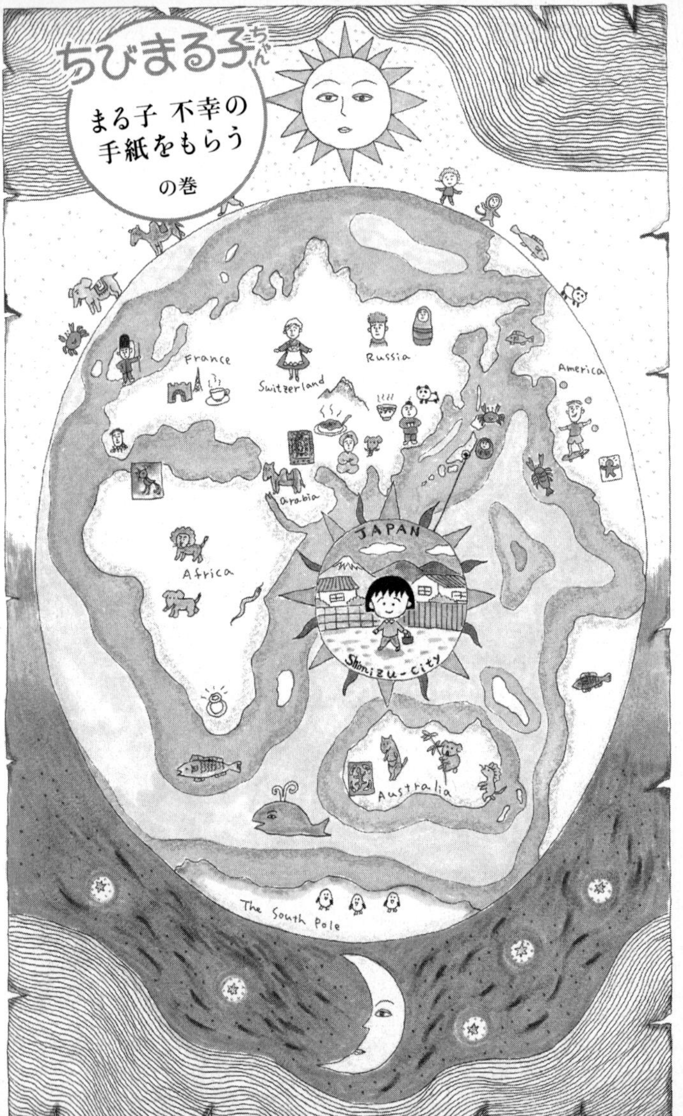
ちびまる子ちゃん
まる子 不幸の手紙をもらう の巻
France
Switzerland
Russia
America
Arabia
Africa
JAPAN
Shimizu-city
Australia
The South Pole

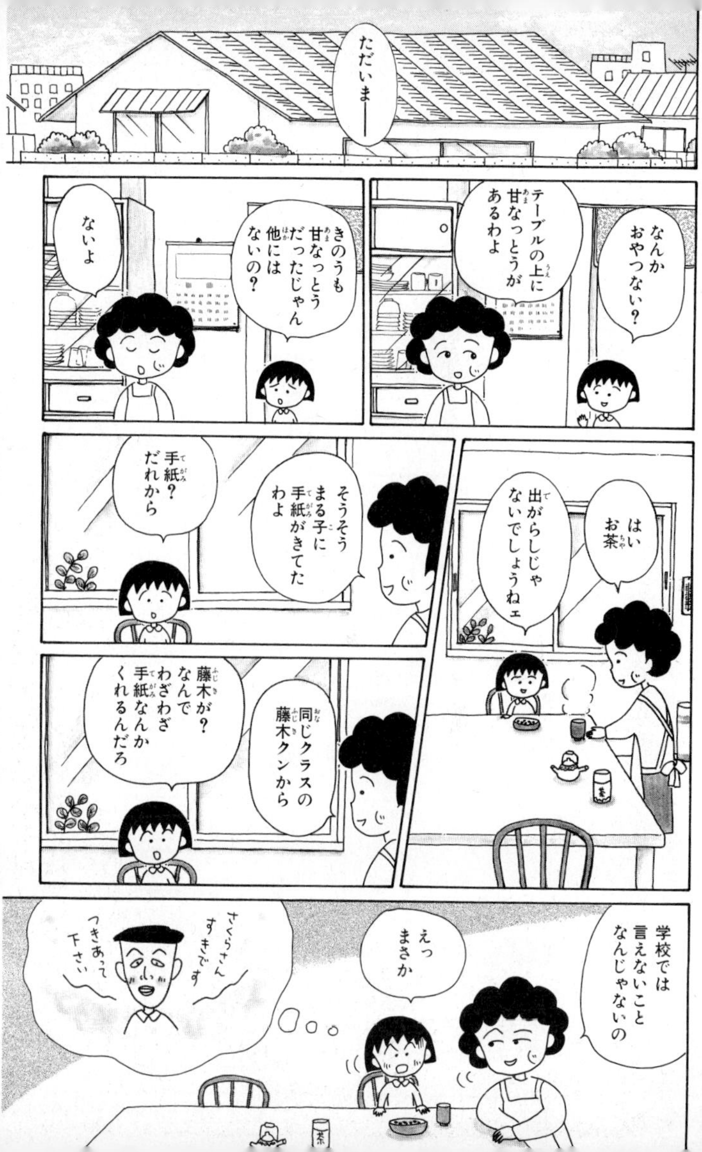

ただいまー
なんかおやつない？
テーブルの上に甘なっとうがあるわよ
きのうも甘なっとうだったじゃん他にはないの？
ないよ
はいお茶
出がらしじゃないでしょうねェ
そうそうまる子に手紙がきてたわよ
手紙？だれから
同じクラスの藤木クンから
藤木が？なんでわざわざ手紙なんかくれるんだろ
学校では言えないことなんじゃないの
えっまさか
さくらさんすきですつきあって下さい

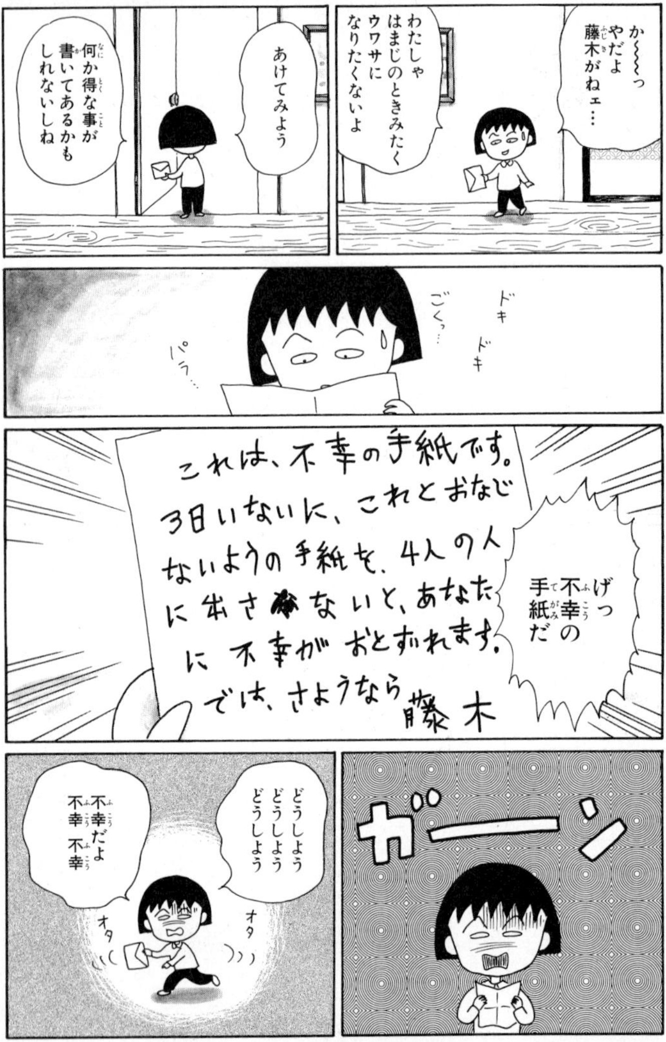
か〜〜っ やだよ 藤木がねェ…
わたしゃ はまじのときみたく ウワサに なりたくないよ
あけてみよう
何か得な事が 書いてあるかも しれないしね
ドキ ドキ
ごくっ…
パラ…
これは、不幸の手紙です。3日いないに、これとおなじないようの手紙を、4人の人に出さないと、あなたに不幸がおとずれます。では、さようなら 藤木
げっ 不幸の 手紙だ
ガーン
どうしよう どうしよう どうしよう
不幸だよ 不幸 不幸
オタ オタ

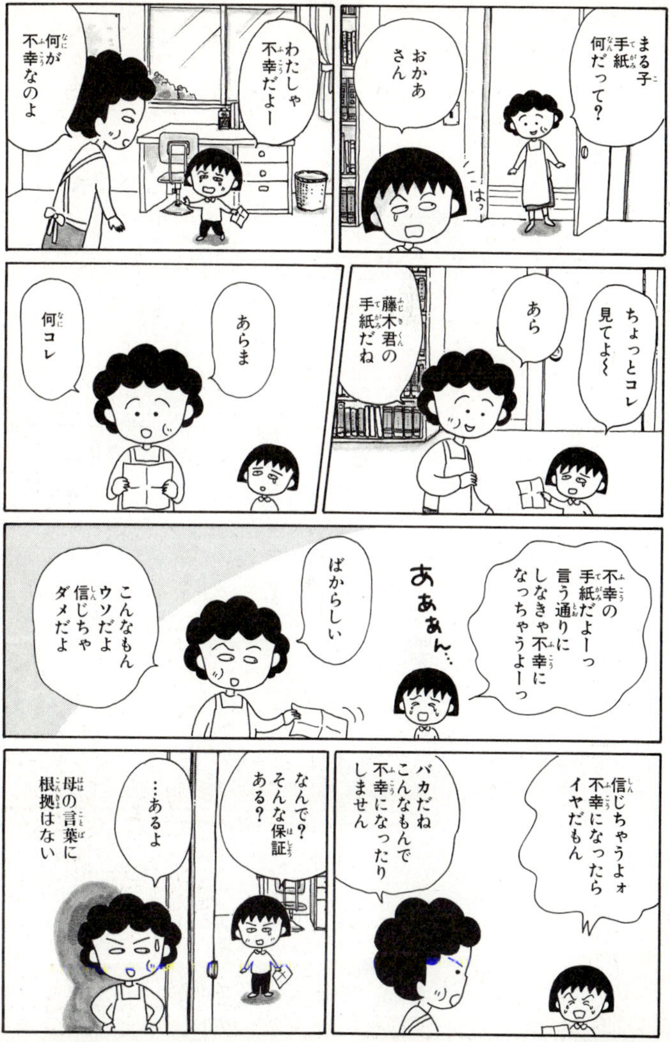
まる子
手紙何だって？
おかあさん
はっ
わたしゃ不幸だよー
何が不幸なのよ
ちょっとコレ見てよ〜
あら
藤木君の手紙だね
あらま
何コレ
不幸の手紙だよーっ言う通りにしなきゃ不幸になっちゃうよーっ
あぁあん…
ばからしい
こんなもんウソだよ信じちゃダメだよ
信じちゃうよォ不幸になったらイヤだもん
バカだねこんなもんで不幸になったりしません
なんで？そんな保証ある？
…あるよ
母の言葉に根拠はない

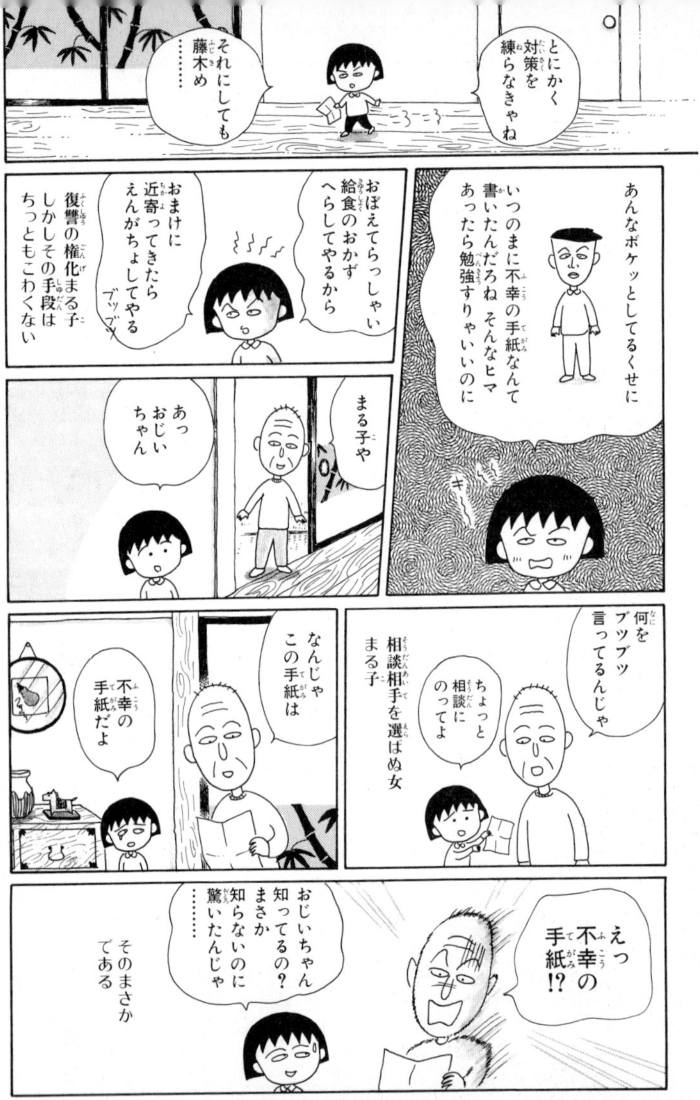

とにかく対策を練らなきゃね
それにしても藤木め……
あんなボケッとしてるくせに
いつのまに不幸の手紙なんて書いたんだろね そんなヒマあったら勉強すりゃいいのに
キ〜ッ
おぼえてらっしゃい給食のおかずへらしてやるから
おまけに近寄ってきたらえんがちょしてやる
ブツブツ
復讐の権化まる子 しかしその手段はちっともこわくない
まる子や
あっ おじいちゃん
何をブツブツ言ってるんじゃ
ちょっと相談にのってよ
相談相手を選ばぬ女まる子
なんじゃこの手紙は
不幸の手紙だよ
えっ不幸の手紙!?
おじいちゃん知ってるの? まさか知らないのに驚いたんじゃ……
そのまさかである

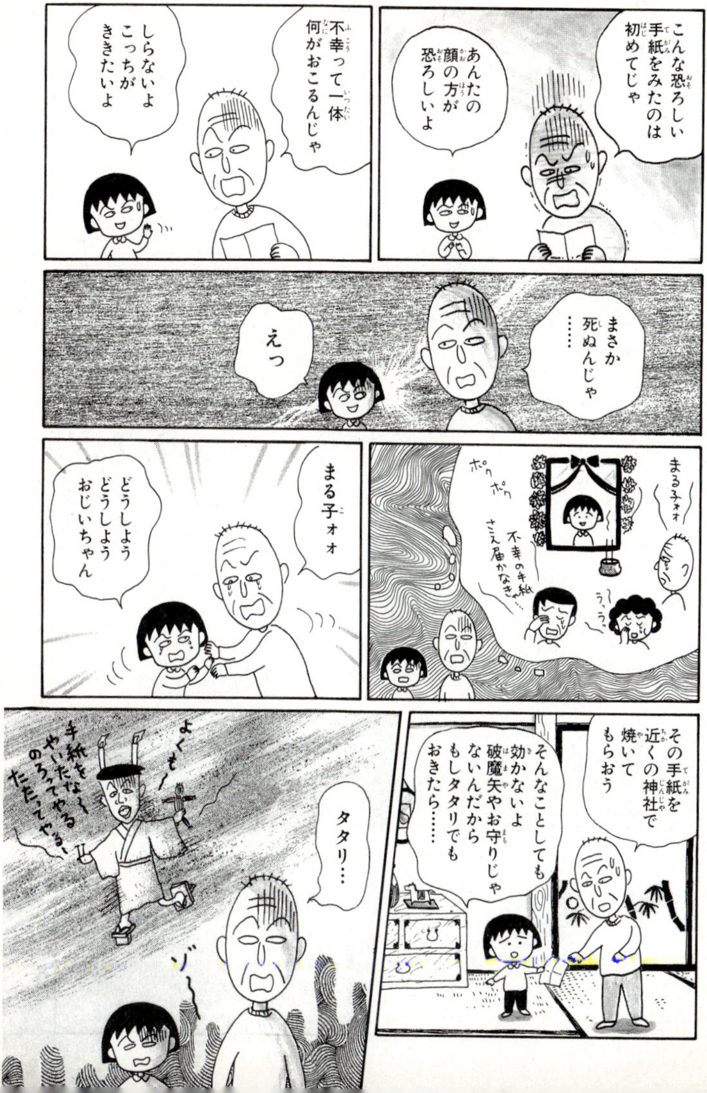
こんな恐ろしい手紙をみたのは初めてじゃ
あんたの顔の方が恐ろしいよ
不幸って一体何がおこるんじゃ
しらないよこっちがききたいよ
まさか死ぬんじゃ……
えっ
まる子ォォ
ポクポク
不幸の手紙さえ届かなきゃ……
うっうっ
まる子ォォ
どうしようどうしようおじいちゃん
その手紙を近くの神社で焼いてもらおう
そんなことしても効かないよ破魔矢やお守りじゃないんだからもしタタリでもおきたら……
タタリ…
よくも〜
手紙をやいたな〜のろってやるたたってやる〜
ゾ〜

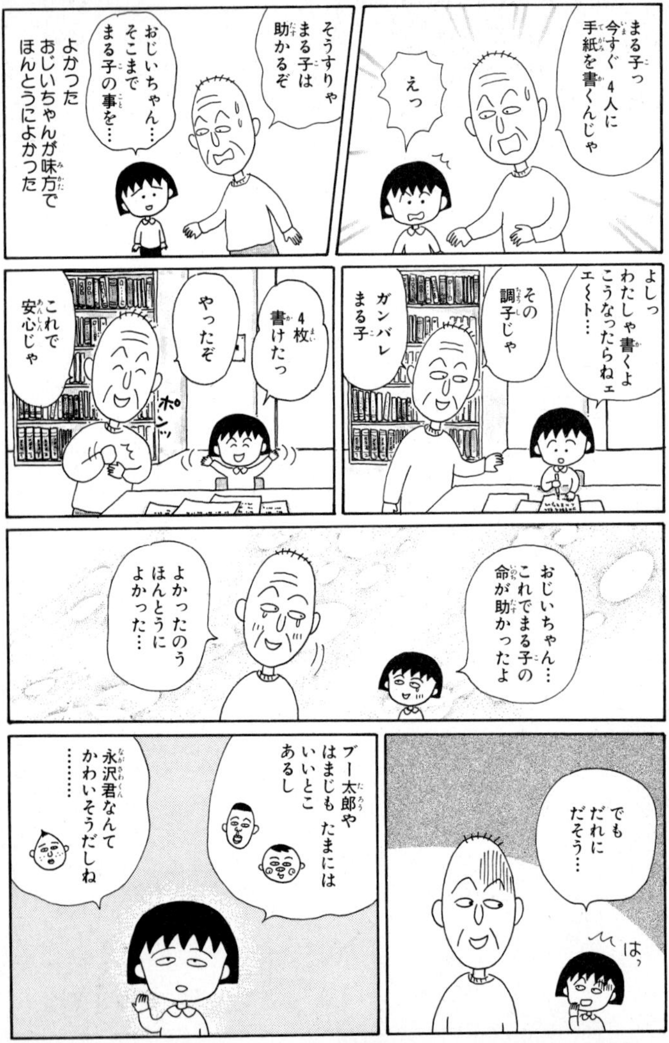
まる子っ
今すぐ4人に
手紙を書くんじゃ
えっ
そうすりゃ
まる子は
助かるぞ
おじいちゃん…
そこまで
まる子の事を…
よかつた
おじいちゃんが味方で
ほんとうによかつた
よしっ
わたしゃ書くよ
こうなったらねェ
エ〜ト…
その
調子じゃ
ガンバレ
まる子
4枚
書けたっ
やったぞ
ポンッ
これで
安心じゃ
おじいちゃん…
これでまる子の
命が助かったよ
よかったのう
ほんとうに
よかった…
でも
だれに
だそう…
はっ
ブー太郎や
はまじも たまには
いいとこ
あるし
永沢君なんて
かわいそうだしね
………

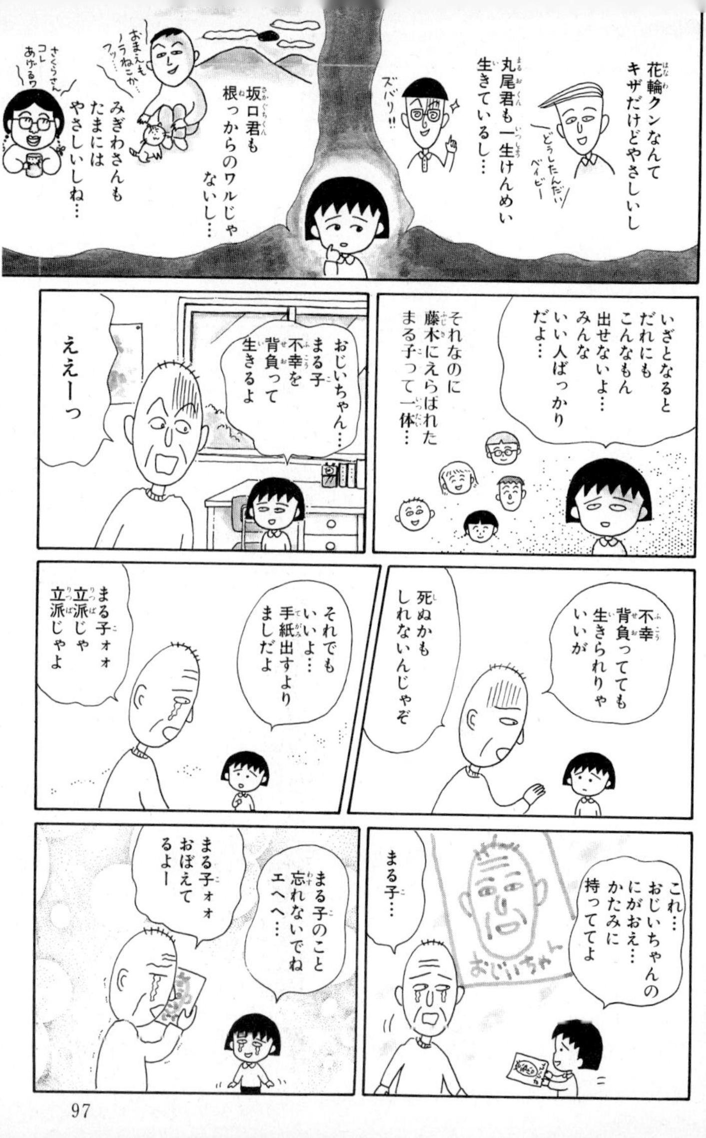
花輪クンなんて
キザだけどやさしいし
どうしたんだい ベイビー
丸尾君も一生けんめい
生きているし…
ズバリ!!
坂口君も
根っからのワルじゃ
ないし…
おまえも ノラねこか… フッ…
みぎわさんも
たまには
やさしいしね…
さくらさん コレ あげるワ〜
いざとなると
だれにも
こんなもん
出せないよ…
みんな
いい人ばっかり
だよ…
それなのに
藤木にえらばれた
まる子って一体…
おじいちゃん…
まる子
不幸を
背負って
生きるよ
ええーっ
不幸
背負ってても
生きられりゃ
いいが
死ぬかも
しれないんじゃぞ
それでも
いいよ…
手紙出すより
ましだよ
まる子ォォ
立派じゃ
立派じゃよ
これ…
おじいちゃんの
にがおえ…
かたみに
持っててよ
おじいちゃん
まる子…
まる子のこと
忘れないでね
エヘヘ…
まる子ォォ
おぼえて
るよー

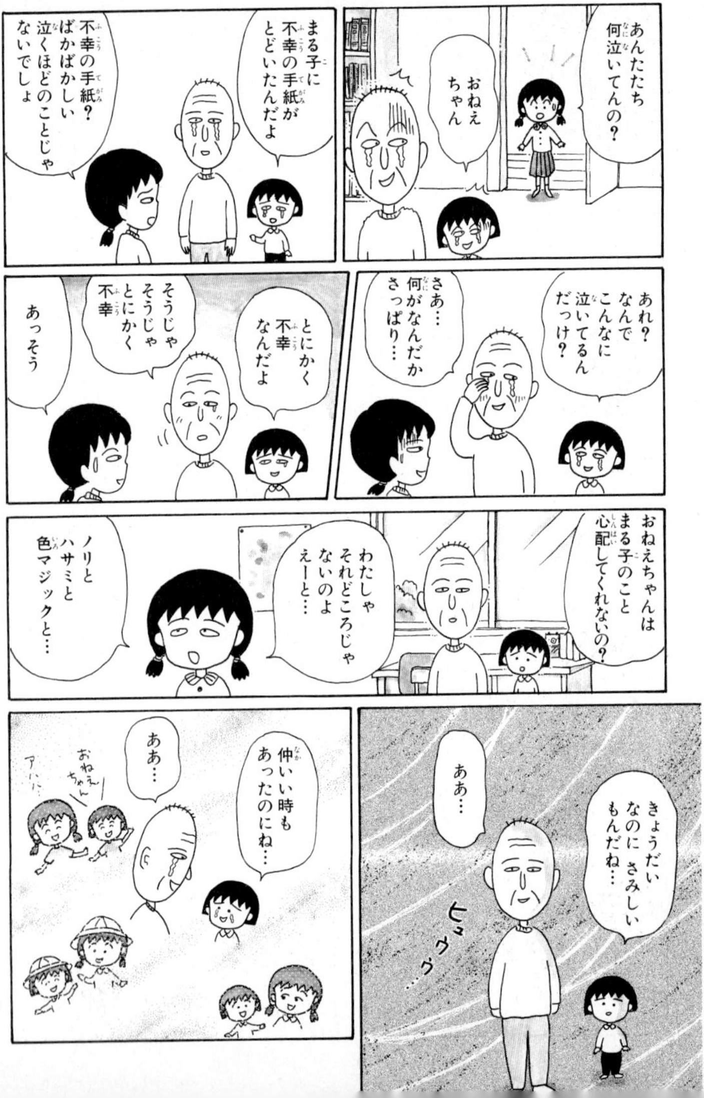
あんたたち何泣いてんの？
おねえちゃん
まる子に不幸の手紙がとどいたんだよ
不幸の手紙？ばかばかしい泣くほどのことじゃないでしょ
あれ？なんでこんなに泣いてるんだっけ？
さあ…何がなんだかさっぱり…
とにかく不幸なんだよ
そうじゃそうじゃとにかく不幸
あっそう
おねえちゃんはまる子のこと心配してくれないの？
わたしゃそれどころじゃないのよ
えーと…
ノリとハサミと色マジックと…
きょうだいなのに さみしいもんだね…
ああ…
ヒュウウウ…
仲いい時もあったのにね…
ああ…
おねえちゃん
アハハ

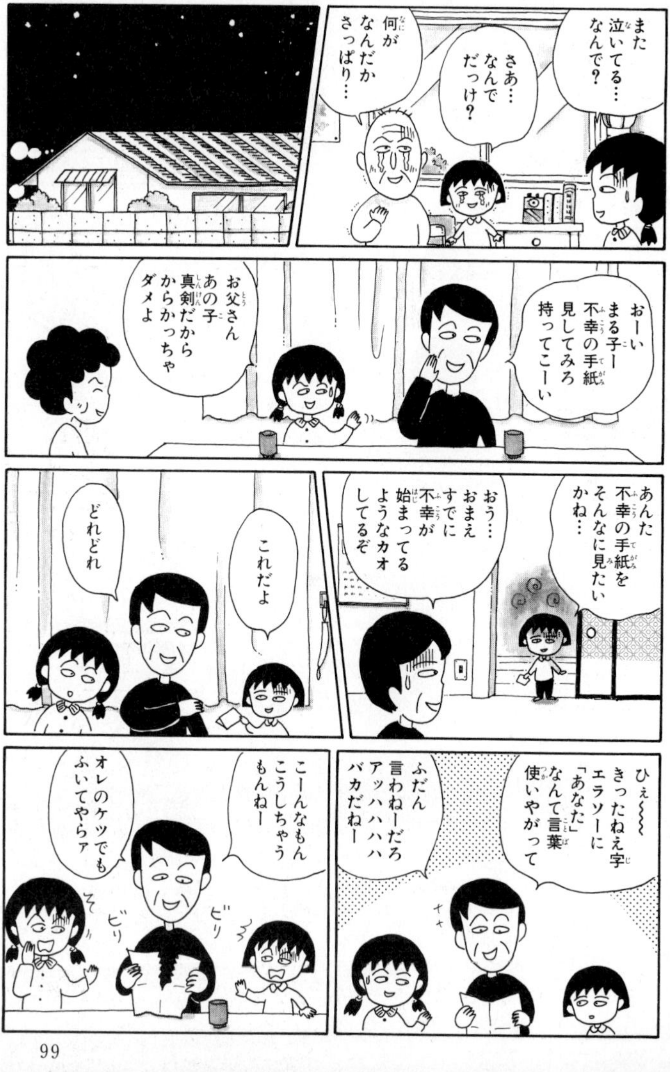
また泣いてる…なんで?
さあ…なんでだっけ?
何がなんだかさっぱり…
おーい まる子ー 不幸の手紙見してみろ 持ってこーい
お父さん あの子真剣だから からかっちゃダメよ
あんた 不幸の手紙を そんなに見たい かね…
おう… おまえ すでに 不幸が 始まってる ようなカオ してるぞ
これだよ
どれどれ
ひぇ〜〜 きったねえ字 エラソーに 「あなた」 なんて言葉 使いやがって
ふだん 言わねーだろ アッハハハハ バカだねー
こーんなもん こうしちゃう もんねー
オレのケツでも ふいてやらァ
ビリ
ビリ

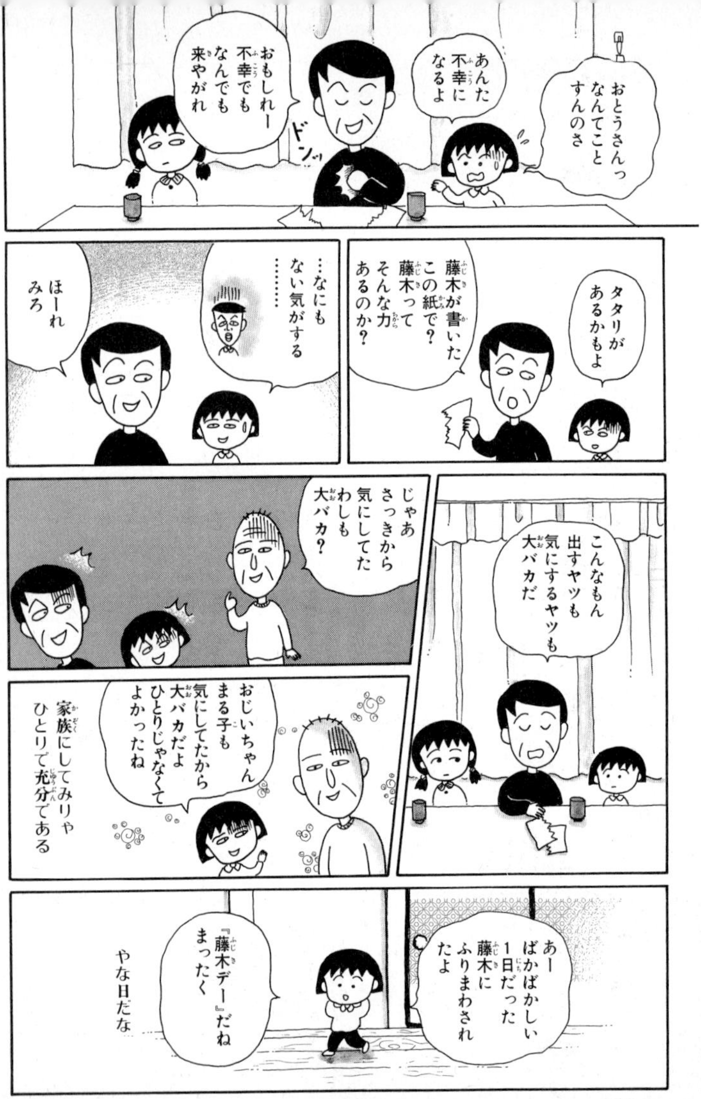

おとうさんっ なんてこと すんのさ
あんた 不幸に なるよ
ドンッ
おもしれー 不幸でも なんでも 来やがれ
タタリが あるかもよ
藤木が書いた この紙で? 藤木って そんな力 あるのか?
…なにも ない気がする………
ほーれ みろ
こんなもん 出すヤツも 気にするヤツも 大バカだ
じゃあ さっきから 気にしてた わしも 大バカ?
おじいちゃん まる子も 気にしてたから 大バカだよ ひとりじゃなくて よかったね
家族にしてみりゃ ひとりで充分である
あー ばかばかしい 1日だった 藤木に ふりまわされ たよ
『藤木デー』だね まったく
やな日だな

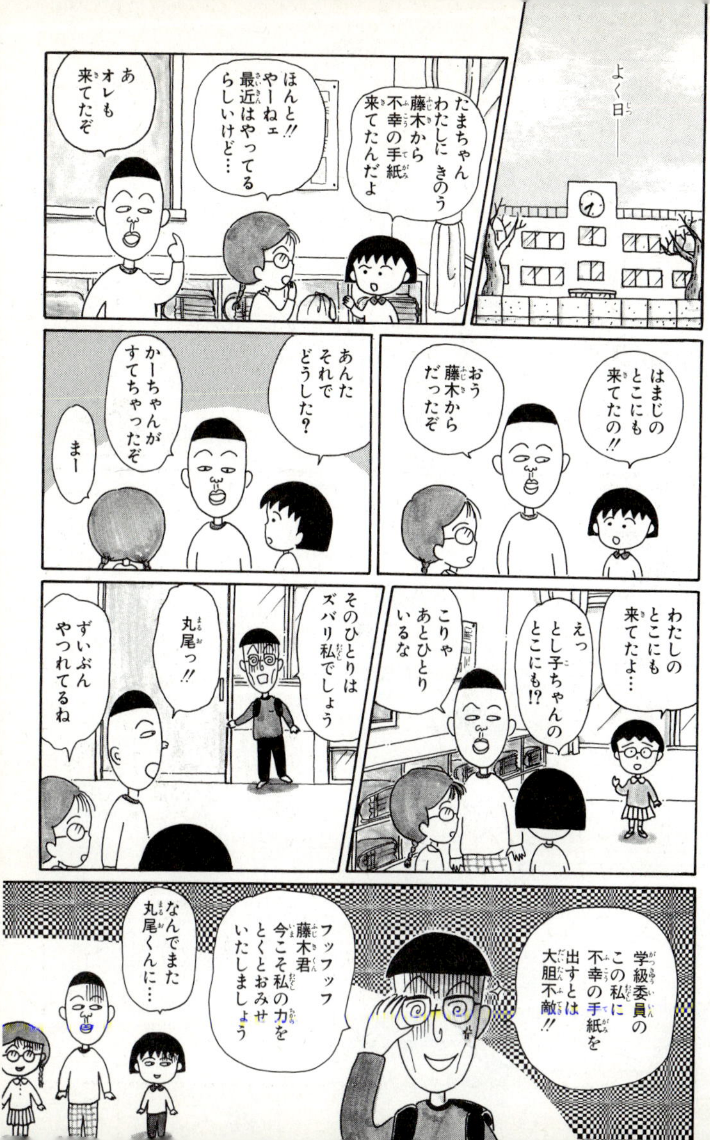
よく日――
たまちゃん わたしに きのう 藤木から 不幸の手紙 来てたんだよ
ほんと!! やーねェ 最近はやってるらしいけど…
あ オレも 来てたぞ
はまじの とこにも 来てたの!!
おう 藤木から だったぞ
あんた それで どうした?
かーちゃんが すてちゃったぞ
まー
わたしの とこにも 来てたよ…
えっ とし子ちゃんの とこにも!?
こりゃ あとひとり いるな
そのひとりは ズバリ私でしょう
丸尾っ!!
ずいぶん やつれてるね
学級委員の この私に 不幸の手紙を 出すとは 大胆不敵!!
フッフッフ 藤木君 今こそ私の力を とくとおみせ いたしましょう
なんでまた 丸尾くんに…

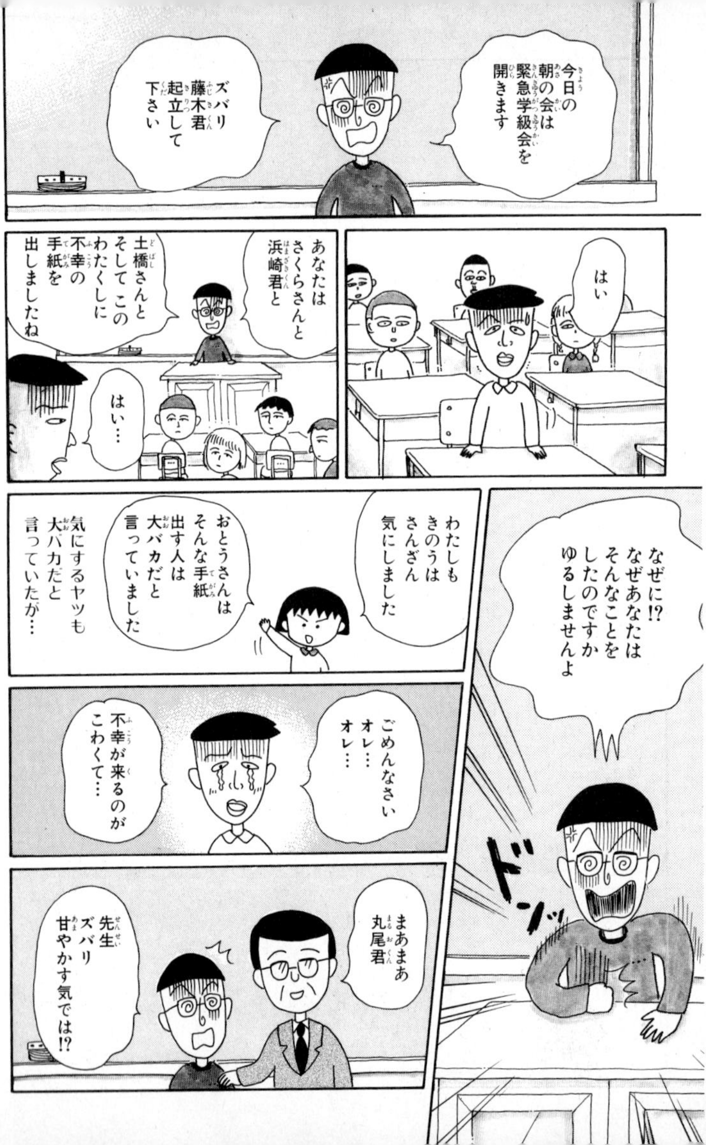

今日の朝の会は緊急学級会を開きます
ズバリ藤木君起立して下さい
はい
あなたはさくらさんと浜崎君と
土橋さんとそしてこのわたくしに不幸の手紙を出しましたね
はい…
なぜに!?なぜあなたはそんなことをしたのですかゆるしませんよ
ドーッ
わたしもきのうはさんざん気にしました
おとうさんはそんな手紙出す人は大バカだと言っていました
気にするヤツも大バカだと言っていたが…
ごめんなさいオレ…オレ…
不幸が来るのがこわくて…
まあまあ丸尾君
先生ズバリ甘やかす気では!?

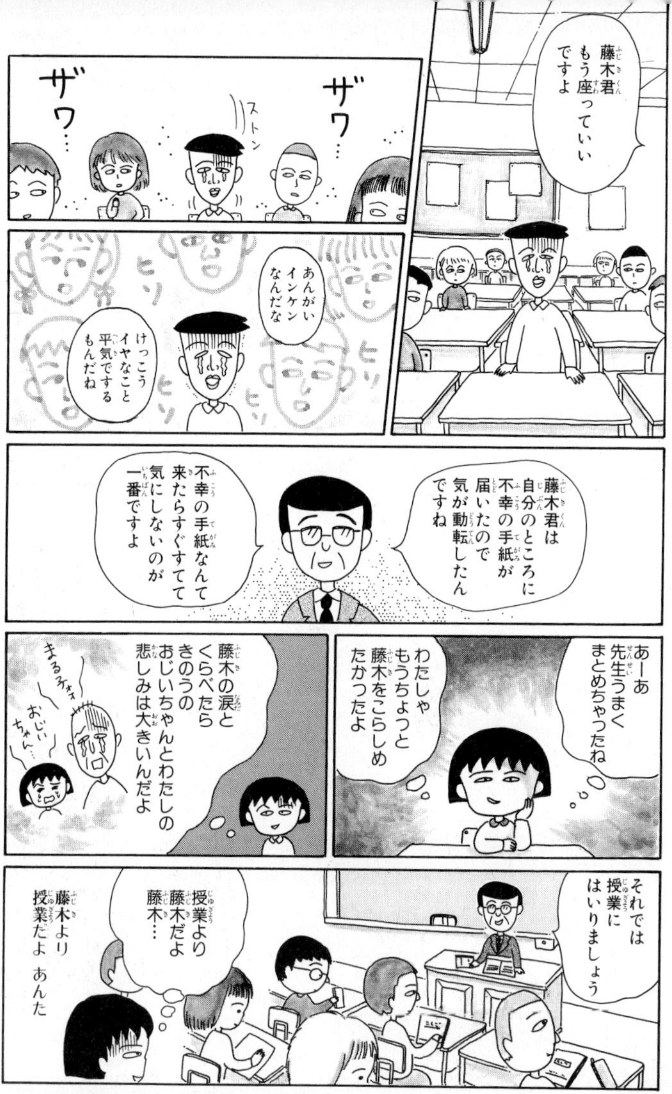
藤木君もう座っていいですよ
ザワ…
ザワ…
ストン
あんがいインケンなんだな
けっこうイヤなこと平気でするもんだね
ヒソ
ヒソ
ヒソ
ヒソ
ヒソ
藤木君は自分のところに不幸の手紙が届いたので気が動転したんですね
不幸の手紙なんて来たらすぐすてて気にしないのが一番ですよ
あーあ先生うまくまとめちゃったね
わたしゃもうちょっと藤木をこらしめたかったよ
藤木の涙とくらべたらきのうのおじいちゃんとわたしの悲しみは大きいんだよ
まる子ォォ
おじいちゃん…
それでは授業にはいりましょう
授業より藤木だよ藤木…
藤木より授業だよ あんた

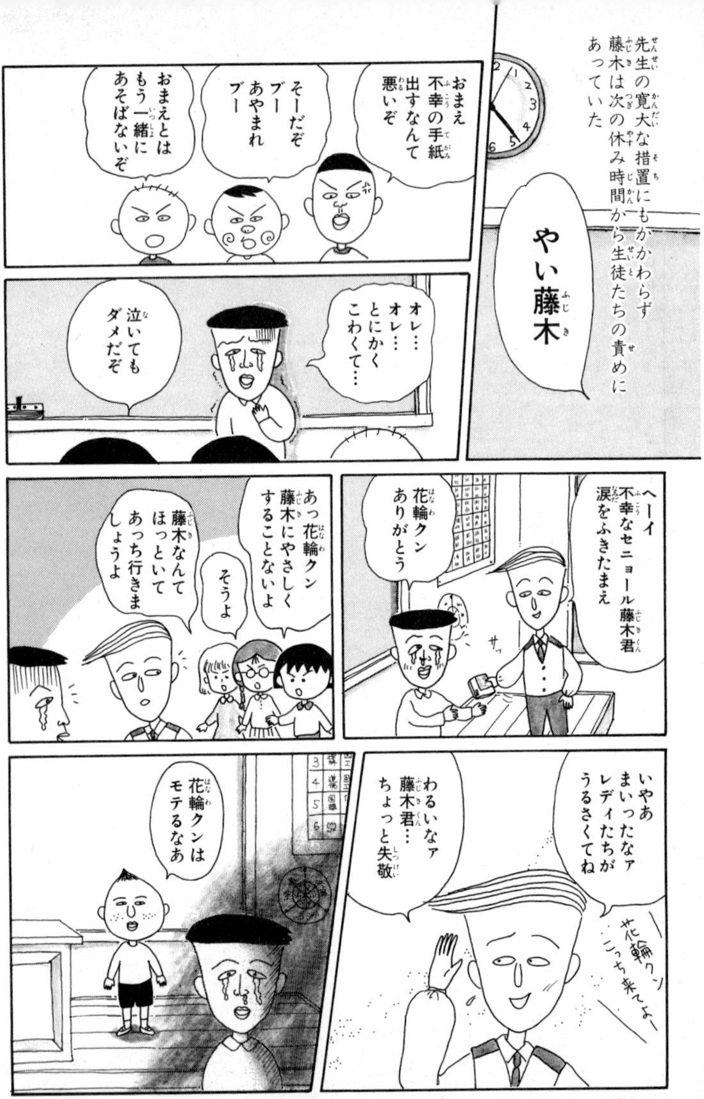
先生の寛大な措置にもかかわらず
藤木は次の休み時間から生徒たちの責めに
あっていた
やい藤木
おまえ不幸の手紙出すなんて悪いぞ
そーだぞブーあやまれブー
おまえとはもう一緒にあそばないぞ
オレ…オレ…とにかくこわくて…
泣いてもダメだぞ
へーイ不幸なセニョール藤木君涙をふきたまえ
花輪クンありがとう
サッ
あっ花輪クン藤木にやさしくすることないよ
そうよ
藤木なんてほっといてあっち行きましょうよ
いやあまいったなァレディたちがうるさくてね
わるいなァ藤木君…ちょっと失敬
花輪クンこっち来てよー
花輪クンはモテるなあ

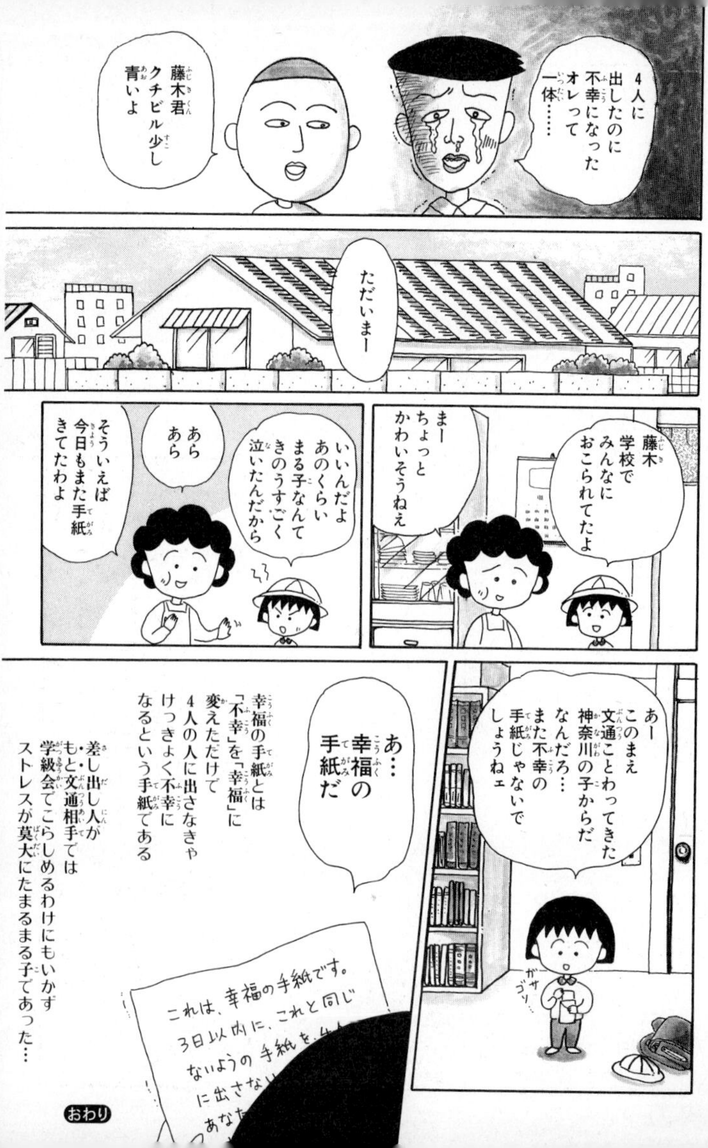
4人に出したのに不幸になったオレって一体……
藤木君クチビル少し青いよ
ただいまー
藤木学校でみんなにおこられてたよ
まーちょっとかわいそうねえ
いいんだよあのくらいまる子なんてきのうすごく泣いたんだから
あらあら
そういえば今日もまた手紙きてたわよ
あーこのまえ文通ことわってきた神奈川の子からだなんだろ…また不幸の手紙じゃないでしょうねェ
ガサゴソ…
あ…幸福の手紙だ
幸福の手紙とは「不幸」を「幸福」に変えただけで4人の人に出さなきゃけっきょく不幸になるという手紙である
これは、幸福の手紙です。
3日以内に、これと同じ
ないようの 手紙を
差し出し人がもと文通相手では学級会でこらしめるわけにもいかずストレスが莫大にたまるまる子であった…
おわり

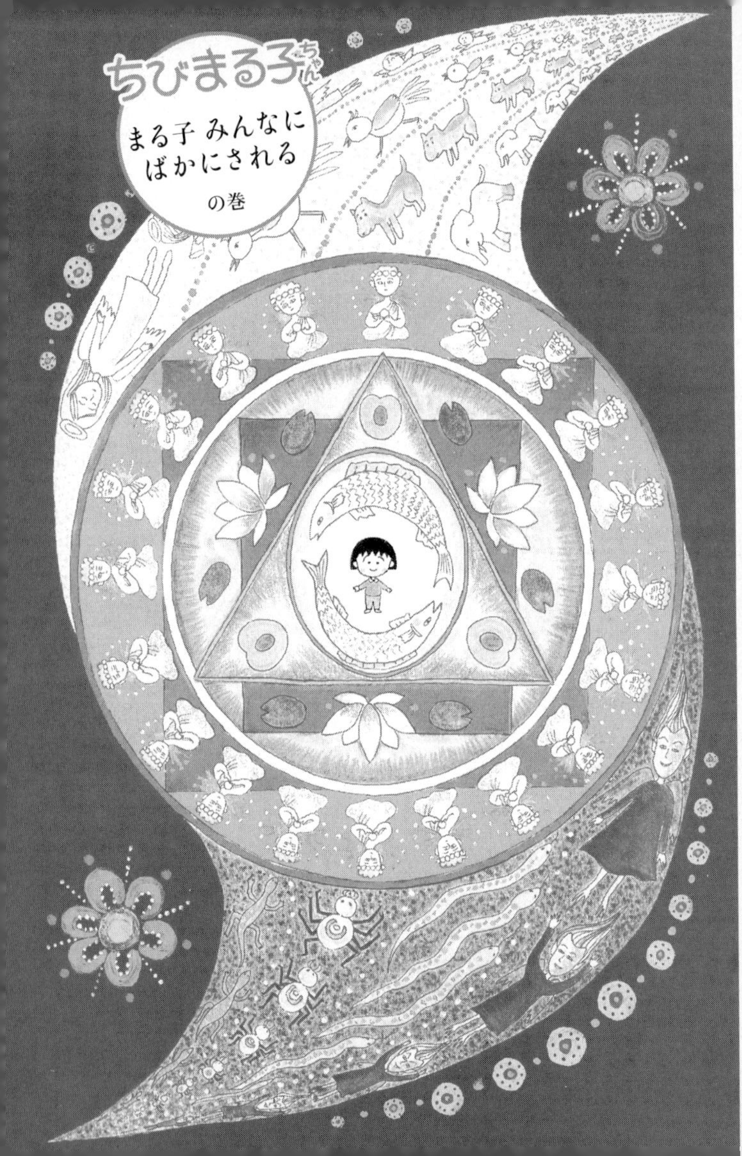
ちびまる子ちゃん
まる子 みんなに
ばかにされる
の巻

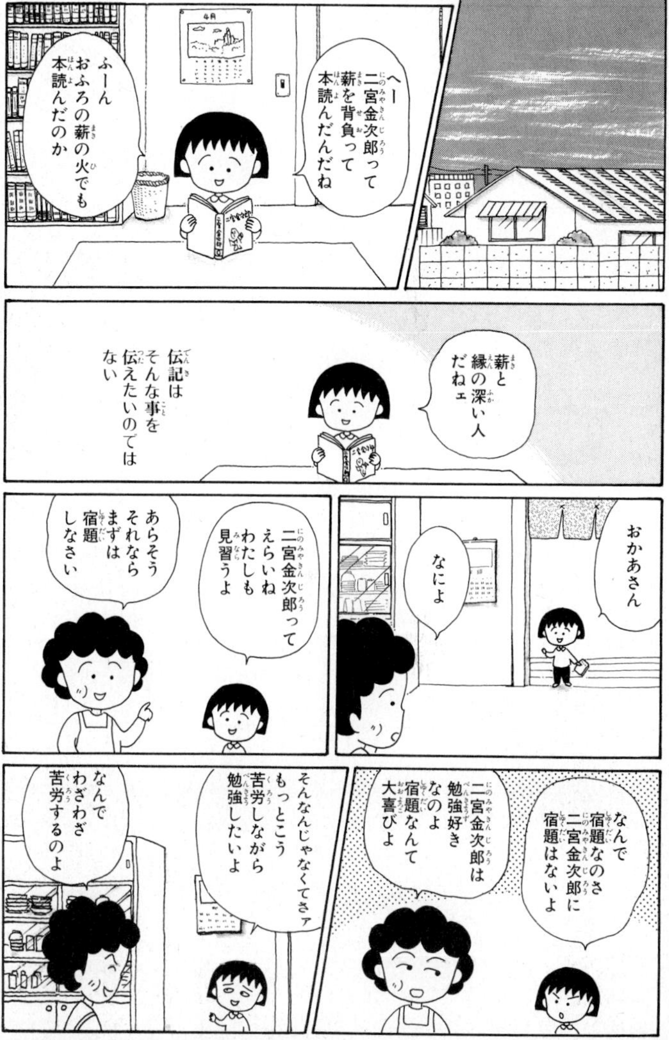
へー
二宮金次郎って
薪を背負って
本読んだんだね
ふーん
おふろの薪の火でも
本読んだのか
薪と
縁の深い人
だねェ
伝記は
そんな事を
伝えたいのでは
ない
おかあさん
なによ
二宮金次郎って
えらいね
わたしも
見習うよ
あらそう
それなら
まずは
宿題
しなさい
なんで
宿題なのさ
二宮金次郎に
宿題はないよ
二宮金次郎は
勉強好き
なのよ
宿題なんて
大喜びよ
そんなんじゃなくてさァ
もっとこう
苦労しながら
勉強したいよ
なんで
わざわざ
苦労するのよ

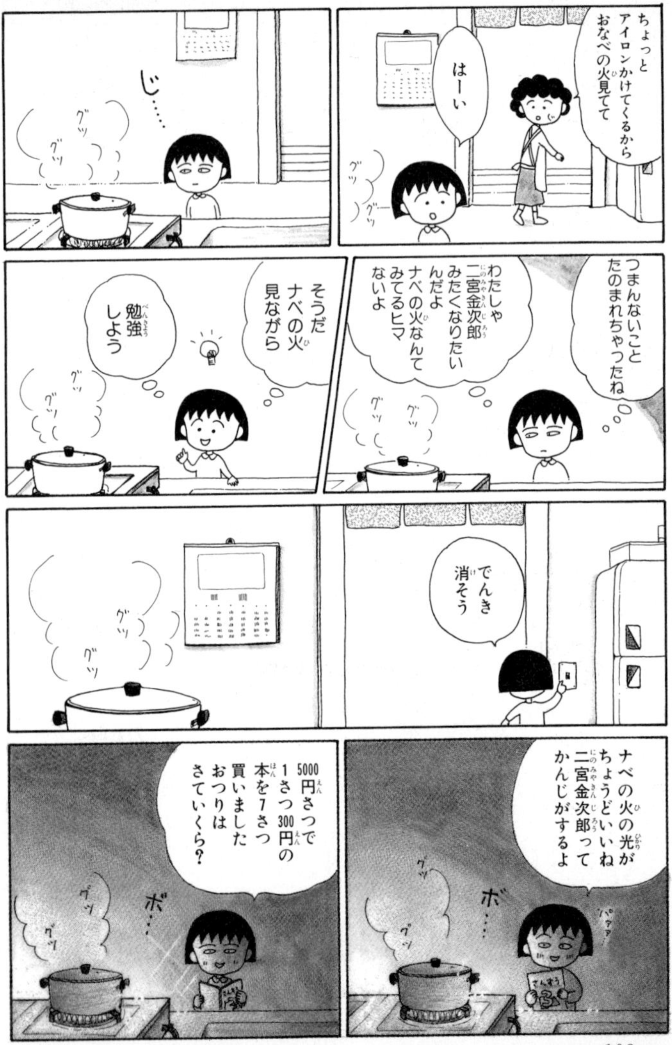

ちょっと
アイロンかけてくるから
おなべの火見てて
はーい
グツ
グツ
じ……
グツ
グツ
つまんないこと
たのまれちゃったね
わたしゃ
二宮金次郎
みたくなりたい
んだよ
ナベの火なんて
みてるヒマ
ないよ
グツ
グツ
そうだ
ナベの火
見ながら
勉強
しよう
グツ
グツ
でんき
消そう
グツ
グツ
ナベの火の光が
ちょうどいいね
二宮金次郎って
かんじがするよ
ボ…
グツ
グツ
5000円さつで
1さつ300円の
本を7さつ
買いました
おつりは
さていくら?
ボ…
グツ
グツ

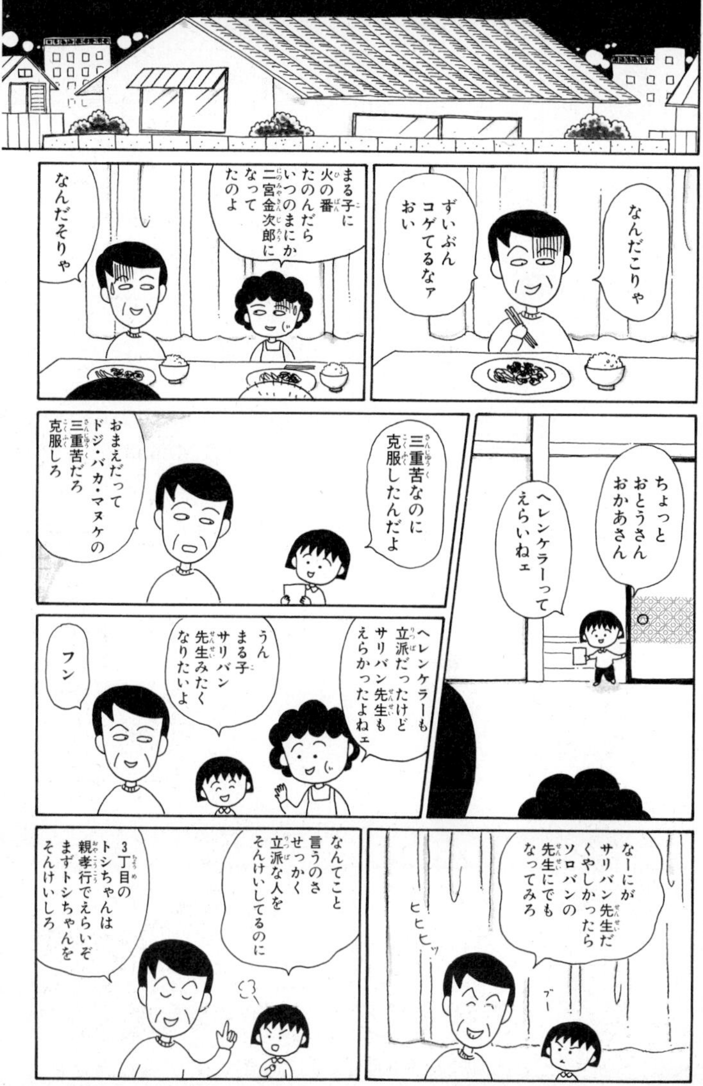
なんだこりゃ
ずいぶんコゲてるなァおい
まる子に火の番たのんだらいつのまにか二宮金次郎になってたのよ
なんだそりゃ
ちょっとおとうさんおかあさん
ヘレンケラーってえらいねェ
三重苦なのに克服したんだよ
おまえだってドジ・バカ・マヌケの三重苦だろ克服しろ
ヘレンケラーも立派だったけどサリバン先生もえらかったよねェ
うんまる子サリバン先生みたくなりたいよ
フン
なーにがサリバン先生だくやしかったらソロバンの先生にでもなってみろ
ヒヒヒッ
ブー
なんてこと言うのさせっかく立派な人をそんけいしてるのに
3丁目のトシちゃんは親孝行でえらいぞまずトシちゃんをそんけいしろ

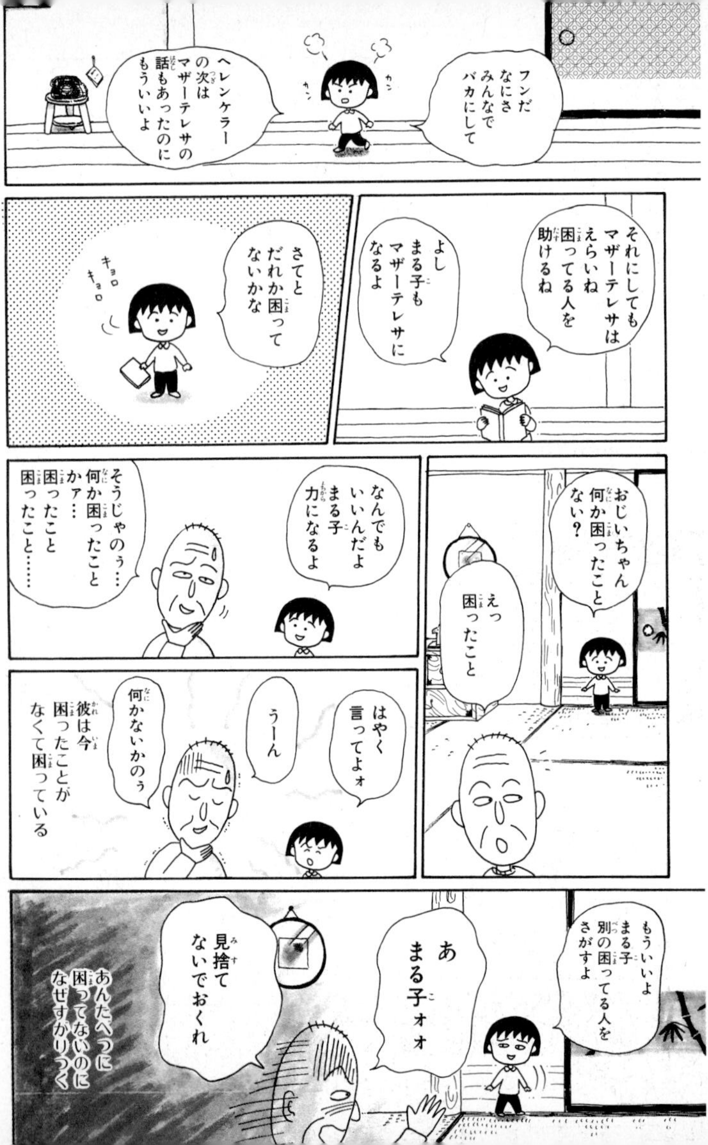

フンだ
なにさ
みんなで
バカにして
カン
カン
ヘレンケラーの次はマザーテレサの話もあったのにもういいよ
それにしてもマザーテレサはえらいね
困ってる人を助けるね
よし
まる子もマザーテレサになるよ
さてと
だれか困ってないかな
キョロ
キョロ
おじいちゃん何か困ったことない？
えっ
困ったこと
なんでもいいんだよ
まる子力になるよ
そうじゃのぅ…
何か困ったことかァ…
困ったこと
困ったこと……
はやく
言ってよォ
うーん
何かないかのぅ
彼は今困ったことがなくて困っている
もういいよ
まる子別の困ってる人をさがすよ
あ
まる子ォォ
見捨てないでおくれ
あんたべつに困ってないのになぜすがりつく

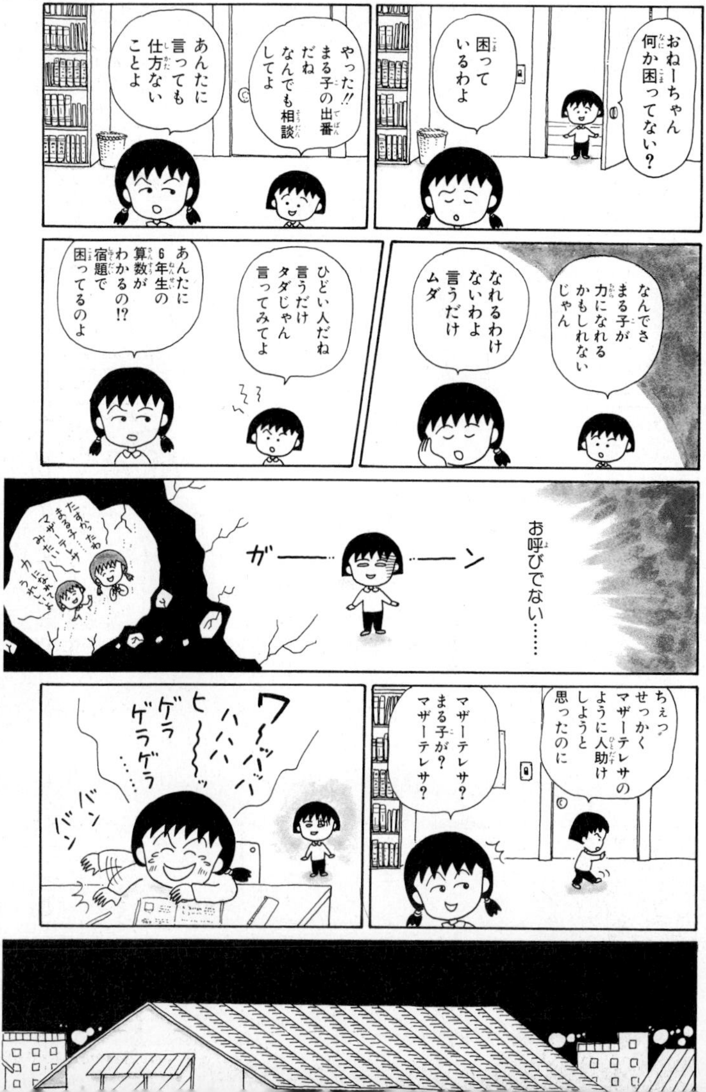
おねーちゃん何か困ってない？
困っているわよ
やった!!まる子の出番だねなんでも相談してよ
あんたに言っても仕方ないことよ
なんでさまる子が力になれるかもしれないじゃん
なれるわけないわよ言うだけムダ
ひどい人だね言うだけタダじゃん言ってみてよ
あんたに6年生の算数がわかるの!?宿題で困ってるのよ
お呼びでない……
ガー……ーン
たすかったわまる子……マザーテレサみたい
力になれてうれしいよ
ちぇっせっかくマザーテレサのように人助けしようと思ったのに
マザーテレサ？まる子が？マザーテレサ？
ワーッハッハッハ
ヒ～～～ッ
ゲラゲラゲラ……
バンバン

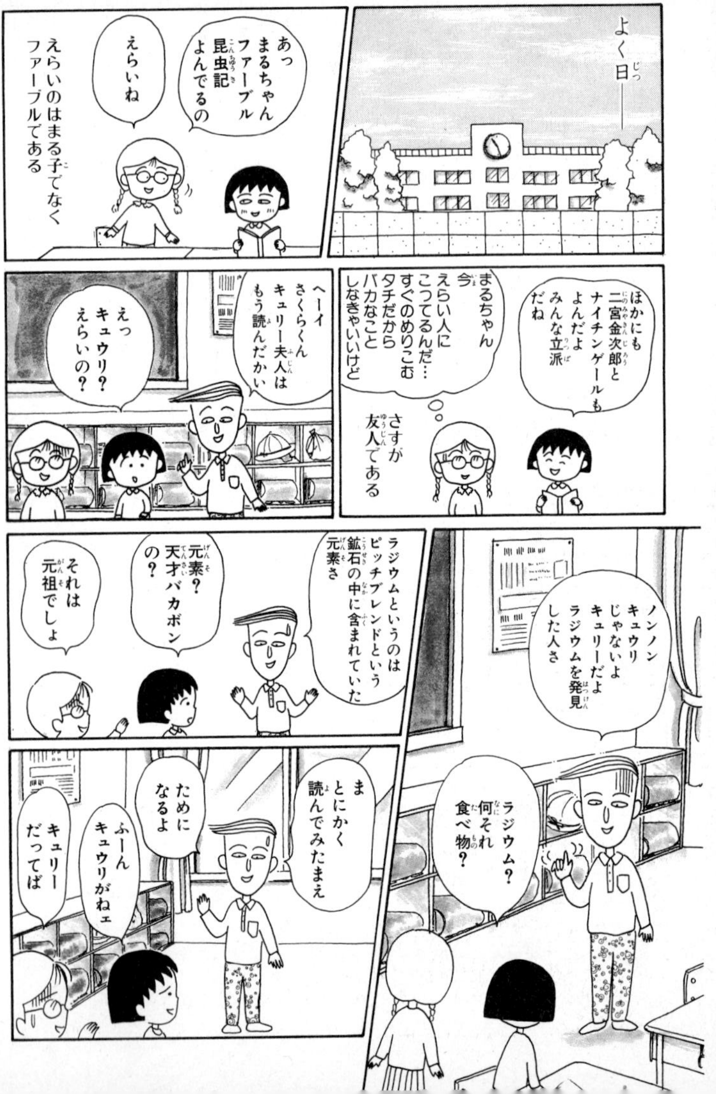
よく日――
あっ まるちゃん ファーブル昆虫記よんでるの
えらいね
えらいのはまる子でなくファーブルである
ほかにも二宮金次郎とナイチンゲールもよんだよ みんな立派だね
まるちゃん今えらい人にこってるんだ… すぐのめりこむタチだからバカなことしなきゃいいけど
さすが友人である
へーイ さくらくん キュリー夫人はもう読んだかい
えっ キュウリ？ えらいの？
ノンノン キュウリじゃないよ キュリーだよ ラジウムを発見した人さ
ラジウム？ 何それ 食べ物？
ラジウムというのはピッチブレンドという鉱石の中に含まれていた元素さ
元素？ 天才バカボンの？
それは元祖でしょ
ま とにかく読んでみたまえ
ためになるよ
ふーん キュウリがねェ
キュリーだってば

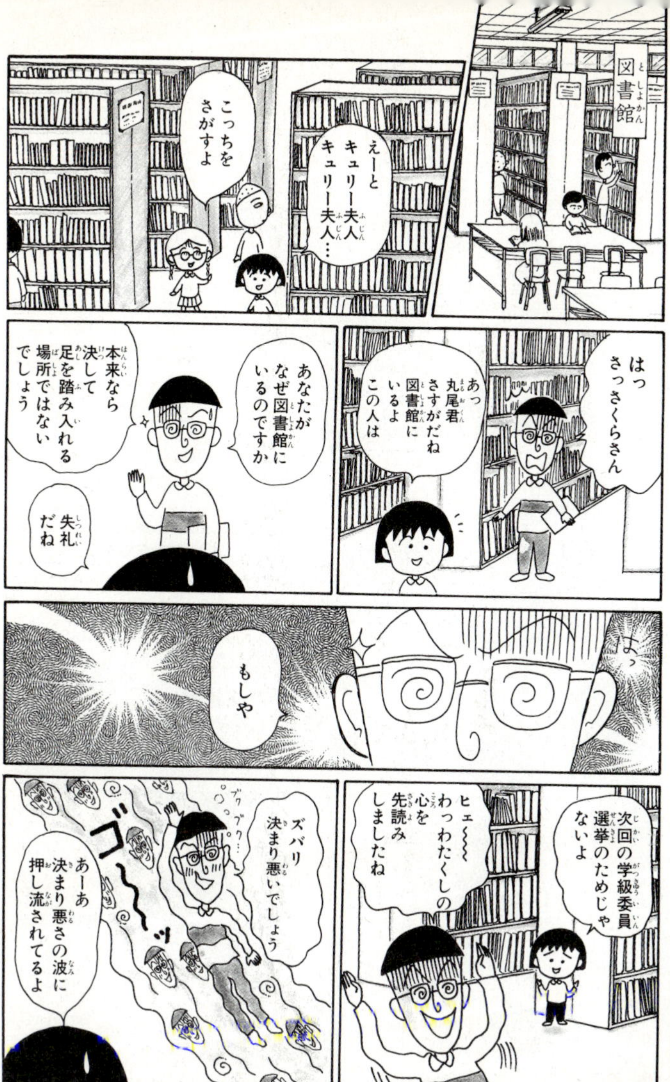
図書館
えーと
キュリー夫人
キュリー夫人…
こっちを
さがすよ
はっ
さっさくらさん
あっ
丸尾君
さすがだね
図書館に
いるよ
この人は
あなたが
なぜ図書館に
いるのですか
本来なら
決して
足を踏み入れる
場所ではない
でしょう
失礼
だね
はっ
もしや
次回の学級委員
選挙のためじゃ
ないよ
ヒェ〜〜
わっわたくしの
心を
先読み
しましたね
ズバリ
決まり悪いでしょう
ブクブク…
ゴ〜〜ッ
あーあ
決まり悪さの波に
押し流されてるよ

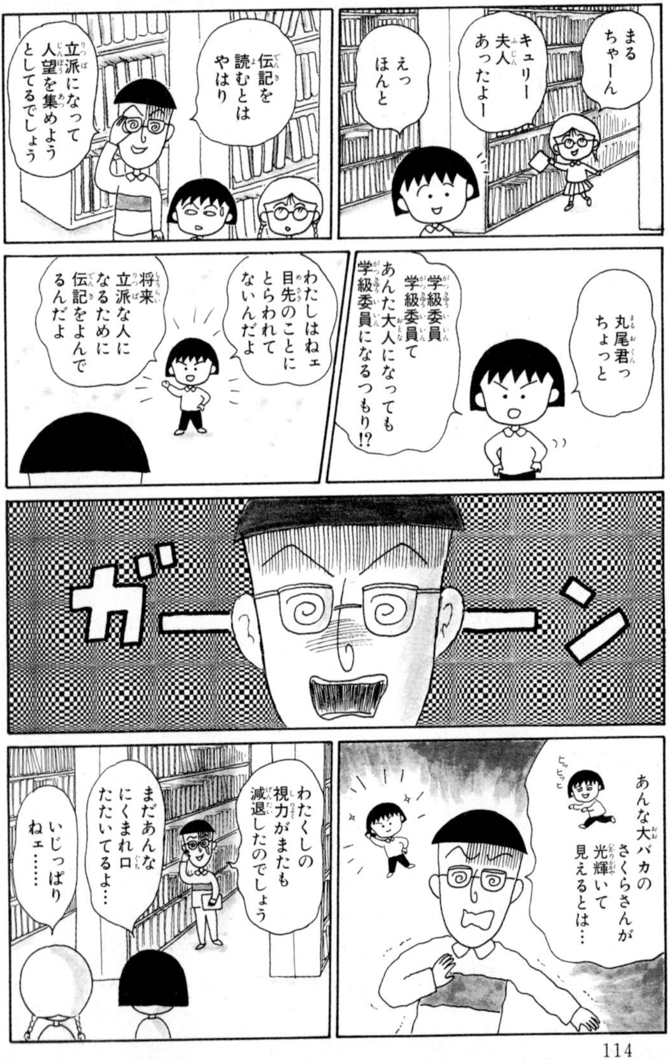
まるちゃーん
キュリー夫人あったよー
えっほんと
伝記を読むとはやはり
立派になって人望を集めようとしてるでしょう
丸尾君っちょっと
学級委員学級委員てあんた大人になっても学級委員になるつもり!?
わたしはねェ目先のことにとらわれてないいんだよ
将来立派な人になるために伝記をよんでるんだよ
ガーーン
ヒッヒッヒ
あんな大バカのさくらさんが光輝いて見えるとは…
わたくしの視力がまたも減退したのでしょう
まだあんなにくまれ口たたいてるよ…
いじっぱりねェ……

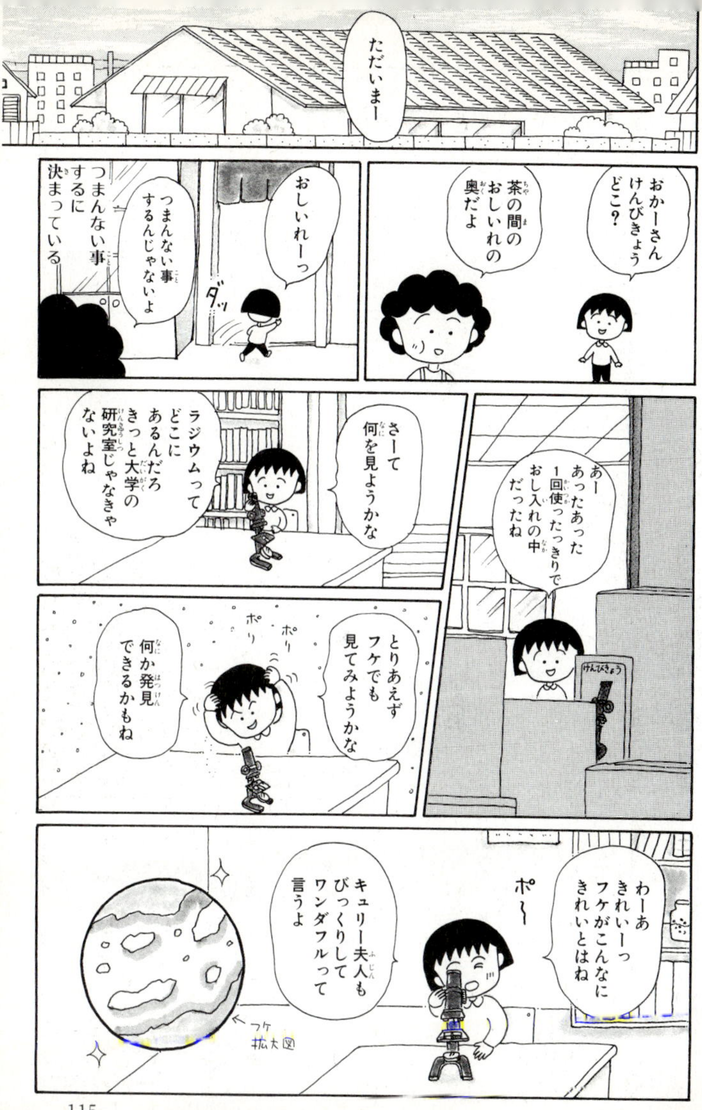
ただいまー
おかーさん けんびきょう どこ？
茶の間の おしいれの 奥だよ
おしいれーっ
ダッ
つまんない事 するんじゃないよ
つまんない事 するに 決まっている
あー あったあった 1回使ったっきりで おし入れの中 だったね
けんびきょう
さーて 何を見ようかな
ラジウムって どこに あるんだろ きっと大学の 研究室じゃなきゃ ないよね
ポリ ポリ
とりあえず フケでも 見てみようかな
何か発見 できるかもね
ポ〜
わーあ きれいーっ フケがこんなに きれいとはね
キュリー夫人も びっくりして ワンダフルって 言うよ
フケ 拡大図

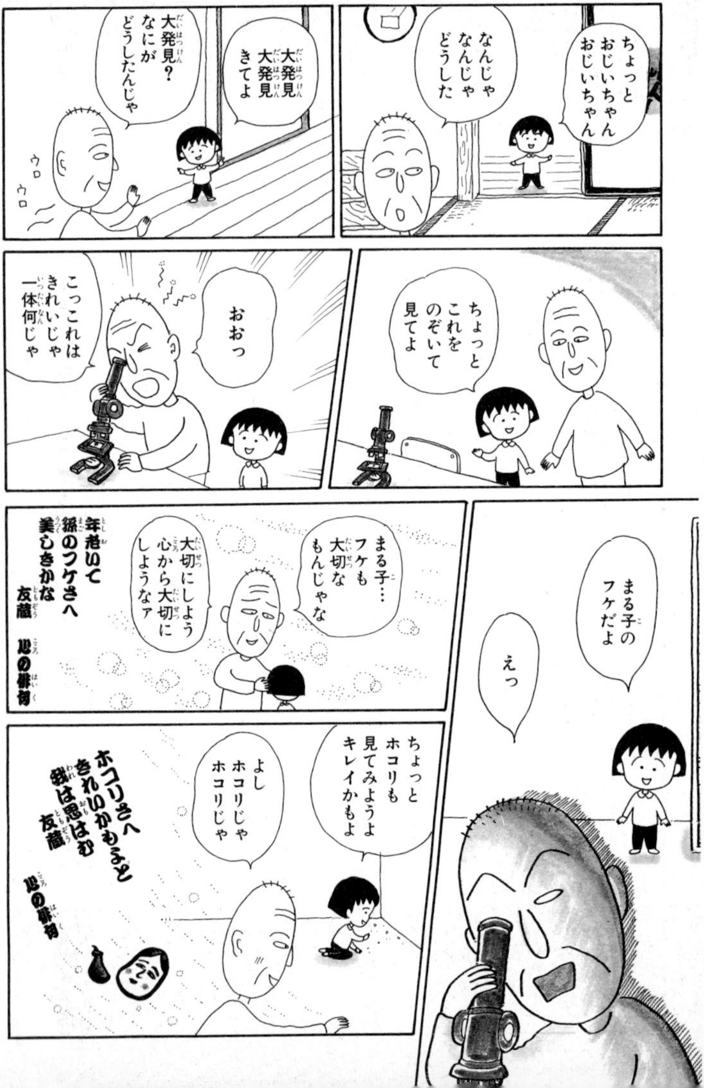
ちょっと
おじいちゃん
おじいちゃん
なんじゃ
なんじゃ
どうした
大発見
大発見
きてよ
大発見？
なにが
どうしたんじゃ
ウロ
ウロ
ちょっと
これを
のぞいて
見てよ
おおっ
こっこれは
きれいじゃ
一体何じゃ
まる子の
フケだよ
えっ
まる子…
フケも
大切な
もんじゃな
大切にしよう
心から大切に
しようなァ
年老いて
孫のフケさへ
美しきかな
友蔵
心の俳句
ちょっと
ホコリも
見てみようよ
キレイかもよ
よし
ホコリじゃ
ホコリじゃ
ホコリさへ
きれいかもよと
我は思はむ
友蔵
心の俳句

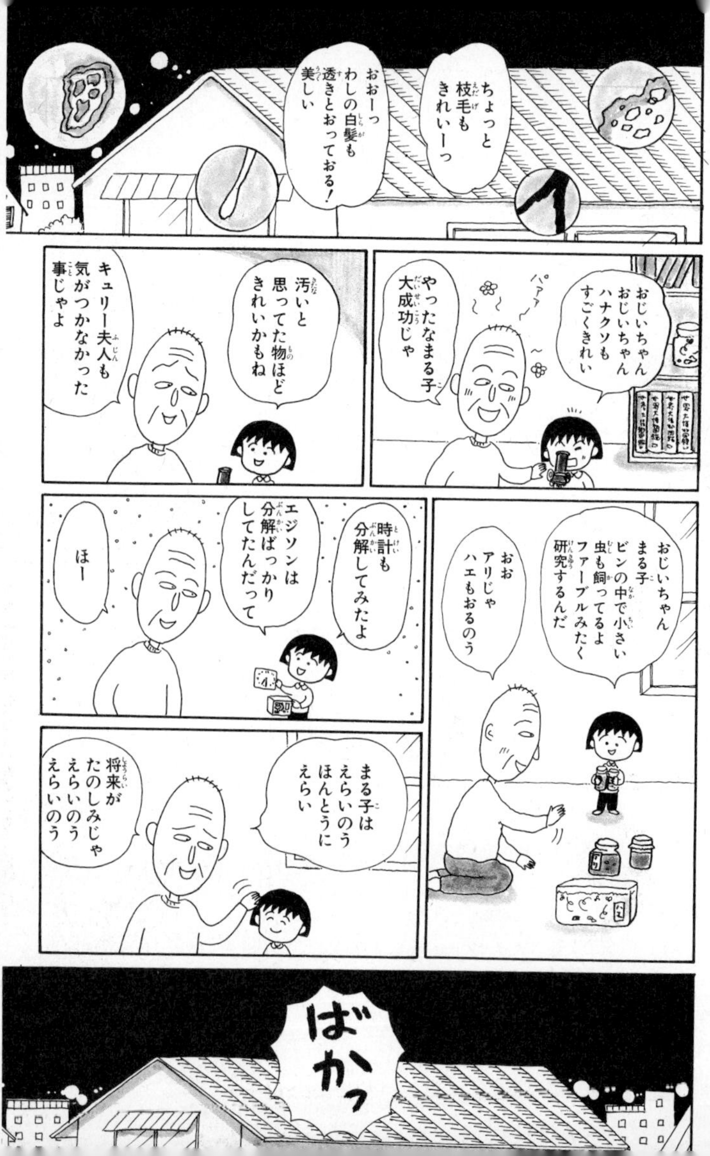
ちょっと
枝毛も
きれいーっ
おおーっ
わしの白髪も
透きとおっておる!
美しい
おじいちゃん
おじいちゃん
ハナクソも
すごくきれい
パァア
やったなまる子
大成功じゃ
汚いと
思ってた物ほど
きれいかもね
キュリー夫人も
気がつかなかった
事じゃよ
おじいちゃん
まる子
ビンの中で小さい
虫も飼ってるよ
ファーブルみたく
研究するんだ
おお
アリじゃ
ハエもおるのう
時計も
分解してみたよ
エジソンは
分解ばっかり
してたんだって
ほー
まる子は
えらいのう
ほんとうに
えらい
将来が
たのしみじゃ
えらいのう
えらいのう
ばかっ

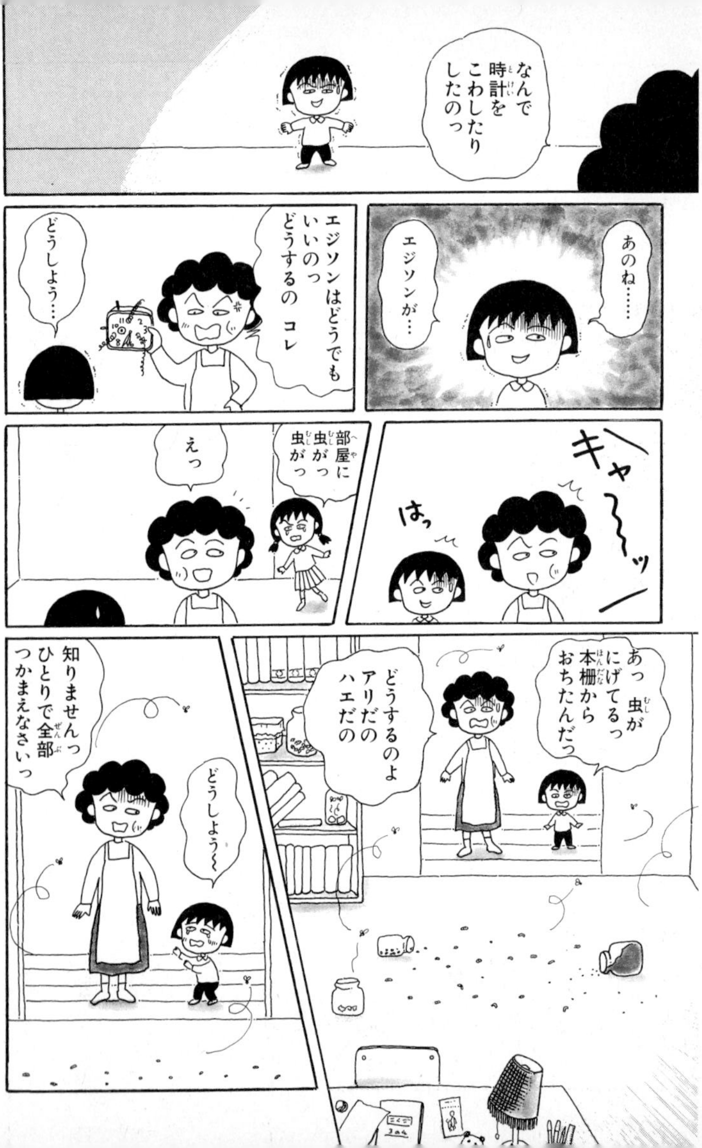
なんで
時計をこわしたりしたのっ
あのね……
エジソンが…
エジソンはどうでもいいのっ
どうするの　コレ
どうしよう…
キャ〜〜ッ
はっ
部屋に虫がっ
虫がっ
えっ
あっ　虫がにげてるっ
本棚からおちたんだっ
どうするのよ
アリだのハエだの
知りませんっ
ひとりで全部つかまえなさいっ
どうしよう〜

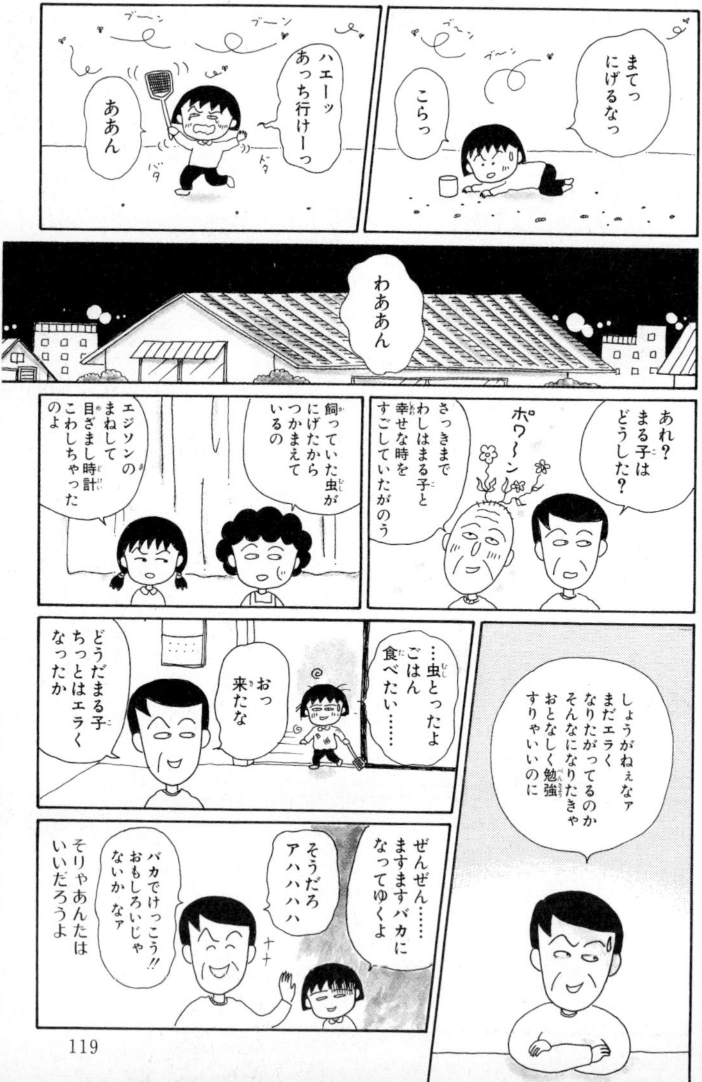
ブーン
まてっ
にげるなっ
こらっ
ブーン
ハエーッ
あっち行けーっ
ああん
バタ
バタ
わあああん
あれ?
まる子はどうした?
ポワ〜ン
さっきまでわしはまる子と幸せな時をすごしていたがのう
飼っていた虫がにげたからつかまえているの
エジソンのまねして目ざまし時計こわしちゃったのよ
しょうがねぇなァ
まだエラくなりたがってるのか
そんなになりたきゃおとなしく勉強すりゃいいのに
…虫とったよ
ごはん食べたい……
おっ来たな
どうだまる子ちっとはエラくなったか
ぜんぜん……ますますバカになってゆくよ
そうだろアハハハハ
バカでけっこう!!
おもしろいじゃないか なァ
そりゃあんたはいいだろうよ

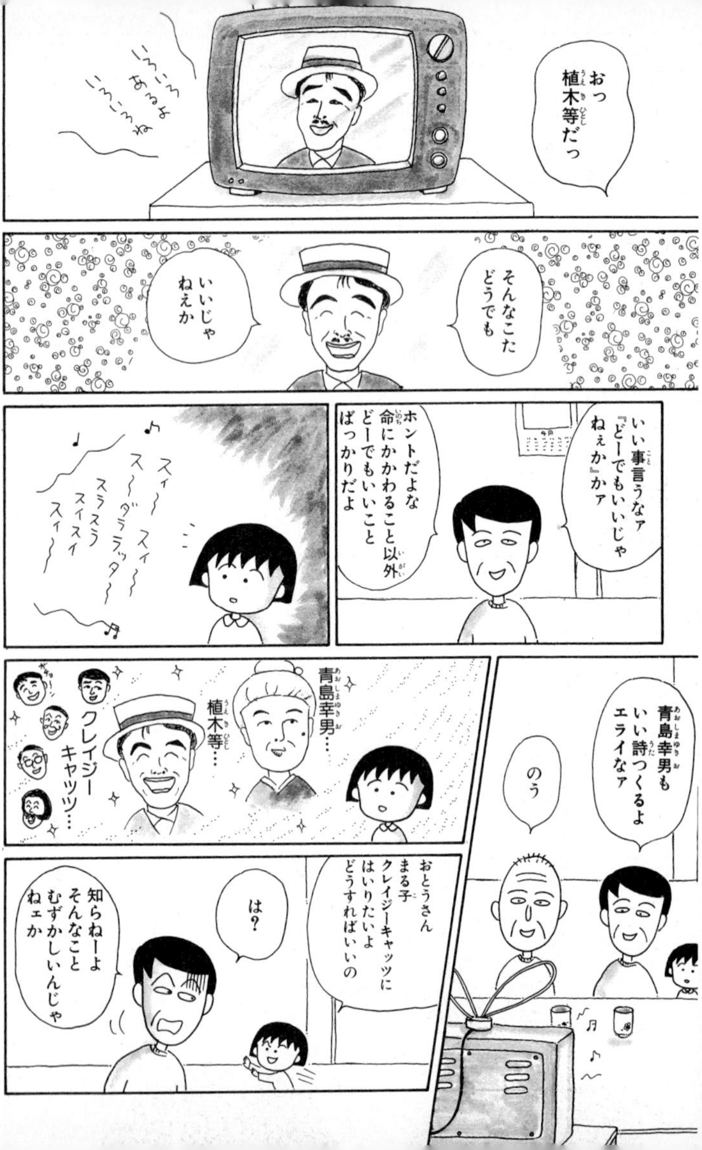

おっ
植木等だっ
いろいろあるよ
いろいろね
そんなこた
どうでも
いいじゃ
ねえか
いい事言うなァ
『どーでもいいじゃ
ねぇか』かァ
ホントだよな
命にかかわること以外
どーでもいいこと
ばっかりだよ
スィ〜 スィ〜
ス〜ダララッタ〜
スラスラ
スイスイ
スィ〜
青島幸男も
いい詩つくるよ
エライなァ
のう
青島幸男…
植木等…
クレイジー
キャッツ…
おとうさん
まる子
クレイジーキャッツに
はいりたいよ
どうすればいいの
は？
知らねーよ
そんなこと
むずかしいんじゃ
ねェか

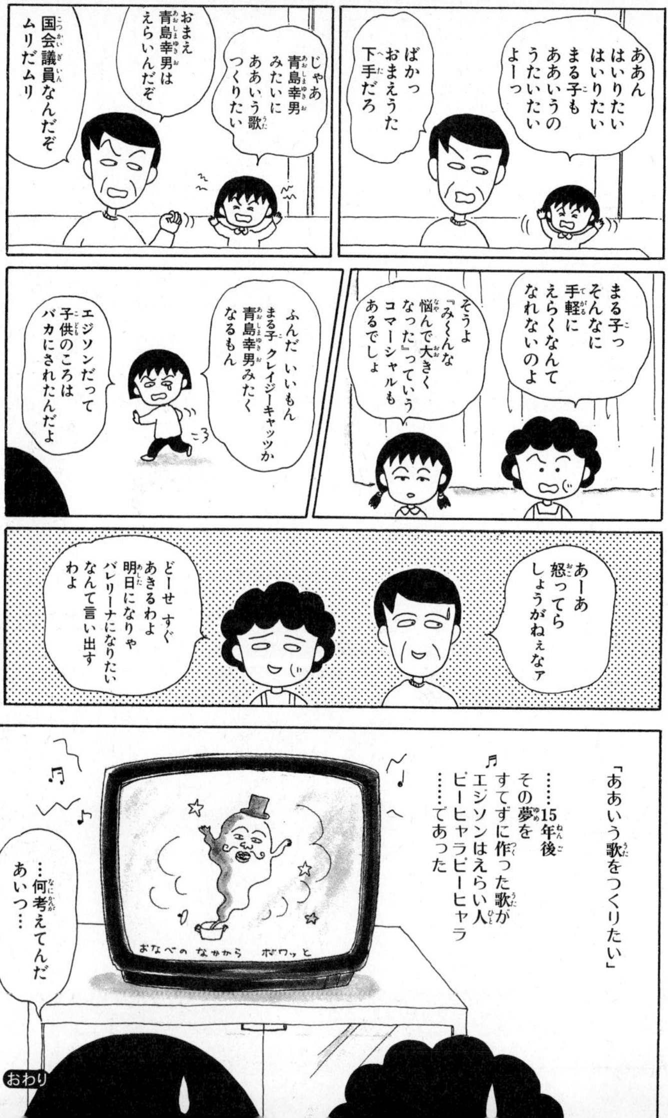
ああん はいりたい はいりたい まる子も ああいうの うたいたい よーっ
ばかっ おまえうた 下手だろ
じゃあ 青島幸男 みたいに ああいう歌 つくりたい
おまえ 青島幸男は えらいんだぞ
国会議員なんだぞ ムリだムリ
まる子っ そんなに 手軽に えらくなんて なれないのよ
そうよ 『み〜んな 悩んで大きく なった』っていう コマーシャルも あるでしょ
ふんだ いいもん まる子 クレイジーキャッツか 青島幸男みたく なるもん
エジソンだって 子供のころは バカにされたんだよ
あーあ 怒ってら しょうがねぇなァ
どーせ すぐ あきるわよ 明日になりゃ バレリーナになりたい なんて言い出す わよ
「ああいう歌をつくりたい」
……15年後 その夢を すてずに作った歌が エジソンはえらい人 ピーヒャラピーヒャラ ……であった
おなべの なかから ボワッと
…何考えてんだ あいつ…
おわり

ちびまる子ちゃん

まる子 お茶の味にうるさい の巻

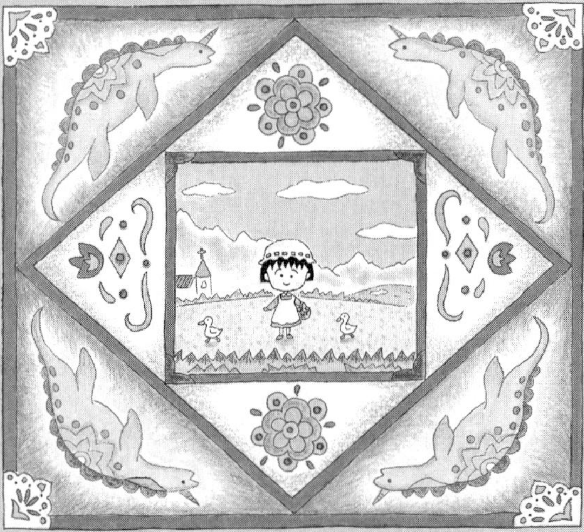

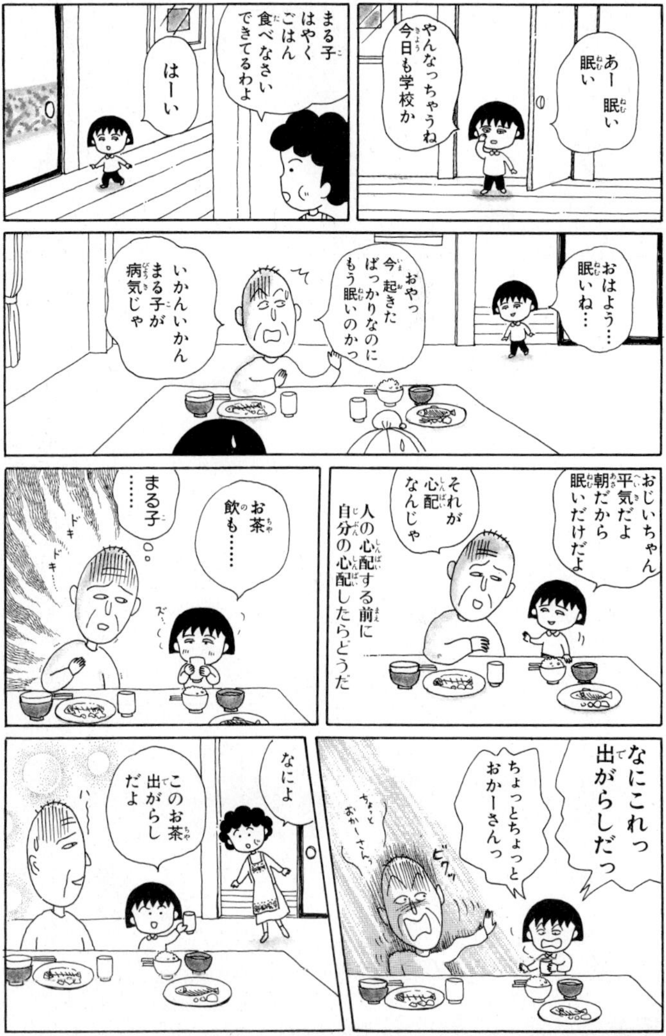
あー 眠い 眠い
やんなっちゃうね 今日も学校か
まる子 はやく ごはん 食べなさい できてるわよ
はーい
おはよう…… 眠いね……
おやっ 今起きたばっかりなのに もう眠いのかっ
いかんいかん まる子が病気じゃ
おじいちゃん 平気だよ 朝だから眠いだけだよ
それが心配なんじゃ
人の心配する前に自分の心配したらどうだ
お茶飲も……
まる子……
ドキドキ……
ズ…
なにこれっ 出がらしだっ
ちょっとちょっとおかーさんっ
ちょっとおかーさんっ
ビクッ
なによ
このお茶 出がらしだよ
ハ〜〜

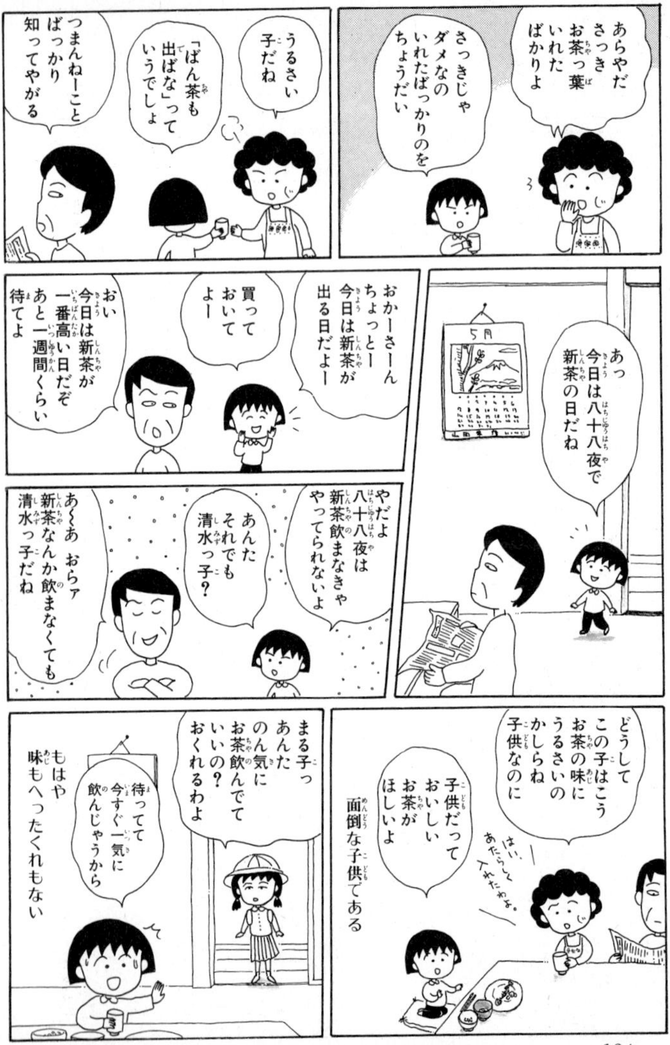
あらやだ さっき お茶っ葉 いれた ばかりよ
さっきじゃ ダメなの いれたばっかりのを ちょうだい
うるさい 子だね
「ばん茶も 出ばな」って いうでしょ
つまんねーこと ばっかり 知ってやがる
あっ 今日は八十八夜で 新茶の日だね
5月
おかーさーん ちょっとー 今日は新茶が 出る日だよー
買って おいて よー
おい 今日は新茶が 一番高い日だぞ あと一週間くらい 待てよ
やだよ 八十八夜は 新茶飲まなきゃ やってられないよ
あんた それでも 清水っ子？
あ〜あ おらァ 新茶なんか飲まなくても 清水っ子だね
どうして この子はこう お茶の味に うるさいの かしらね 子供なのに
はい、あたらしく 入れたわよ。
子供だって おいしい お茶が ほしいよ
面倒な子供である
まる子っ あんた のん気に お茶飲んでて いいの？ おくれるわよ
待ってて 今すぐ一気に 飲んじゃうから
もはや 味もへったくれもない

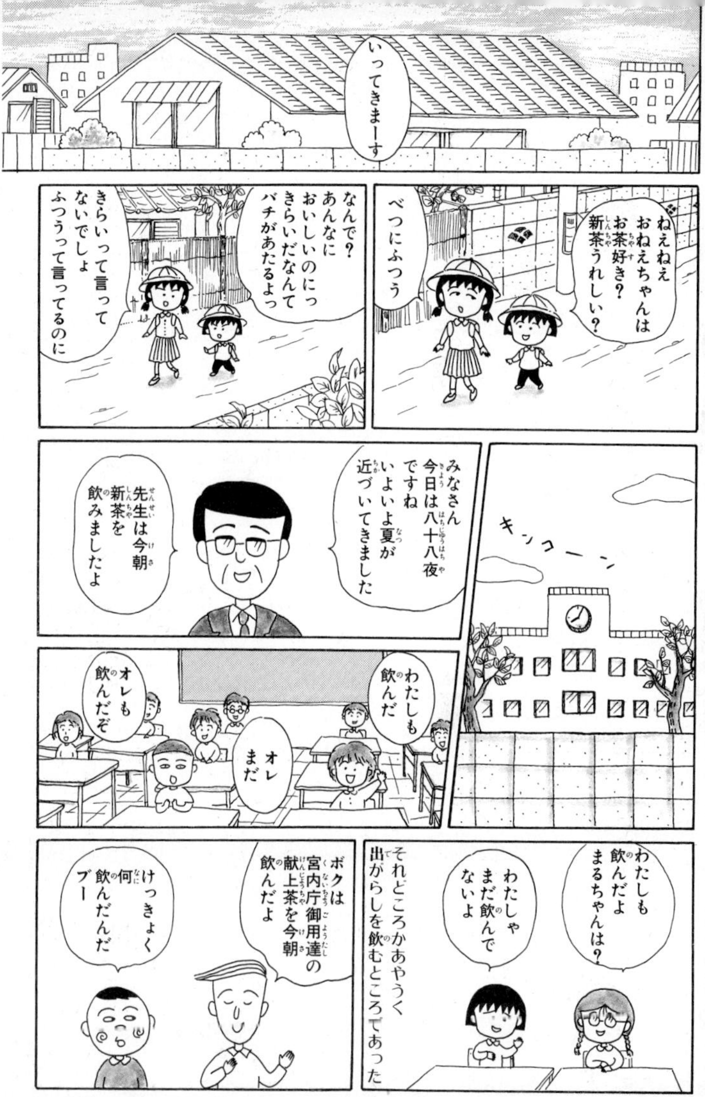

いってきまーす
ねえねえ おねえちゃんは お茶好き? 新茶うれしい?
べつにふつう
なんで? あんなに おいしいのにっ きらいだなんて バチがあたるよっ
きらいって言って ないでしょ ふつうって言ってるのに
キンコーン
みなさん 今日は八十八夜 ですね いよいよ夏が 近づいてきました
先生は今朝 新茶を 飲みましたよ
わたしも 飲んだ
オレ まだ
オレも 飲んだぞ
わたしも 飲んだよ まるちゃんは?
わたしゃ まだ飲んで ないよ
それどころかあやうく 出がらしを飲むところであった
ボクは 宮内庁御用達の 献上茶を今朝 飲んだよ
けっきょく 何飲んだんだ ブー

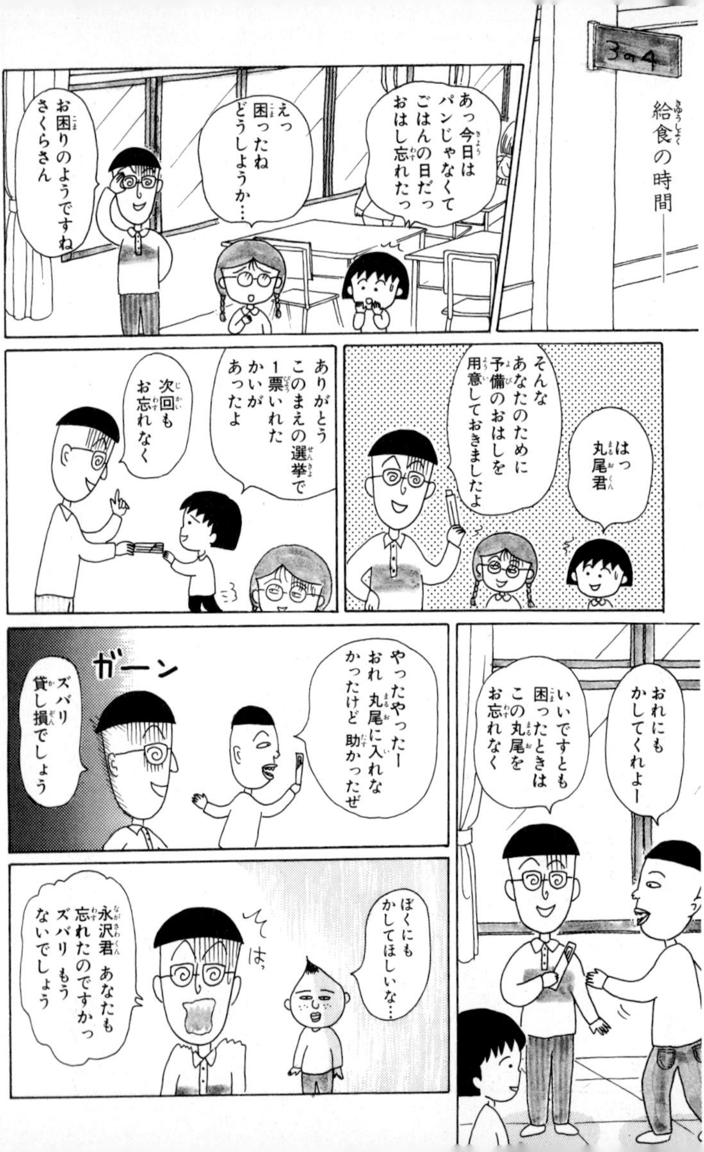
3の4
給食の時間――
あっ今日はパンじゃなくてごはんの日だっおはし忘れたっ
えっ困ったねどうしようか…
お困りのようですねさくらさん
はっ丸尾君
そんなあなたのために予備のおはしを用意しておきましたよ
ありがとうこのまえの選挙で1票いれたかいがあったよ
次回もお忘れなく
おれにもかしてくれよー
いいですとも困ったときはこの丸尾をお忘れなく
やったやったーおれ 丸尾に入れなかったけど 助かったぜ
ガーン
ズバリ貸し損でしょう
ぼくにもかしてほしいな…
永沢君 あなたも忘れたのですかっズバリ もうないでしょう

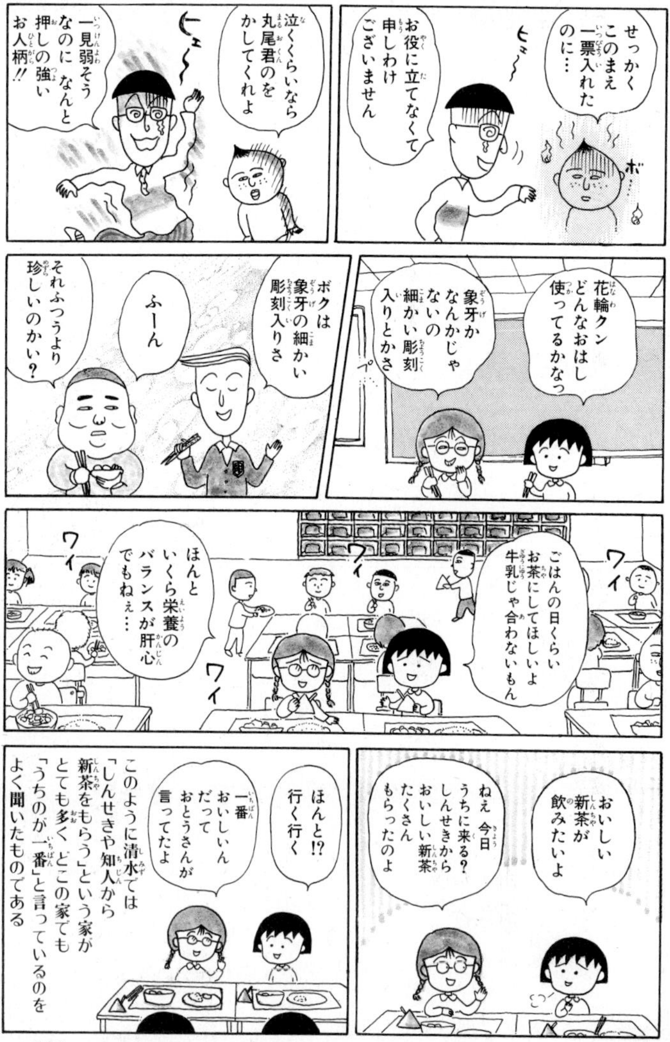
せっかく このまえ 一票入れたのに…
ヒ〜
お役に立てなくて申しわけございません
ボ…
泣くくらいなら丸尾君のをかしてくれよ
ヒェ〜
一見弱そうなのに なんと押しの強いお人柄!!
花輪クン どんなおはし使ってるかなっ
象牙かなんかじゃないの 細かい彫刻入りとかさ
ボクは象牙の細かい彫刻入りさ
ふーん
それふつうより珍しいのかい?
ワイ
ごはんの日くらいお茶にしてほしいよ 牛乳じゃ合わないもん
ワイ
ワイ
ほんと いくら栄養のバランスが肝心でもねぇ…
ワイ
おいしい新茶が飲みたいよ
ねえ 今日うちに来る? しんせきからおいしい新茶たくさんもらったのよ
ほんと!? 行く行く
一番おいしいんだって おとうさんが言ってたよ
このように清水では「しんせきや知人から新茶をもらう」という家がとても多く どこの家でも「うちのが一番」と言っているのをよく聞いたものである

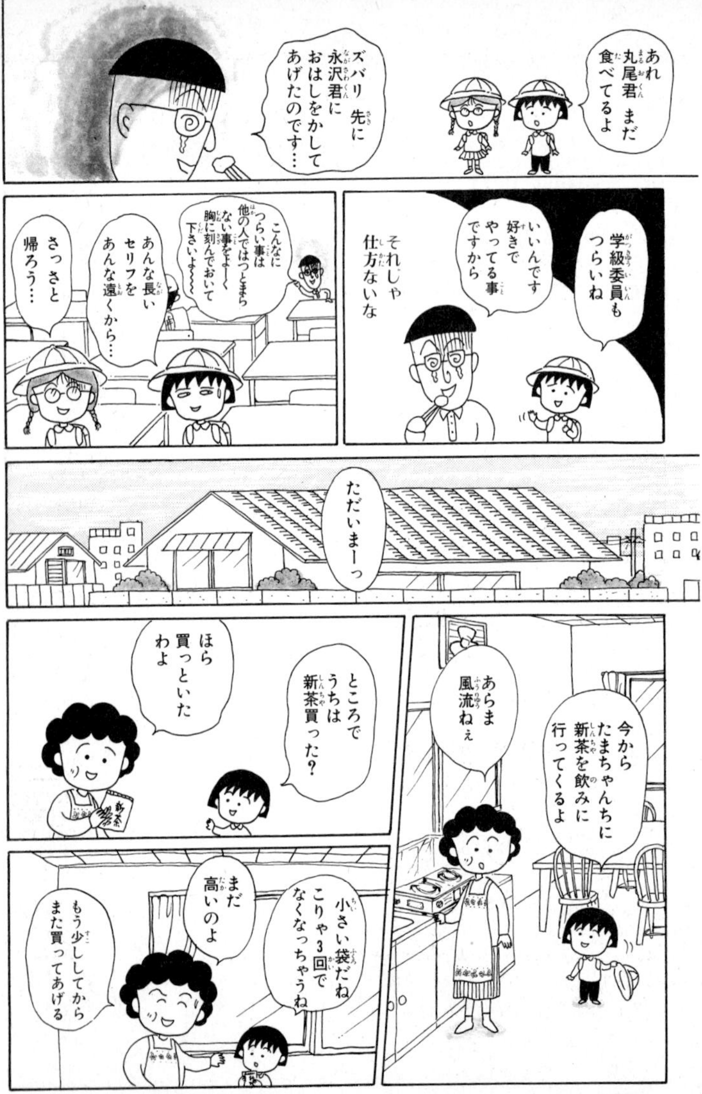
あれ 丸尾君 まだ 食べてるよ
ズバリ 先に 永沢君に おはしをかして あげたのです…
学級委員も つらいね
いいんです 好きで やってる事 ですから
それじゃ 仕方ないな
こんなに つらい事は 他の人ではつとまらない事をよーく 胸に刻んでおいて 下さいよ〜〜
あんな長い セリフを あんな遠くから…
さっさと 帰ろう…
ただいまーっ
今から たまちゃんちに 新茶を飲みに 行ってくるよ
あらま 風流ねぇ
ところで うちは 新茶買った?
ほら 買っといた わよ
小さい袋だね こりゃ3回で なくなっちゃうね
まだ 高いのよ
もう少ししてから また買ってあげる

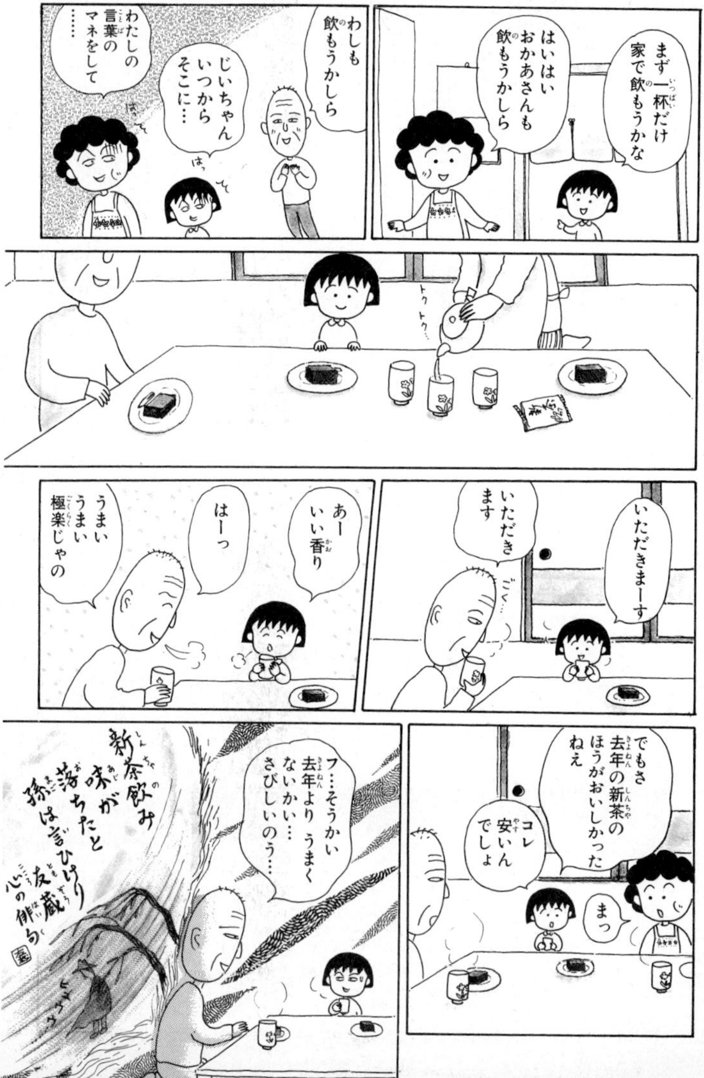
まず一杯だけ家で飲もうかな
はいはいおかあさんも飲もうかしら
わしも飲もうかしら
じいちゃんいつからそこに…
はっ
わたしの言葉のマネをして……
はっ
トクトク…
いただきまーす
いただきます
ごく…
あーいい香り
はーっ
うまいうまい極楽じゃの
でもさ去年の新茶のほうがおいしかったねえ
コレ安いんでしょ
まっ
フ…そうかい去年よりうまくないかい…さびしいのう….
新茶飲み味が落ちたと孫は言ひけり
友蔵心の俳句
ヒュウウ

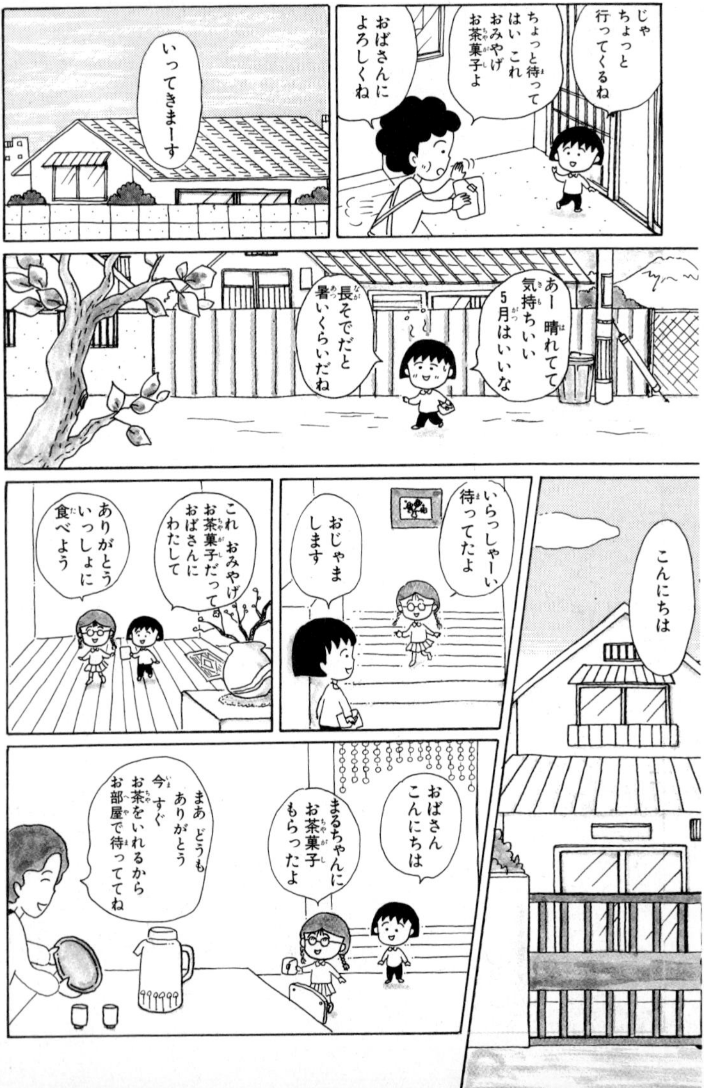
じゃ ちょっと行ってくるね
ちょっと待って はい これ おみやげ お茶菓子よ
おばさんに よろしくね
いってきまーす
あー 晴れてて 気持ちいい 5月はいいな
長そでだと 暑いくらいだね
こんにちは
いらっしゃーい 待ってたよ
おじゃまします
これ おみやげ お茶菓子だって おばさんに わたして
ありがとう いっしょに 食べよう
おばさん こんにちは
まるちゃんに お茶菓子 もらったよ
まあ どうも ありがとう 今すぐ お茶をいれるから お部屋で待っててね

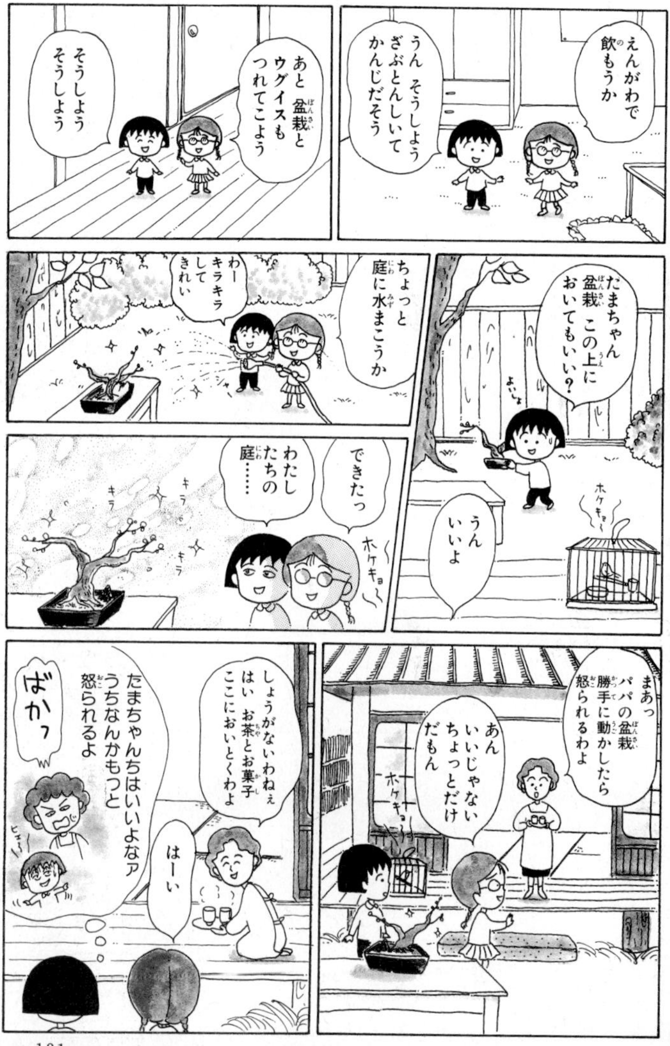

えんがわで飲もうか
うん そうしよう ざぶとんしいてかんじだそう
あと 盆栽とウグイスもつれてこよう
そうしよう そうしよう
たまちゃん盆栽 この上においてもいい?
よいしょ
うん いいよ
ホケキョ〜
ちょっと庭に水まこうか
わー キラキラしてきれい
シャ
できたっ
わたしたちの庭……
キラ
キラ
キラ
ホケキョ〜
まあっ パパの盆栽勝手に動かしたら怒られるわよ
あん いいじゃない ちょっとだけだもん
ホケキョ〜
しょうがないわねぇ はい お茶とお菓子ここにおいとくわよ
はーい
たまちゃんちはいいよなァ うちなんかもっと怒られるよ
ばかっ
ヒェ〜

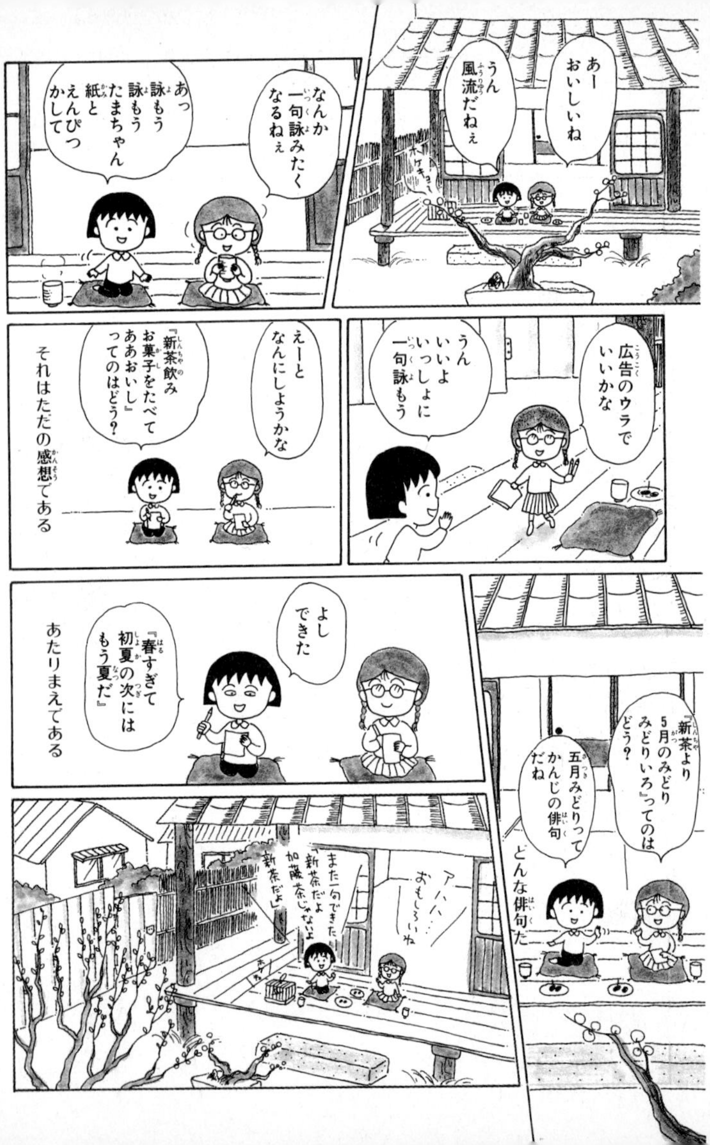

あー おいしいね
うん 風流だねぇ
なんか 一句詠みたく なるねぇ
あっ 詠もう 詠もう たまちゃん 紙と えんぴつ かして
広告のウラで いいかな
うん いいよ いっしょに 一句詠もう
えーと なんにしようかな
『新茶飲み お菓子をたべて ああおいし』 ってのはどう?
それはただの感想である
『新茶より 5月のみどり みどりいろ』ってのは どう?
五月みどりって かんじの俳句 だね
どんな俳句だ
よし できた
『春すぎて 初夏の次には もう夏だ』
あたりまえである
また一句できた
「新茶だよ 加藤茶じゃないよ 新茶だよ」
アハハ… おもしろいね

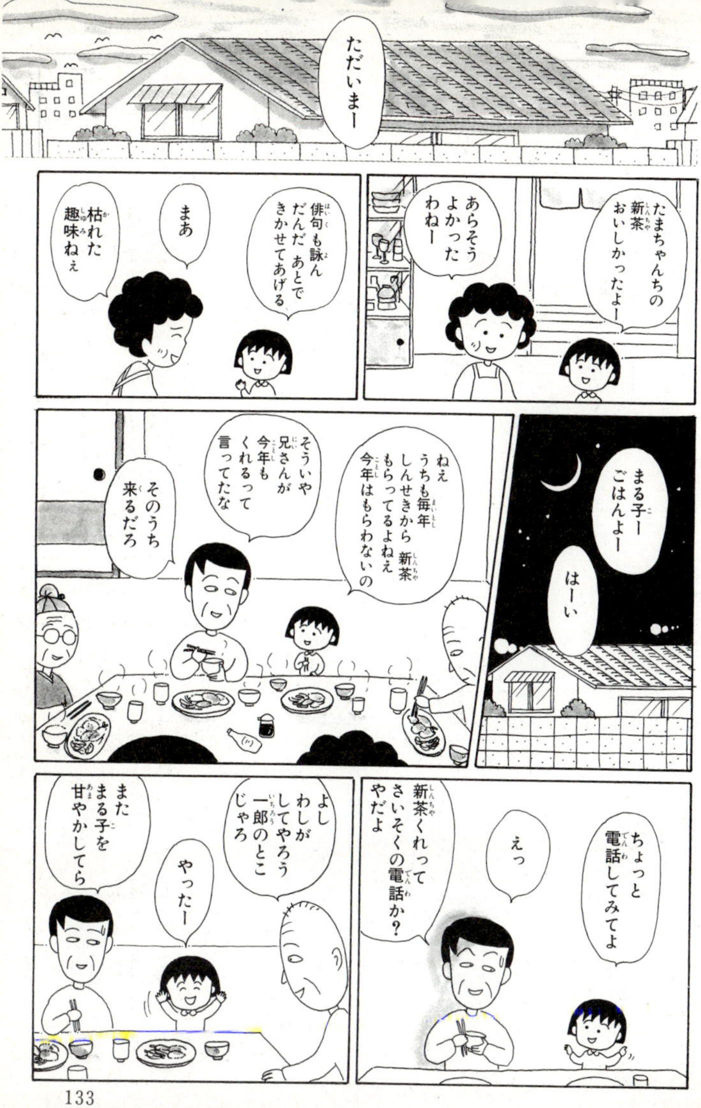
ただいまー
たまちゃんちの新茶おいしかったよー
あらそうよかったわねー
俳句も詠んだんだ あとできかせてあげる
まあ
枯れた趣味ねぇ
まる子ーごはんよー
はーい
ねえ うちも毎年しんせきから新茶もらってるよねえ 今年はもらわないの
そういや兄さんが今年もくれるって言ってたな
そのうち来るだろ
ちょっと電話してみてよ
えっ
新茶くれってさいそくの電話か？やだよ
よし わしがしてやろう 一郎のとこじゃろ
やったー
またまる子を甘やかしてら

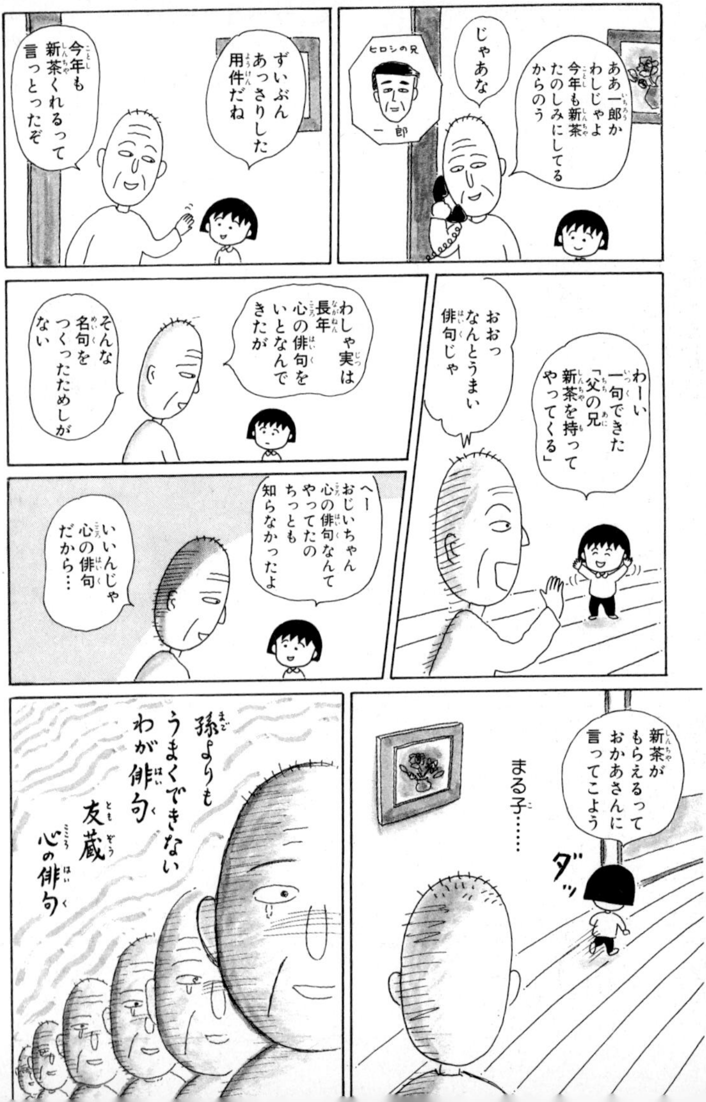

ああ一郎か わしじゃよ 今年も新茶 たのしみにしてる からのう
ヒロシの兄 一郎
じゃあな
ずいぶん あっさりした 用件だね
今年も 新茶くれるって 言っとったぞ
わーい 一句できた 「父の兄 新茶を持って やってくる」
おおっ なんとうまい 俳句じゃ
わしゃ実は 長年 心の俳句を いとなんで きたが
そんな 名句を つくったためしが ない
へー おじいちゃん 心の俳句なんて やってたの ちっとも 知らなかったよ
いいんじゃ 心の俳句 だから…
新茶が もらえるって おかあさんに 言ってこよう
ダッ
まる子……
孫よりも うまくできない わが俳句
友蔵 心の俳句

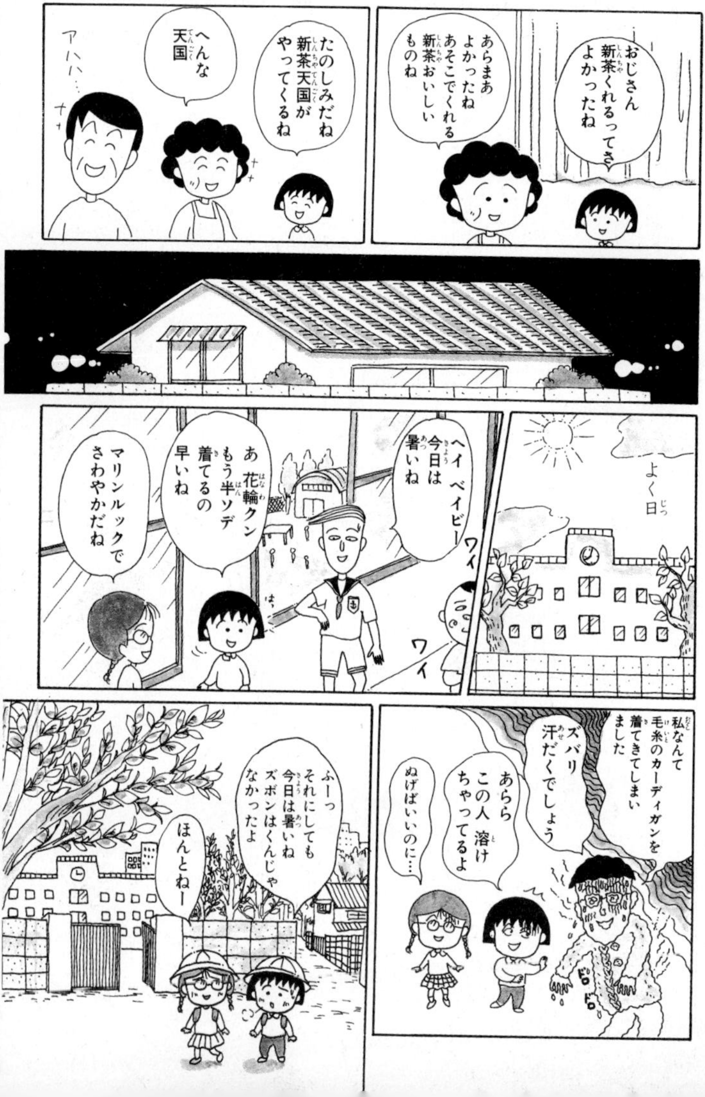

おじさん新茶くれるってさよかったね
あらまあよかったねあそこでくれる新茶おいしいものね
たのしみだね新茶天国がやってくるね
へんな天国
アハハ…
よく日
ヘイベイビー今日は暑いね
ワイワイ
あ花輪クンもう半ソデ着てるの早いね
マリンルックでさわやかだね
私なんて毛糸のカーディガンを着てきてしまいました
ズバリ汗だくでしょう
あららこの人溶けちゃってるよ
ぬげばいいのに…
ふーっそれにしても今日は暑いねズボンはくんじゃなかったよ
ほんとねー

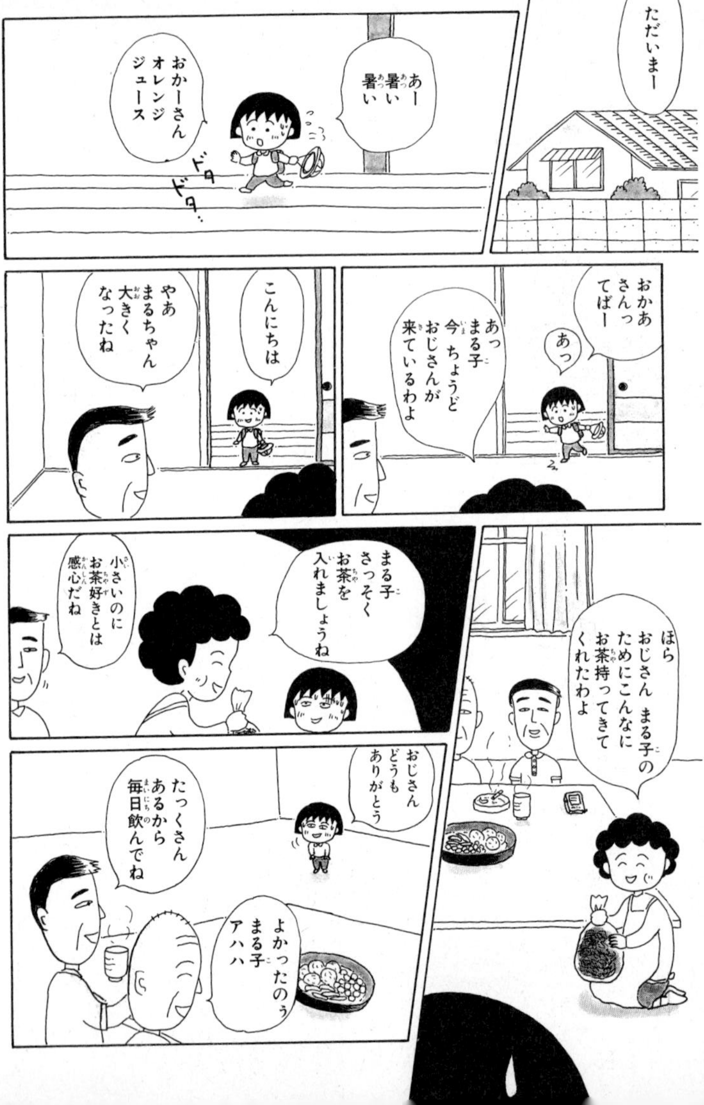
ただいまー
あー暑い暑い
おかーさんオレンジジュース
ドタ
ドタ…
おかあさんってばー
あっ
あっ まる子 今ちょうどおじさんが来ているわよ
こんにちは
やあ まるちゃん 大きくなったね
ほら おじさん まる子のためにこんなにお茶持ってきてくれたわよ
まる子 さっそくお茶を入れましょうね
小さいのにお茶好きとは感心だね
おじさん どうもありがとう
たっくさんあるから毎日飲んでね
よかったのう まる子 アハハ

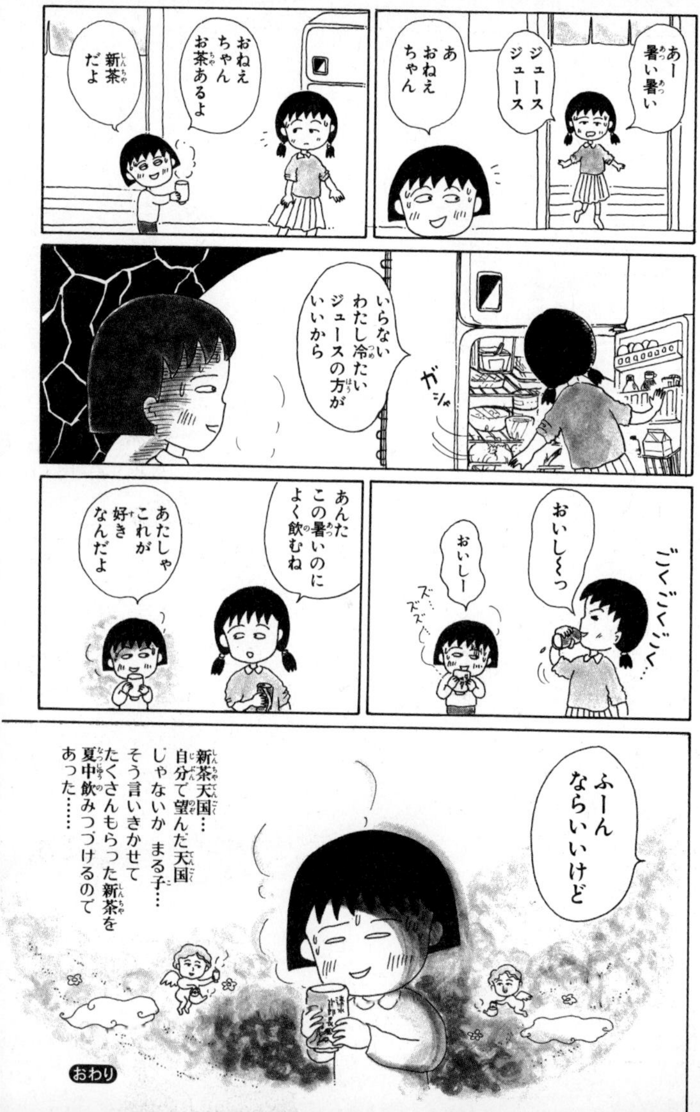

あー暑い暑い
ジュースジュース
あ おねえちゃん
おねえちゃん お茶あるよ
新茶だよ
ガシャ
いらない わたし冷たいジュースの方がいいから
ごくごくごく…
おいし〜っ
おいしー
ズ… ズズ…
あんた この暑いのによく飲むね
あたしゃ これが好きなんだよ
ふーん ならいいけど
新茶天国…
自分で望んだ天国
じゃないか まる子…
そう言いきかせて
たくさんもらった新茶を
夏中飲みつづけるので
あった……
おわり

ちびまる子ちゃん まる子 花輪クンに英会話を習う の巻

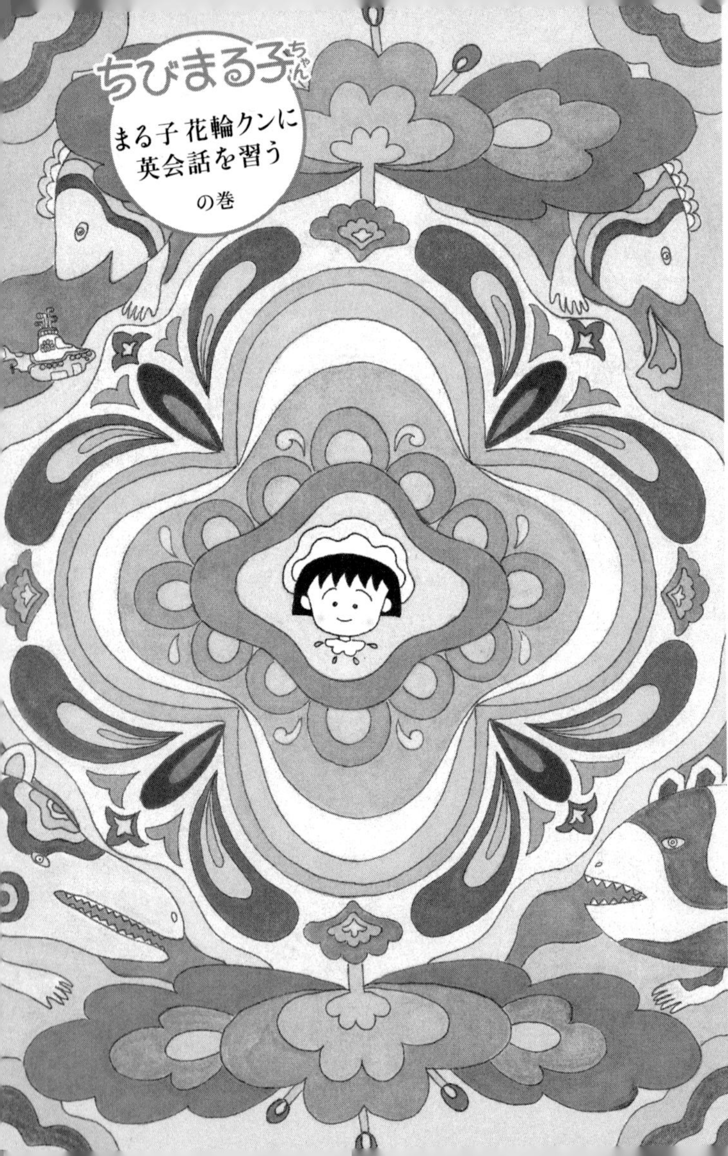

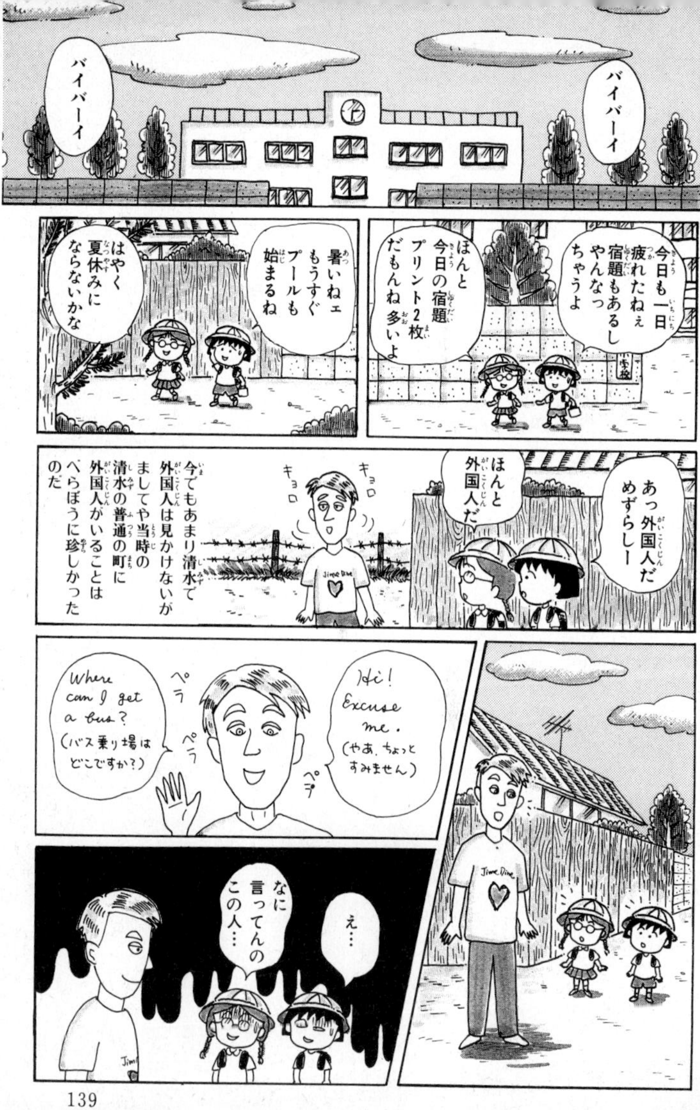
バイバーイ
バイバーイ
今日も一日疲れたねぇ宿題もあるしやんなっちゃうよ
ほんと今日の宿題プリント2枚だもんね多いよ
暑いねェもうすぐプールも始まるね
はやく夏休みにならないかな
あっ外国人だめずらしー
ほんと外国人だ
キョロ
キョロ
今でもあまり清水で外国人は見かけないがましてや当時の清水の普通の町に外国人がいることはべらぼうに珍しかったのだ
Hi! Excuse me. (やあ、ちょっとすみません)
ペラ
ペラ
ペラ
Where can I get a bus? (バス乗り場はどこですか?)
え…
なに言ってんのこの人…

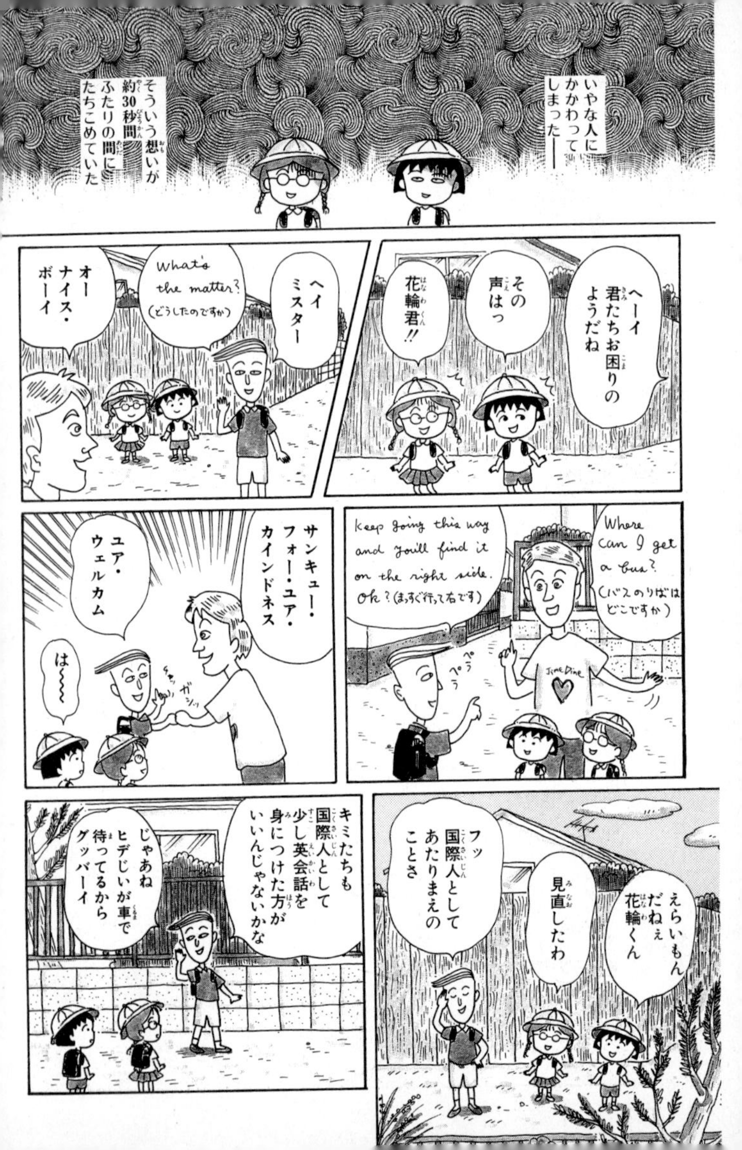
いやな人にかかわってしまった——
そういう想いが約30秒間ふたりの間にたちこめていた
ヘーイ君たちお困りのようだね
その声はっ
花輪君!!
ヘイミスター
What's the matter? (どうしたのですか)
オーナイス・ボーイ
Where can I get a bus? (バスのりばはどこですか)
Keep going this way and you'll find it on the right side. Ok? (まっすぐ行って右です)
ペラペラ
サンキュー・フォー・ユア・カインドネス
ガシッ
ユア・ウェルカム
は〜〜〜
えらいもんだねぇ花輪くん
見直したわ
フッ国際人としてあたりまえのことさ
キミたちも国際人として少し英会話を身につけた方がいいんじゃないかな
じゃあねヒデじいが車で待ってるからグッバーイ

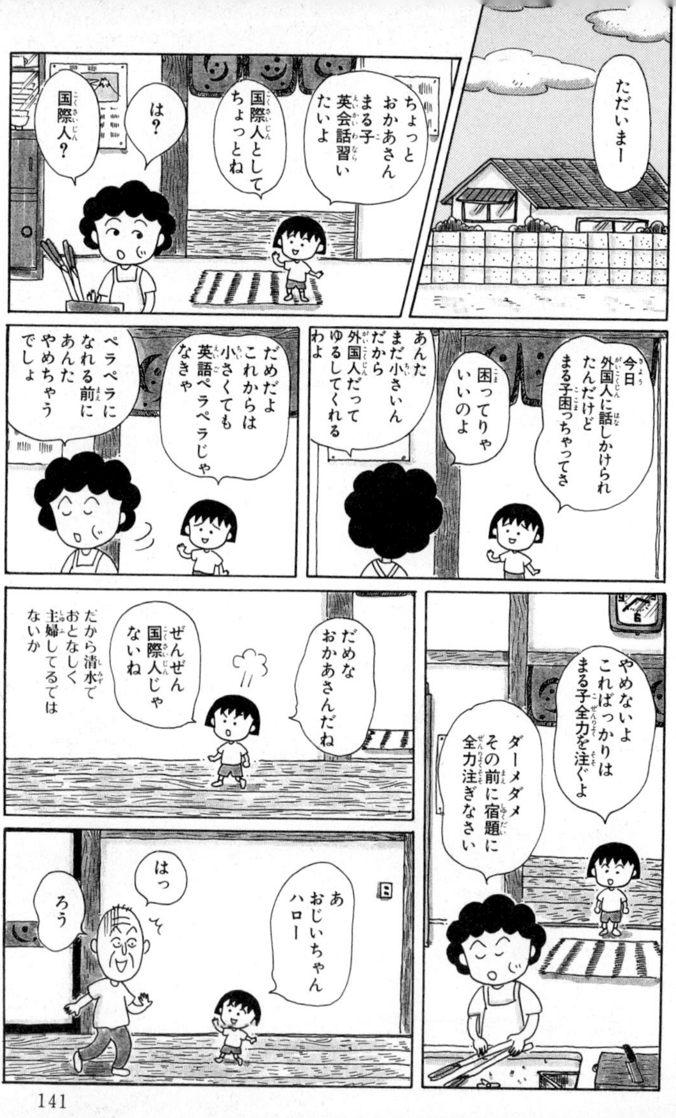
ただいまー
ちょっと おかあさん まる子 英会話習いたいよ
国際人として ちょっとね
は?
国際人?
今日 外国人に話しかけられたんだけど まる子困っちゃってさ
困ってりゃ いいのよ
あんた まだ小さいんだから 外国人だって ゆるしてくれるわよ
だめだよ これからは 小さくても 英語ペラペラじゃなきゃ
ペラペラに なれる前に あんた やめちゃう でしょ
やめないよ こればっかりは まる子全力を注ぐよ
ダーメダメ その前に宿題に 全力注ぎなさい
だめな おかあさんだね
ぜんぜん 国際人じゃ ないね
だから清水で おとなしく 主婦してるでは ないか
あ おじいちゃん ハロー
はっ
そ
ろう

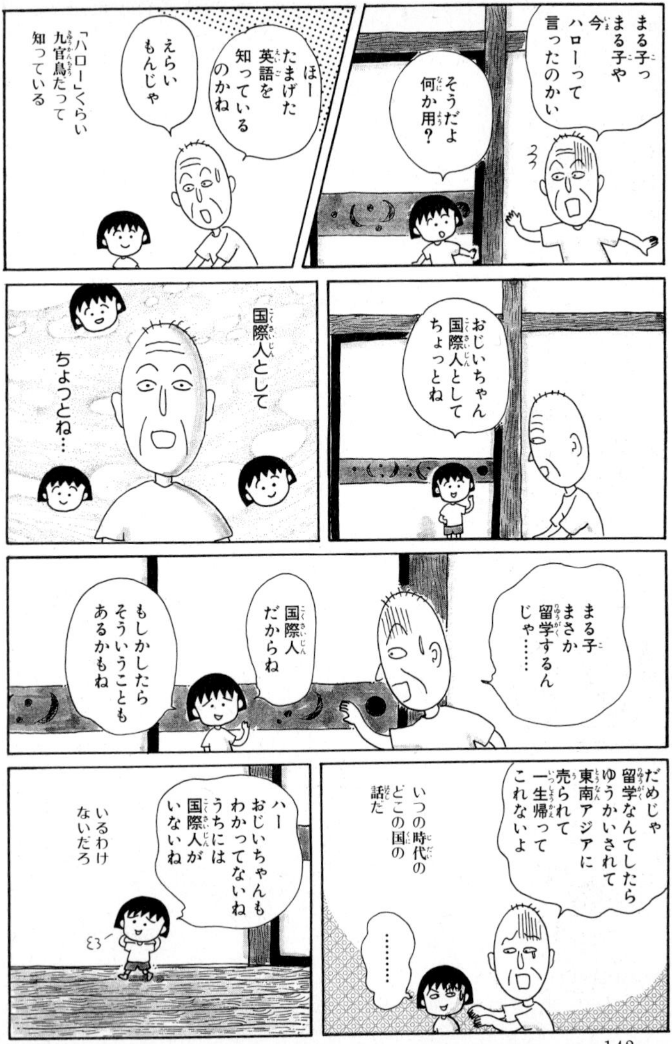
まる子っ まる子や 今ハローって言ったのかい
そうだよ 何か用？
ほー たまげた 英語を知っているのかね
えらいもんじゃ
「ハロー」くらい九官鳥だって知っている
おじいちゃん 国際人としてちょっとね
国際人として
ちょっとね…
まる子 まさか留学するんじゃ……
国際人だからね
もしかしたらそういうこともあるかもね
だめじゃ 留学なんてしたらゆうかいされて東南アジアに売られて一生帰ってこれないよ
いつの時代のどこの国の話だ
………
ハー おじいちゃんもわかってないね うちには国際人がいないね
いるわけないだろ

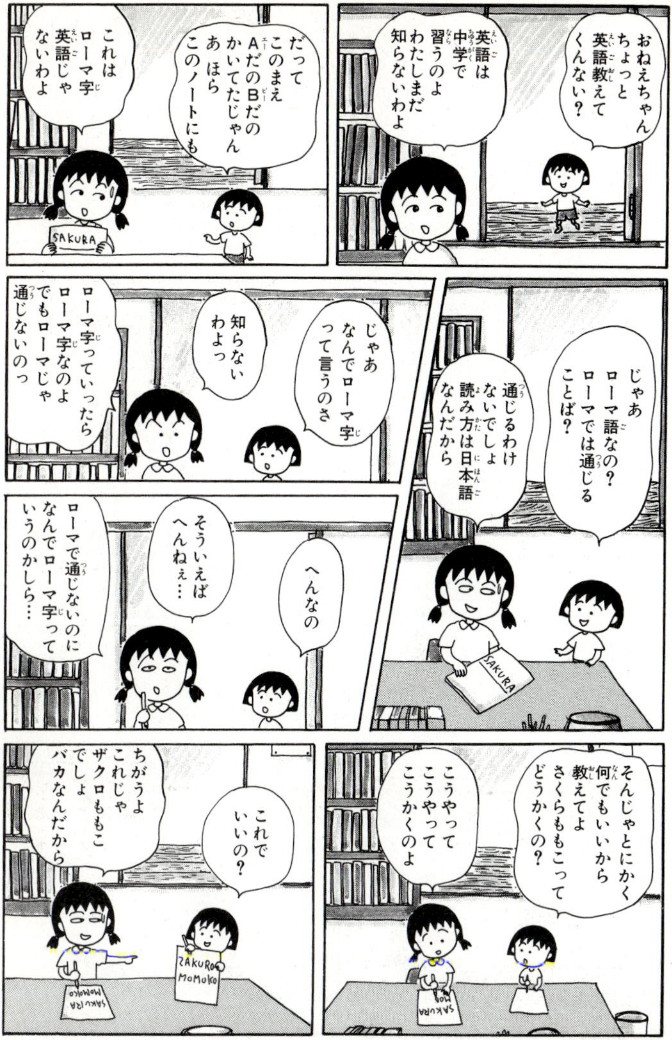
おねえちゃん ちょっと 英語教えて くんない？
英語は 中学で 習うのよ わたしまだ 知らないわよ
だって このまえ AだのBだの かいてたじゃん あ ほら このノートにも
これは ローマ字 英語じゃ ないわよ
SAKURA
じゃあ ローマ語なの？ ローマでは通じる ことば？
通じるわけ ないでしょ 読み方は日本語 なんだから
SAKURA
じゃあ なんでローマ字 って言うのさ
知らない わよっ
ローマ字っていったら ローマ字なのよ でもローマじゃ 通じないのっ
へんなの
そういえば へんねぇ…
ローマで通じないのに なんでローマ字って いうのかしら…
そんじゃとにかく 何でもいいから 教えてよ さくらももこって どうかくの？
こうやって こうやって こうかくのよ
これで いいの？
ZAKURO MOMOKO
ちがうよ これじゃ ザクロももこ でしょ バカなんだから

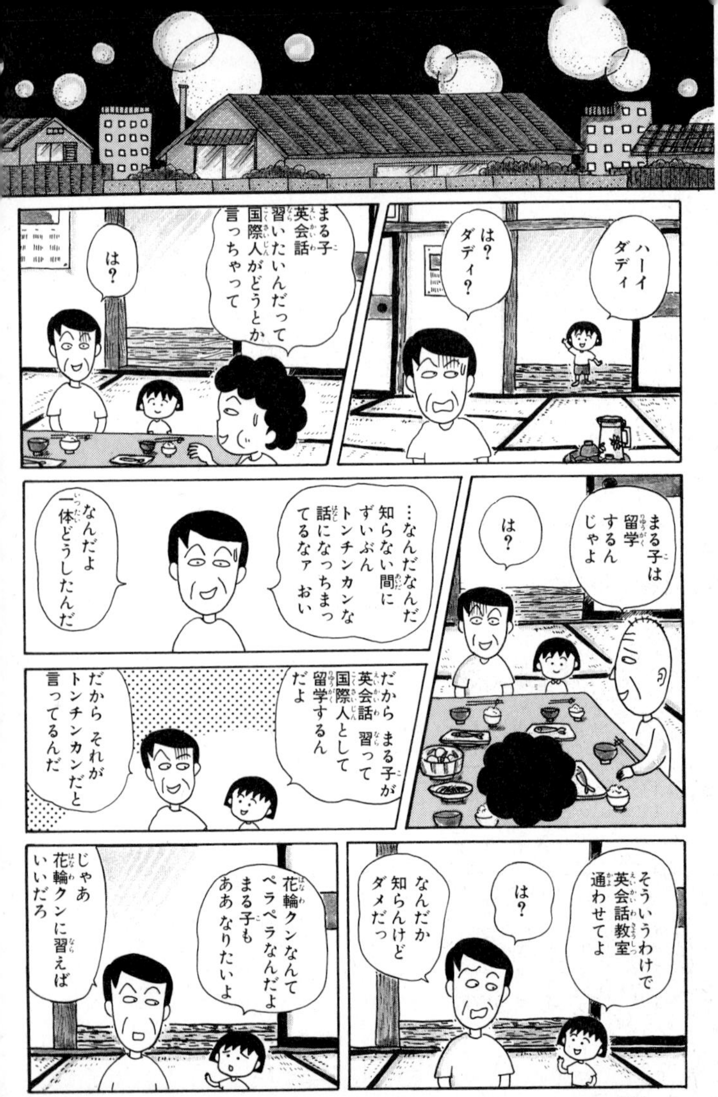

ハーイ ダディ
は? ダディ?
まる子 英会話 習いたいんだって 国際人がどうとか 言っちゃって
は?
まる子は 留学 するん じゃよ
は?
…なんだなんだ 知らない間に ずいぶん トンチンカンな 話になっちまっ てるなァ おい
なんだよ 一体どうしたんだ
だから まる子が 英会話 習って 国際人として 留学するん だよ
だから それが トンチンカンだと 言ってるんだ
そういうわけで 英会話教室 通わせてよ
は?
なんだか 知らんけど ダメだっ
花輪クンなんて ペラペラなんだよ まる子も ああなりたいよ
じゃあ 花輪クンに習えば いいだろ

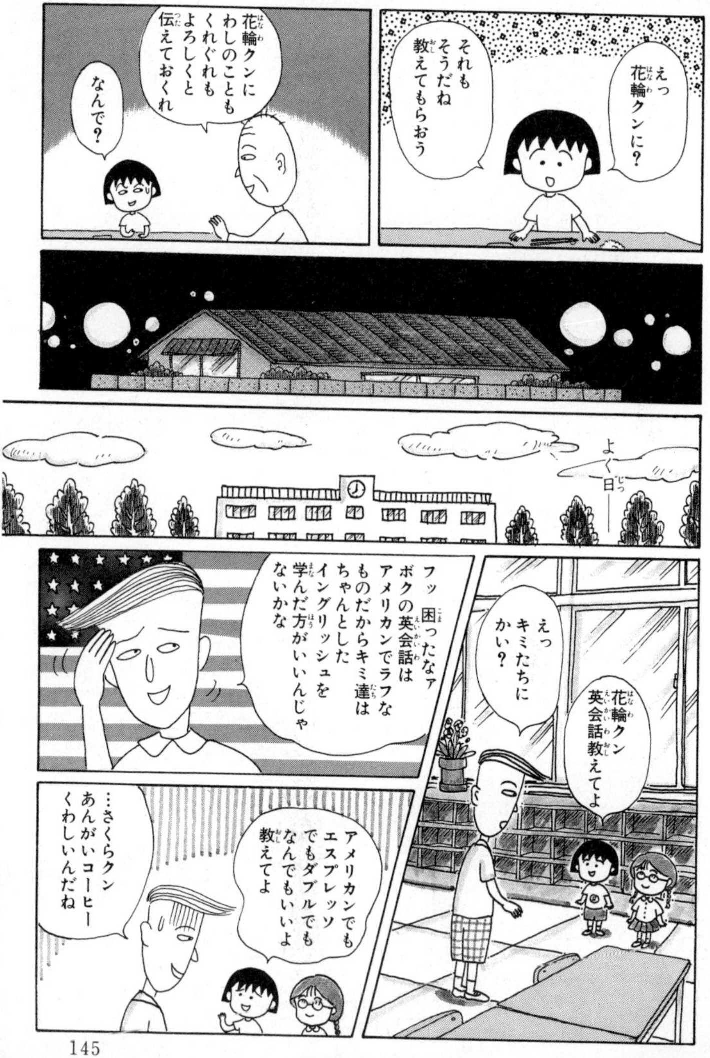
えっ
花輪クンに？
それも
そうだね
教えてもらおう
花輪クンに
わしのことも
くれぐれも
よろしくと
伝えておくれ
なんで？
よく日──
花輪クン
英会話教えてよ
えっ
キミたちに
かい？
フッ 困ったなァ
ボクの英会話は
アメリカンでラフな
ものだからキミ達は
ちゃんとした
イングリッシュを
学んだ方がいいんじゃ
ないかな
アメリカンでも
エスプレッソ
でもダブルでも
なんでもいいよ
教えてよ
…さくらクン
あんがいコーヒー
くわしいんだね

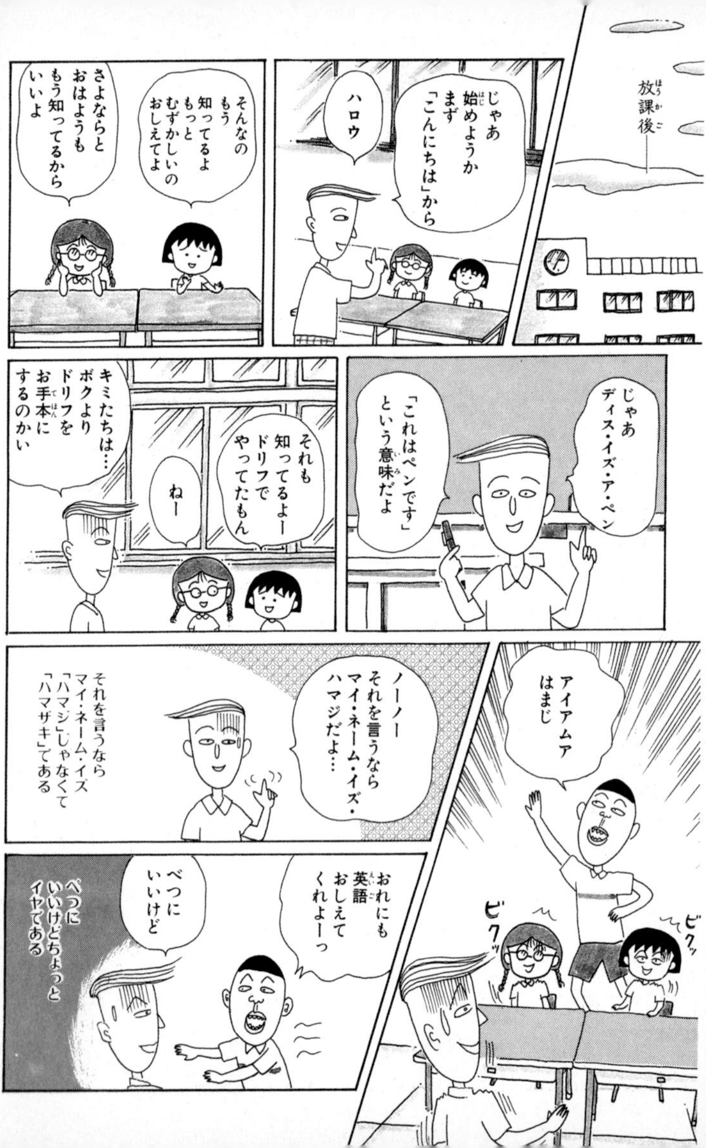

放課後――
じゃあ 始めようか まず「こんにちは」から
ハロウ
そんなの もう 知ってるよ もっと むずかしいの おしえてよ
さよならと おはようも もう知ってるから いいよ
じゃあ ディス・イズ・ア・ペン
「これはペンです」という意味だよ
それも 知ってるよー ドリフで やってたもん
ねー
キミたちは… ボクより ドリフを お手本に するのかい
アイアムア はまじ
ビクッ
ビクッ
ノーノー それを言うなら マイ・ネーム・イズ・ハマジだよ…
それを言うなら マイ・ネーム・イズ「ハマジ」じゃなくて「ハマザキ」である
おれにも 英語 おしえて くれよーっ
べつに いいけど
べつに いいけどちょっと イヤである

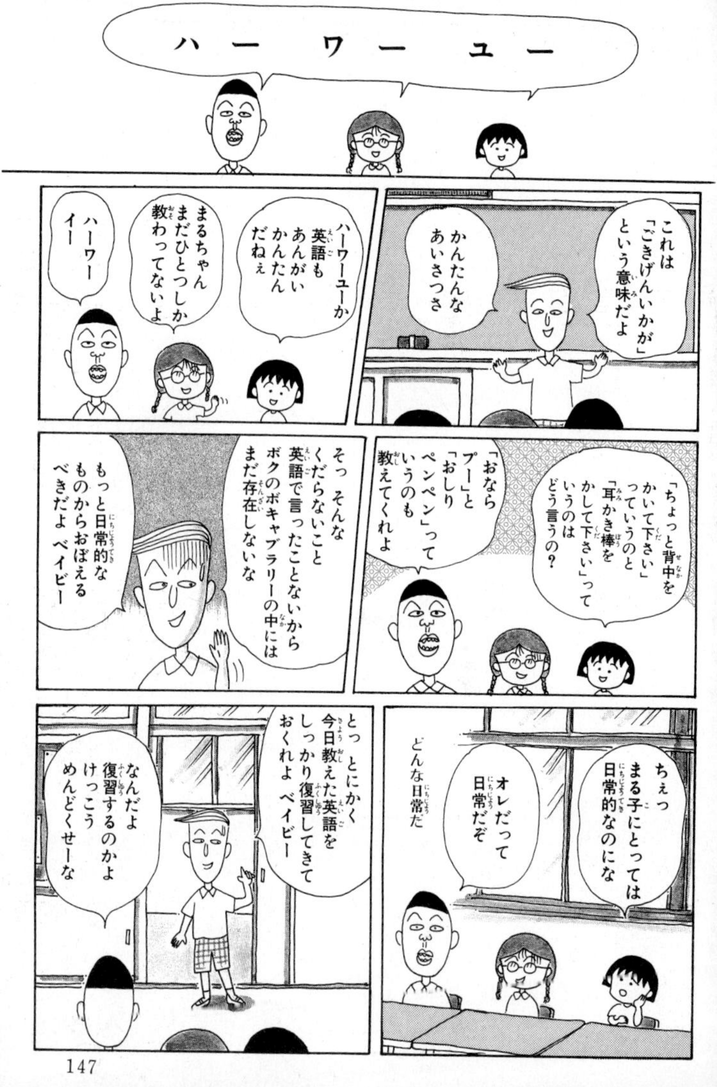
ハー　ワー　ユー
これは「ごきげんいかが」という意味だよ
かんたんなあいさつさ
ハーワーユーか英語もあんがいかんたんだねぇ
まるちゃんまだひとつしか教わってないよ
ハーワーイー
「ちょっと背中をかいて下さい」っていうのと「耳かき棒をかして下さい」っていうのはどう言うの？
「おならプー」と「おしりペンペン」っていうのも教えてくれよ
そっ　そんなくだらないこと英語で言ったことないからボクのボキャブラリーの中にはまだ存在しないな
もっと日常的なものからおぼえるべきだよ　ベイビー
ちぇっ　まる子にとっては日常的なのにな
オレだって日常だぞ
どんな日常だ
とっ　とにかく今日教えた英語をしっかり復習してきておくれよ　ベイビー
なんだよ復習するのかよけっこうめんどくせーな

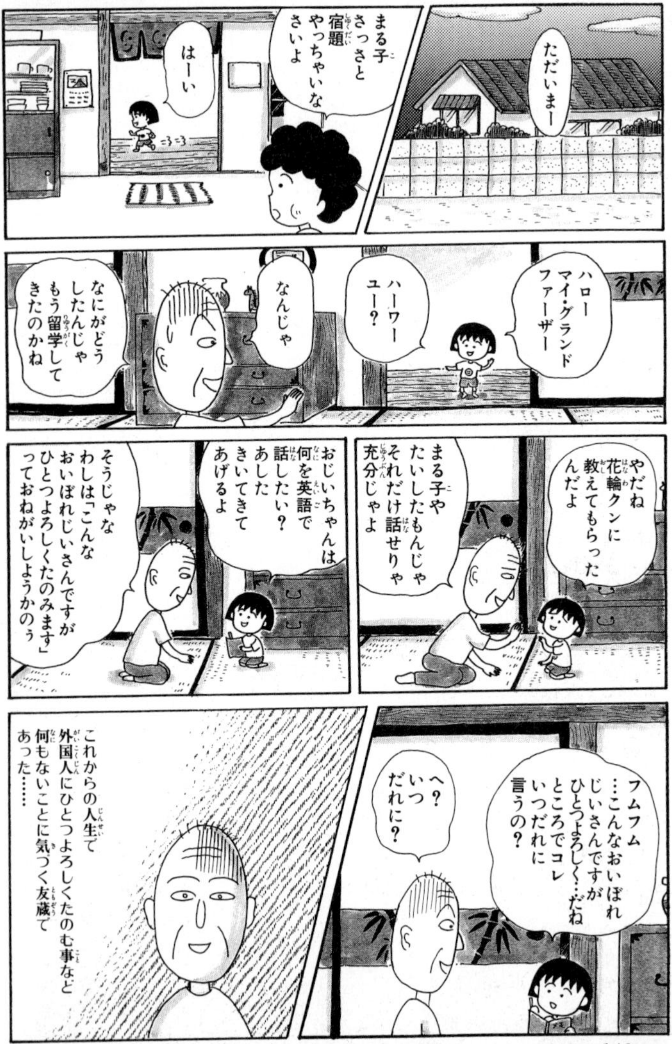
ただいまー
まる子 さっさと 宿題 やっちゃいな さいよ
はーい
ハロー マイ・グランド ファーザー
ハーワー ユー？
なんじゃ
なにがどう したんじゃ もう留学して きたのかね
やだね 花輪クンに 教えてもらった んだよ
まる子や たいしたもんじゃ それだけ話せりゃ 充分じゃよ
おじいちゃんは 何を英語で 話したい？ あした きいてきて あげるよ
そうじゃな わしは「こんな おいぼれじいさんですが ひとつよろしくたのみます」 っておねがいしようかのう
フムフム …こんなおいぼれ じいさんですが ひとつよろしく…だね ところでコレ いつだれに 言うの？
へ？ いつ だれに？
これからの人生で 外国人にひとつよろしくたのむ事など 何もないことに気づく友蔵で あった……

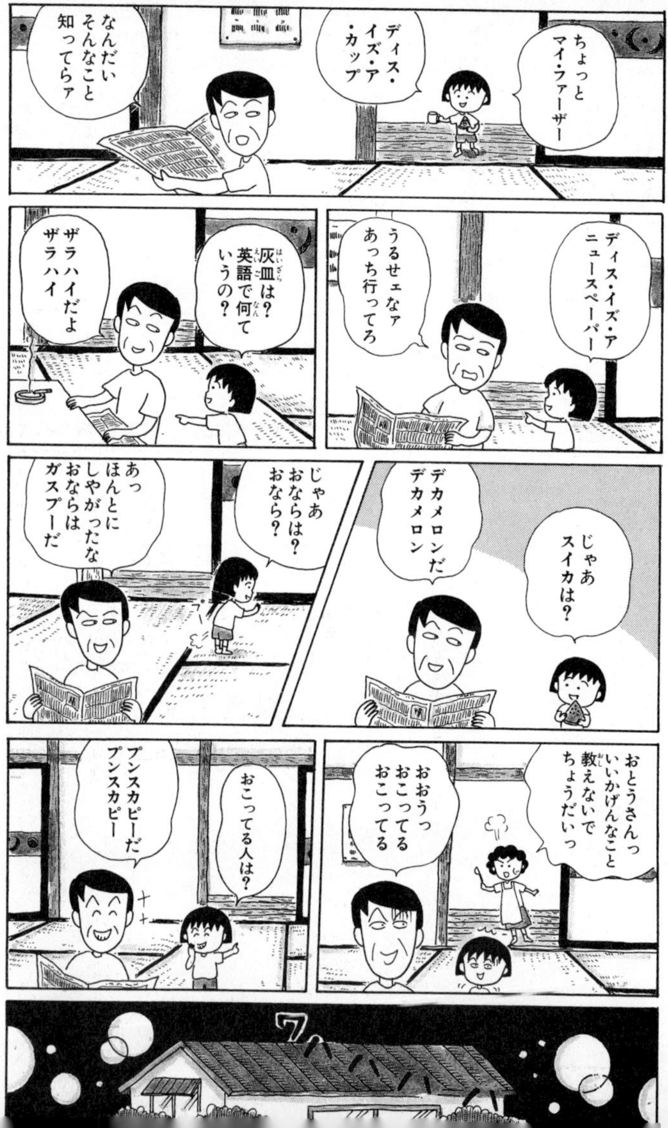
ちょっと マイ・ファーザー
ディス・イズ・ア・カップ
なんだい そんなこと知ってらァ
ディス・イズ・ア ニュースペーパー
うるせェなァ あっち行ってろ
灰皿は？ 英語で何ていうの？
ザラハイだよ ザラハイ
じゃあ スイカは？
デカメロンだ デカメロン
じゃあ おならは？ おなら？
あっ ほんとにしやがったな おならはガスプーだ
おとうさんっ いいかげんなこと教えないでちょうだいっ
おおうっ おこってる おこってる
おこってる人は？
プンスカピーだ プンスカピー

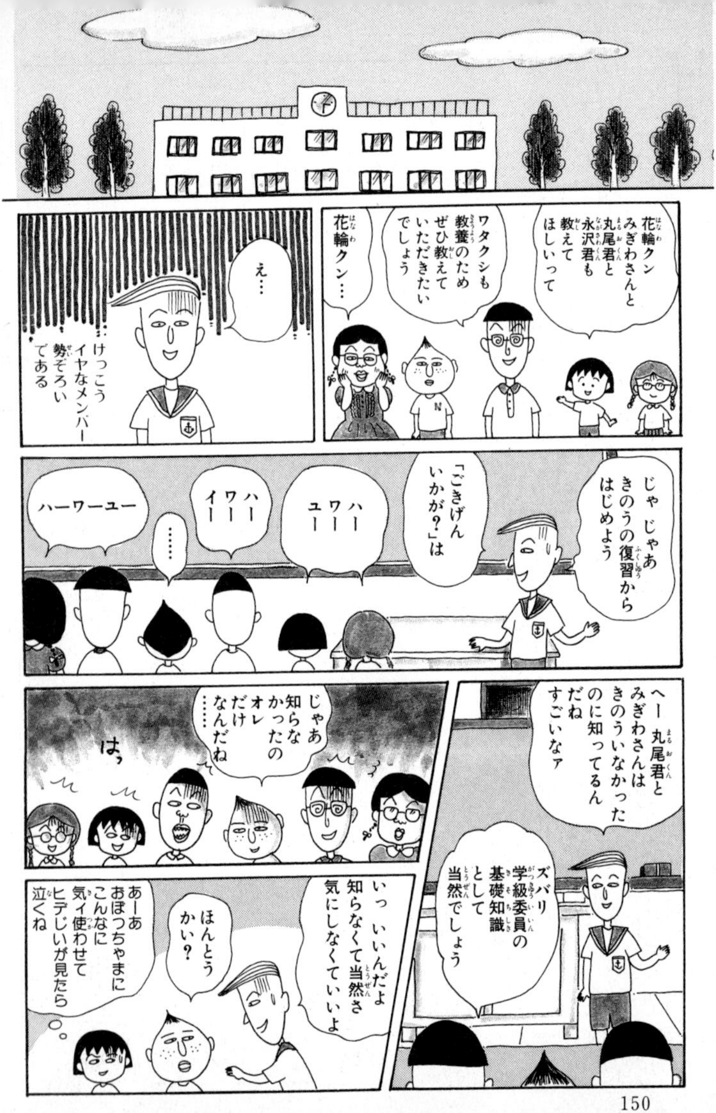
花輪クン
みぎわさんと
丸尾君と
永沢君も
教えて
ほしいって
ワタクシも
教養のため
ぜひ教えて
いただきたい
でしょう
花輪クン…
え…
けっこう
イヤなメンバー
勢ぞろい
である
じゃ じゃあ
きのうの復習から
はじめよう
「ごきげん
いかが?」は
ハー
ワー
ユー
ハー
ワー
イー
……
ハーワーユー
へー 丸尾君と
みぎわさんは
きのういなかった
のに知ってるん
だね
すごいなァ
ズバリ
学級委員の
基礎知識
として
当然でしょう
じゃあ
知らな
かったの
オレ
だけ
なんだね
……
はっ
いっ いいんだよ
知らなくて当然さ
気にしなくていいよ
ほんとう
かい?
あーあ
おぼっちゃまに
こんなに
気イ使わせて
ヒデじいが見たら
泣くね

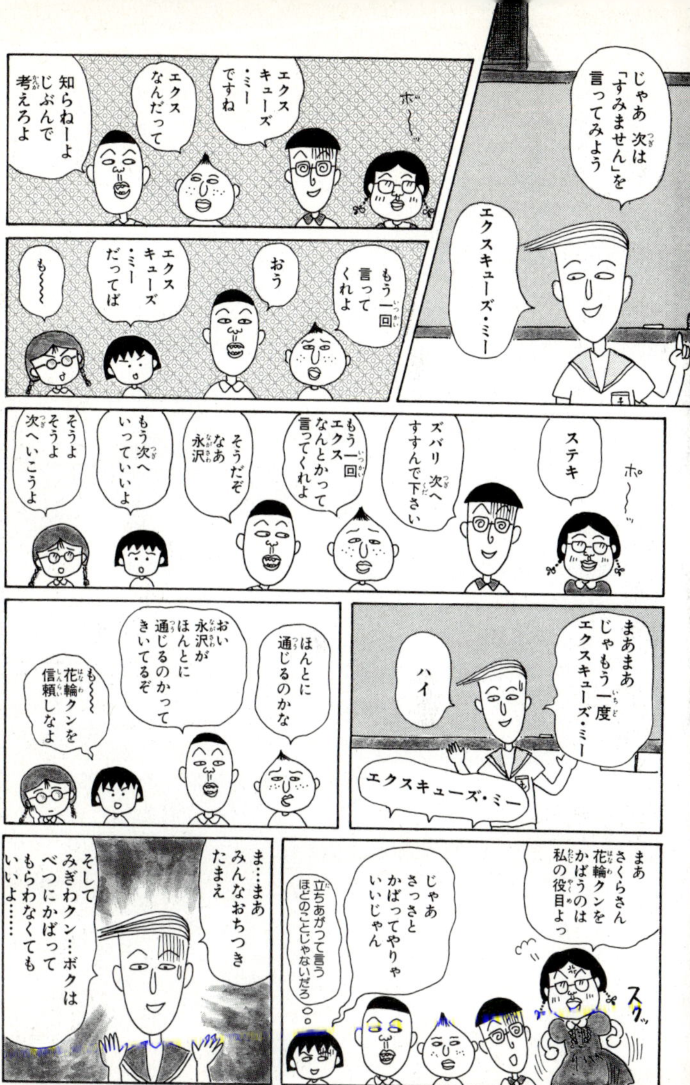
じゃあ 次は「すみません」を言ってみよう
エクスキューズ・ミー
ボ〜…
エクスキューズ・ミーですね
エクスなんだって
知らねーよ じぶんで考えろよ
もう一回言ってくれよ
おう
エクスキューズ・ミーだってば
も〜〜〜
ポ〜〜ッ
ステキ
ズバリ 次へすすんで下さい
もう一回エクスなんとかって言ってくれよ
そうだぞ なあ永沢
もう次へいっていいよ
そうよ そうよ 次へいこうよ
まあまあ じゃもう一度エクスキューズ・ミー
ハイ
エクスキューズ・ミー
ほんとに通じるのかな
おい 永沢が ほんとに通じるのかってきいてるぞ
も〜〜〜 花輪クンを信頼しなよ
まあ さくらさん 花輪クンをかばうのは私の役目よっ
スクッ
じゃあ さっさとかばってやりゃいいじゃん
立ちあがって言うほどのことじゃないだろ
ま…まあ みんなおちつきたまえ
そして みぎわクン…ボクは べつにかばってもらわなくても いいよ……

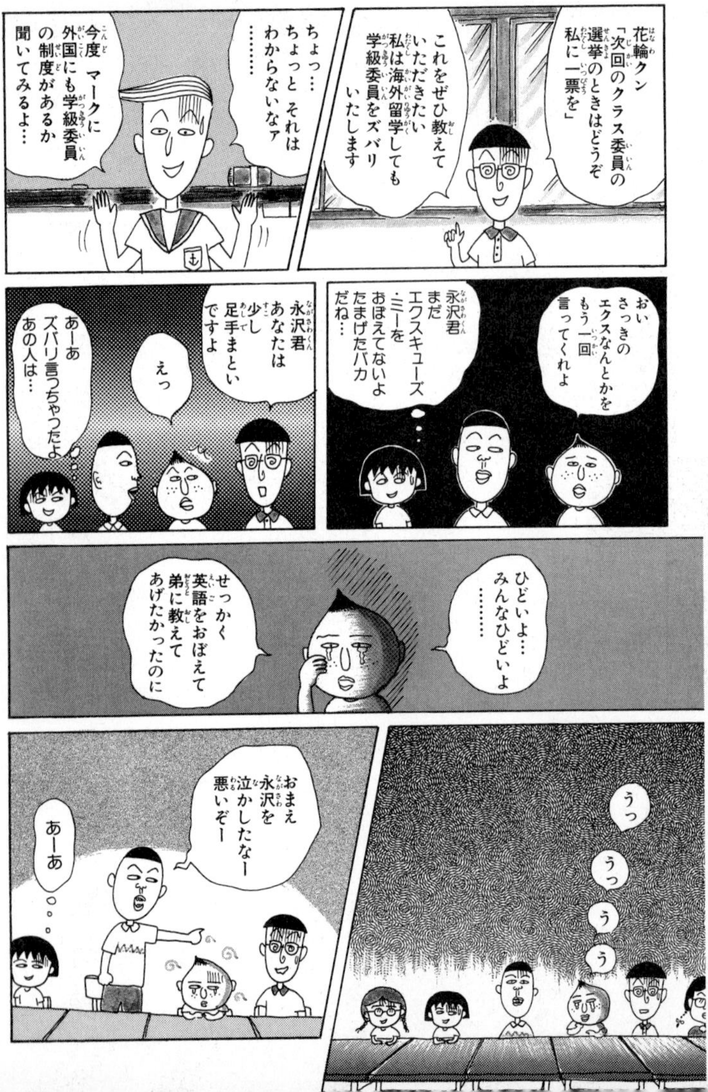
花輪クン「次回のクラス委員の選挙のときはどうぞ私に一票を」
これをぜひ教えていただきたい私は海外留学しても学級委員をズバリいたします
ちょっ…ちょっと それはわからないなァ………
今度 マークに外国にも学級委員の制度があるか聞いてみるよ…
おい さっきのエクスなんとかをもう一回言ってくれよ
永沢君まだエクスキューズ・ミーをおぼえてないよ たまげたバカだね…
永沢君 あなたは少し足手まといですよ
えっ
あーあ ズバリ言っちゃったよ あの人は…
ひどいよ… みんなひどいよ………
せっかく英語をおぼえて弟に教えてあげたかったのに
うっ
うっ
う
う
おまえ 永沢を泣かしたなー 悪いぞー
あーあ。。。

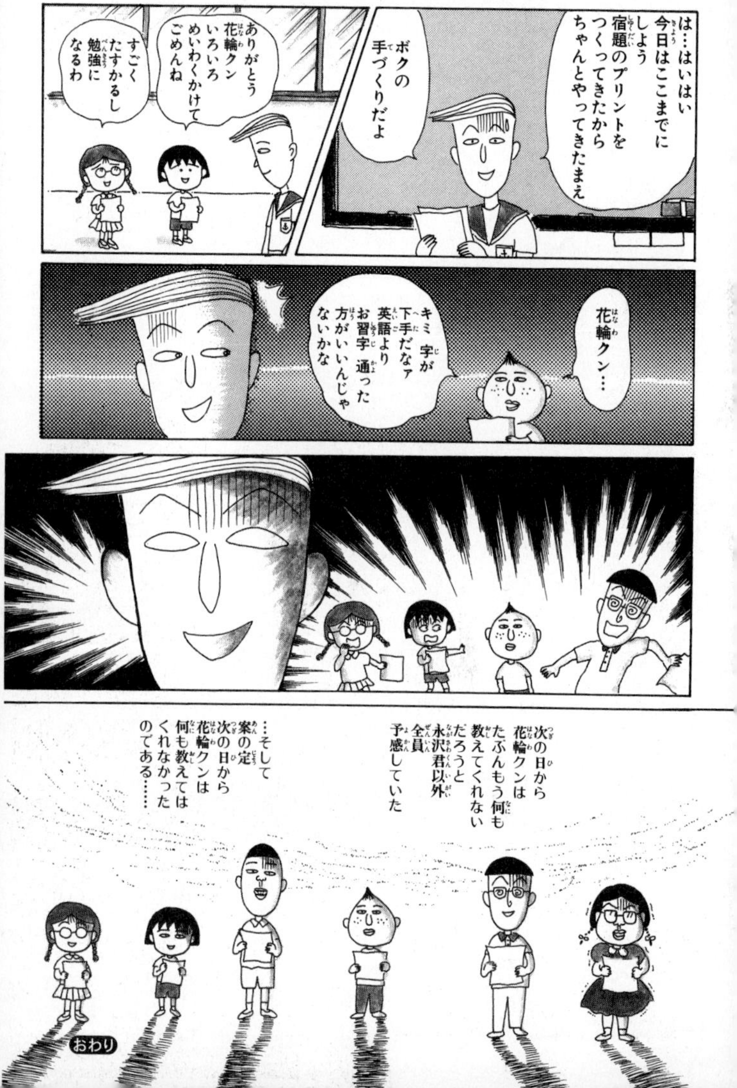
は…はいはい
今日はここまでにしよう
宿題のプリントをつくってきたから
ちゃんとやってきたまえ
ボクの手づくりだよ
ありがとう
花輪クン
いろいろめいわくかけて
ごめんね
すごくたすかるし
勉強になるわ
花輪クン…
キミ 字が下手だなァ
英語よりお習字 通った方がいいんじゃないかな
次の日から花輪クンはたぶんもう何も教えてくれないだろうと永沢君以外全員予感していた
…そして案の定次の日から花輪クンは何も教えてはくれなかったのである……
おわり

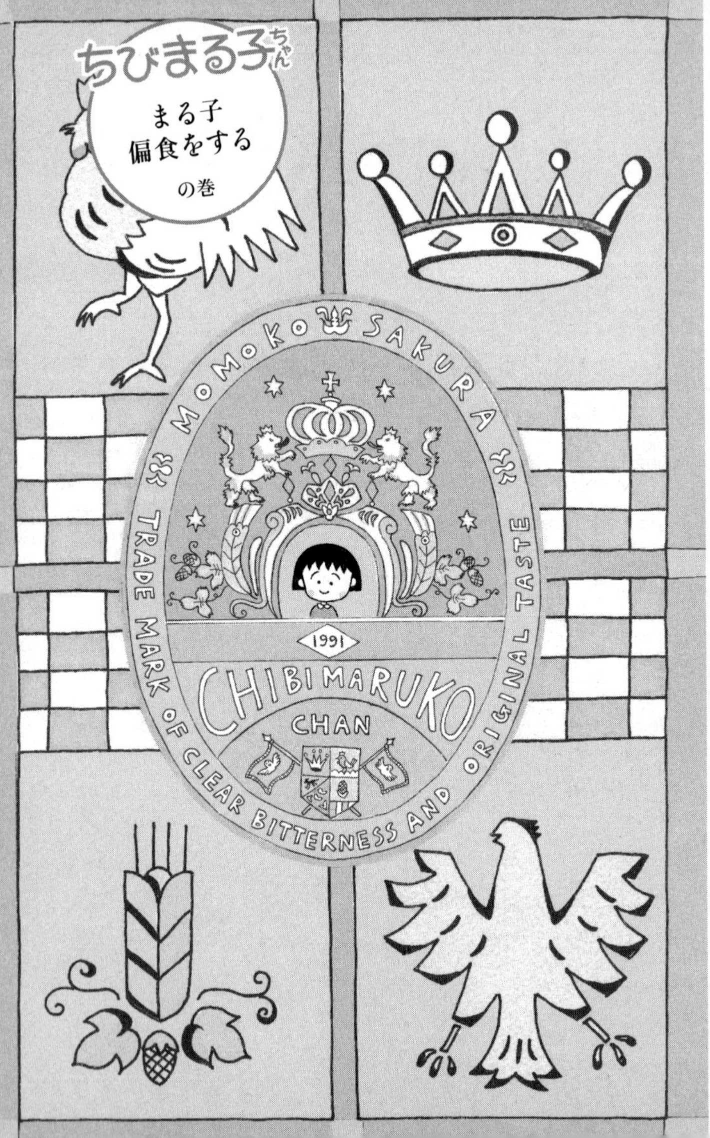
ちびまる子ちゃん
まる子
偏食をする
の巻
MOMOKO SAKURA
TRADE MARK OF CLEAR BITTERNESS AND ORIGINAL TASTE
1991
CHIBIMARUKO
CHAN

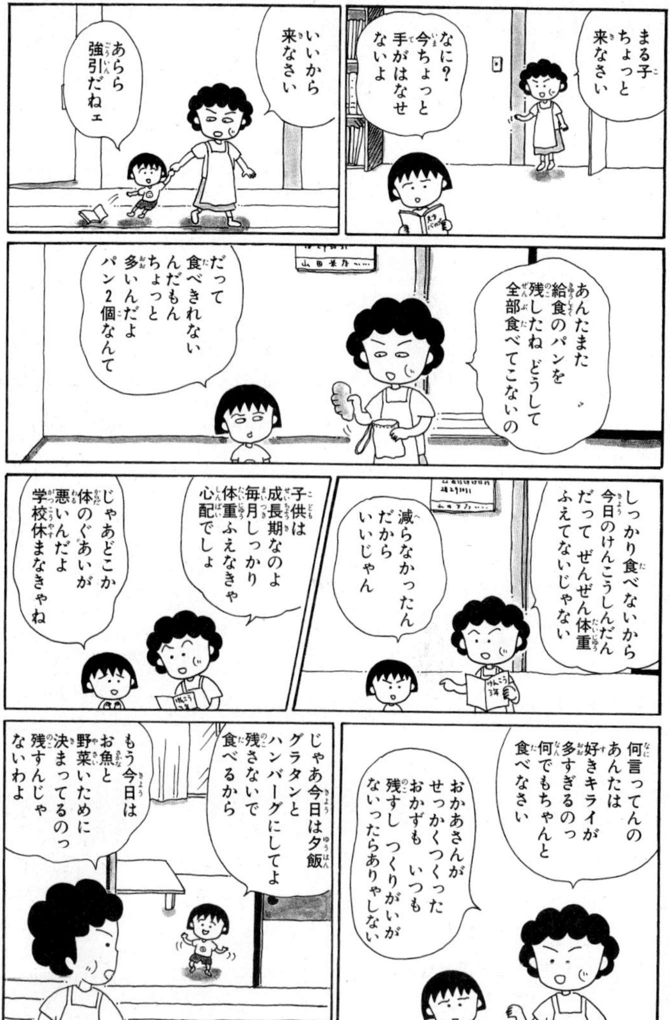
まる子ちょっと来なさい
なに？今ちょっと手がはなせないよ
いいから来なさい
あらら強引だねェ
あんたまた給食のパンを残したね どうして全部食べてこないの
だって食べきれないんだもん ちょっと多いんだよ パン2個なんて
しっかり食べないから今日のけんこうしんだんだって ぜんぜん体重ふえてないじゃない
減らなかったんだからいいじゃん
子供は成長期なのよ 毎月しっかり体重ふえなきゃ心配でしょ
じゃあどこか体のぐあいが悪いんだよ 学校休まなきゃね
何言ってんの あんたは好きキライが多すぎるのっ 何でもちゃんと食べなさい
おかあさんがせっかくつくったおかずも いつも残すし つくりがいがないったらありゃしない
じゃあ今日は夕飯グラタンとハンバーグにしてよ 残さないで食べるから
もう今日はお魚と野菜いためにに決まってるのっ 残すんじゃないわよ

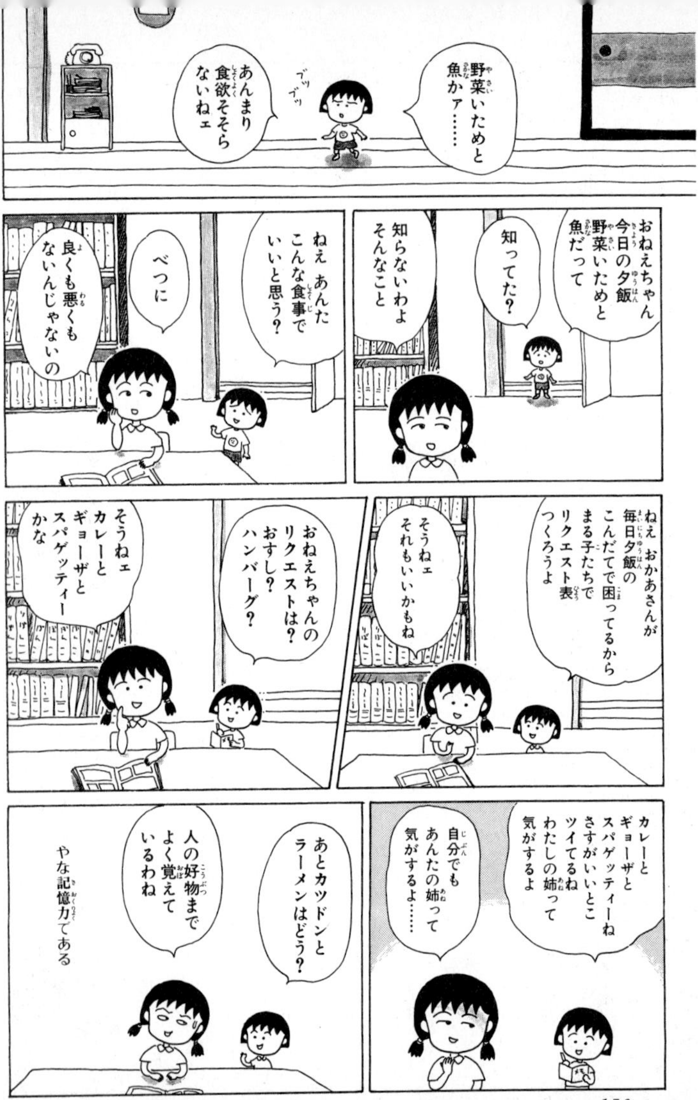
野菜いためと魚かァ……
ブツブツ
あんまり食欲そそらないねェ
おねえちゃん今日の夕飯野菜いためと魚だって
知ってた？
知らないわよそんなこと
ねえ あんたこんな食事でいいと思う？
べつに
良くも悪くもないんじゃないの
ねえ おかあさんが毎日夕飯のこんだてで困ってるからまる子たちでリクエスト表つくろうよ
そうねェそれもいいかもね
おねえちゃんのリクエストは？おすし？ハンバーグ？
そうねェカレーとギョーザとスパゲッティーかな
カレーとギョーザとスパゲッティーねさすがいいとこツイてるねわたしの姉って気がするよ
自分でもあんたの姉って気がするよ……
あとカツドンとラーメンはどう？
人の好物までよく覚えているわね
やな記憶力である

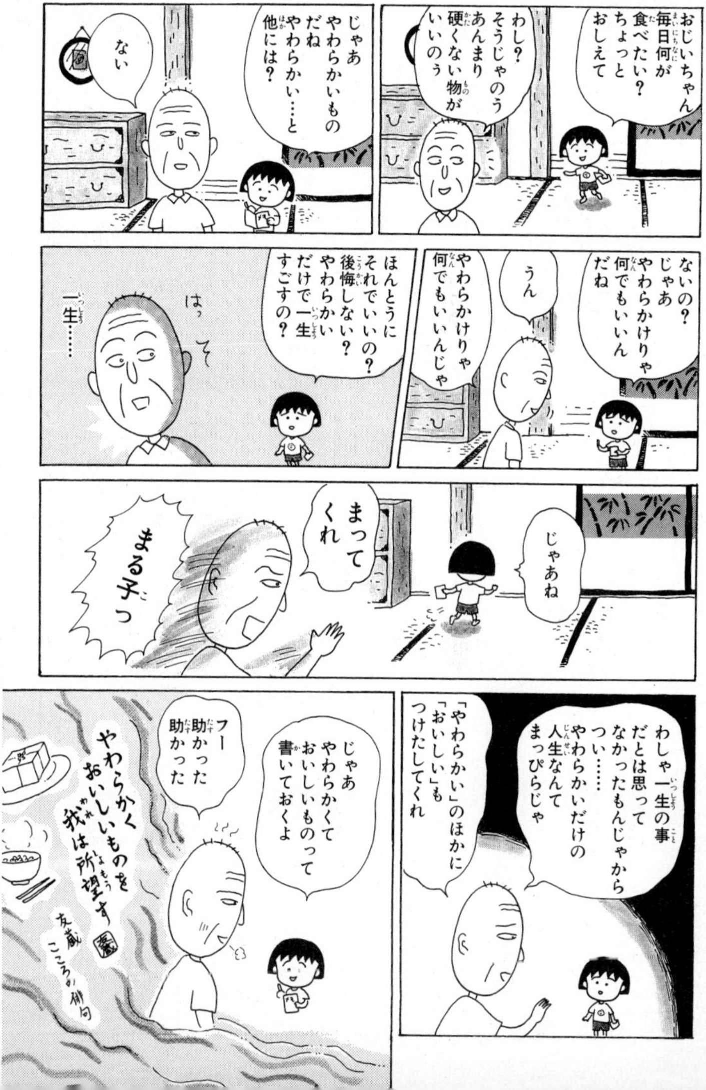
おじいちゃん毎日何が食べたい？ちょっとおしえて
わし？そうじゃのうあんまり硬くない物がいいのう
じゃあやわらかいものだねやわらかい…と他には？
ない
ないの？じゃあやわらかけりゃ何でもいいんだね
うん
やわらかけりゃ何でもいいんじゃ
ほんとうにそれでいいの？後悔しない？やわらかいだけで一生すごすの？
はっ
一生……
じゃあね
まってくれ
まる子っ
わしゃ一生の事だとは思ってなかったもんじゃからつい……やわらかいだけの人生なんてまっぴらじゃ
「やわらかい」のほかに「おいしい」もつけたしてくれ
じゃあやわらかくておいしいものって書いておくよ
フー助かった助かった
やわらかくおいしいものを我は所望す
友蔵こころの俳句

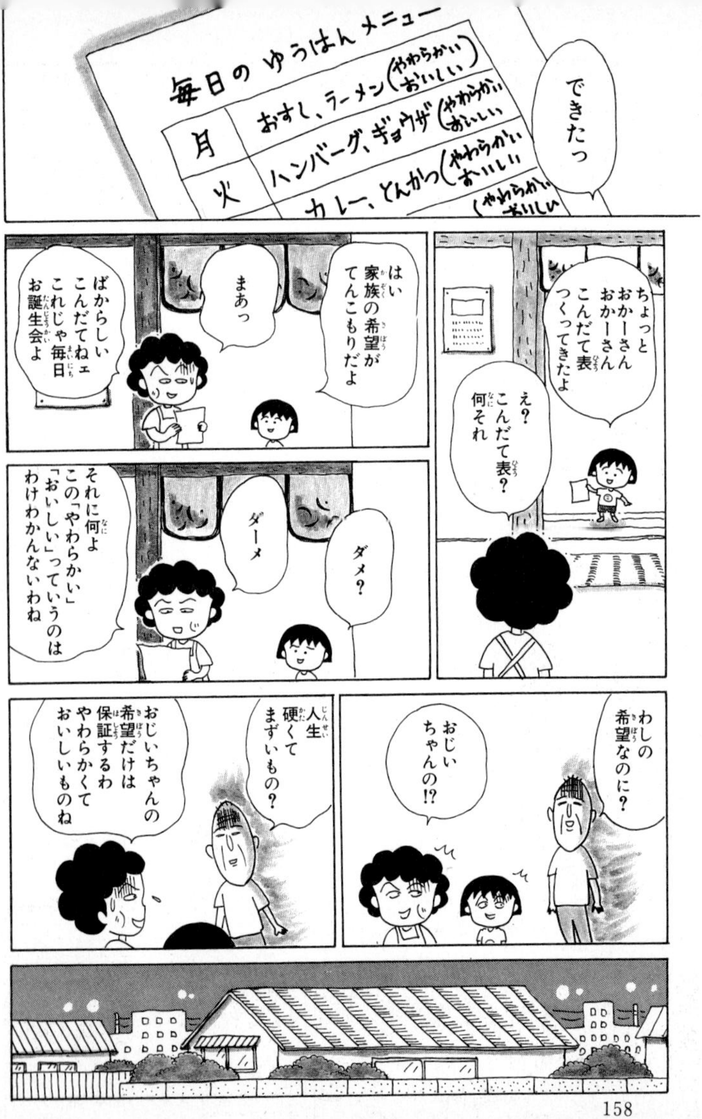
毎日の ゆうはん メニュー
月 おすし、ラーメン (やわらかい おいしい)
火 ハンバーグ、ギョウザ (やわらかい おいしい)
カレー、とんかつ (やわらかい おいしい)
(やわらかい おいしい)
できたっ
ちょっと おかーさん おかーさん こんだて表つくってきたよ
え? こんだて表? 何それ
はい 家族の希望が てんこもりだよ
まあっ
ばからしい こんだてねェ これじゃ毎日お誕生会よ
ダメ?
ダーメ
それに何よ この「やわらかい」「おいしい」っていうのは わけわかんないわね
わしの希望なのに?
おじいちゃんの!?
人生 硬くてまずいもの?
おじいちゃんの希望だけは保証するわ やわらかくておいしいものね

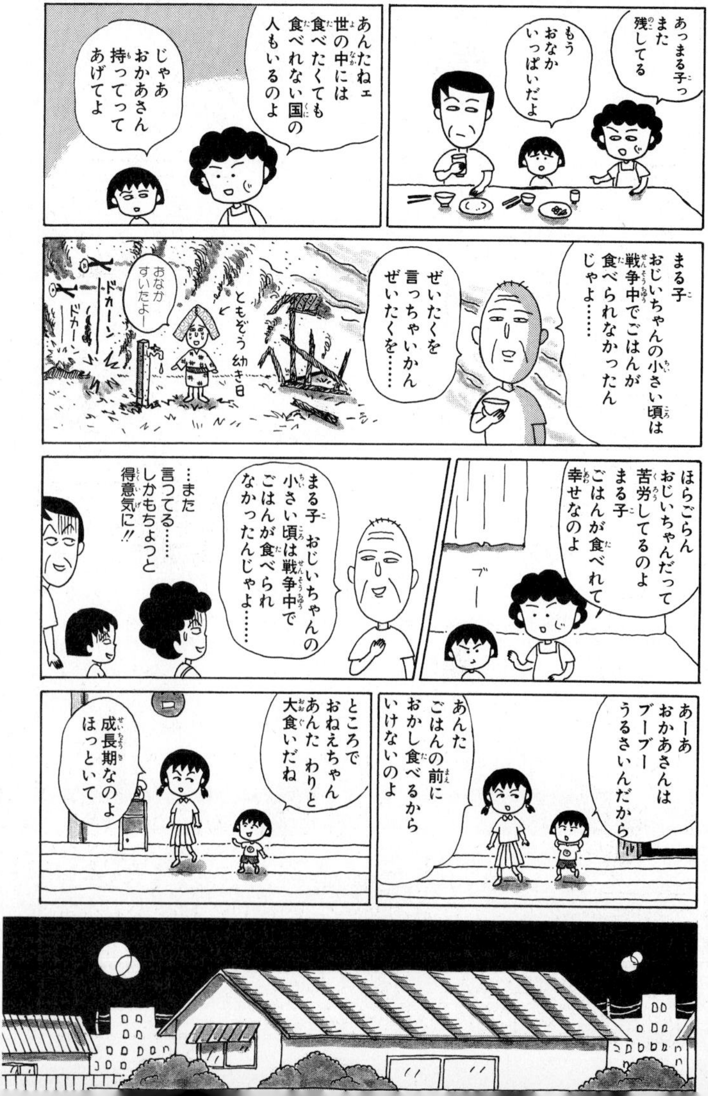

あっまる子っ
また
残してる
もう
おなか
いっぱいだよ
あんたねェ
世の中には
食べたくても
食べれない国の
人もいるのよ
じゃあ
おかあさん
持ってって
あげてよ
まる子
おじいちゃんの小さい頃は
戦争中でごはんが
食べられなかったん
じゃよ……
ぜいたくを
言っちゃいかん
ぜいたくを……
ともぞう幼き日
おなか
すいたよー
ドカーン
ドカーン
ほらごらん
おじいちゃんだって
苦労してるのよ
まる子
ごはんが食べれて
幸せなのよ
ブー
まる子 おじいちゃんの
小さい頃は戦争中で
ごはんが食べられ
なかったんじゃよ……
…また
言ってる……
しかもちょっと
得意気に!!
あーあ
おかあさんは
ブーブー
うるさいんだから
あんた
ごはんの前に
おかし食べるから
いけないのよ
ところで
おねえちゃん
あんた わりと
大食いだね
成長期なのよ
ほっといて

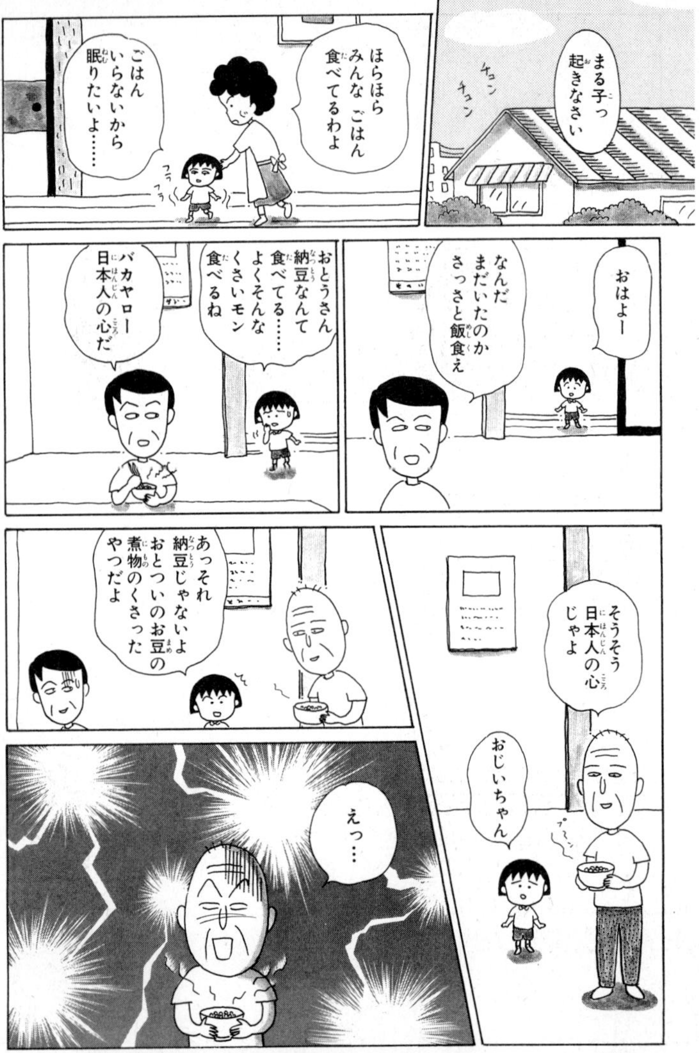
まる子っ 起きなさい
チュン チュン
ほらほら みんな ごはん食べてるわよ
フラ フラ
ごはん いらないから眠りたいよ……
おはよー
なんだ まだいたのか さっさと飯食え
おとうさん 納豆なんて食べてる…… よくそんな くさいモン 食べるね
バカヤロー 日本人の心だ
そうそう 日本人の心じゃよ
プ〜ン
おじいちゃん
あっそれ 納豆じゃないよ おとついのお豆の 煮物のくさった やつだよ
えっ…

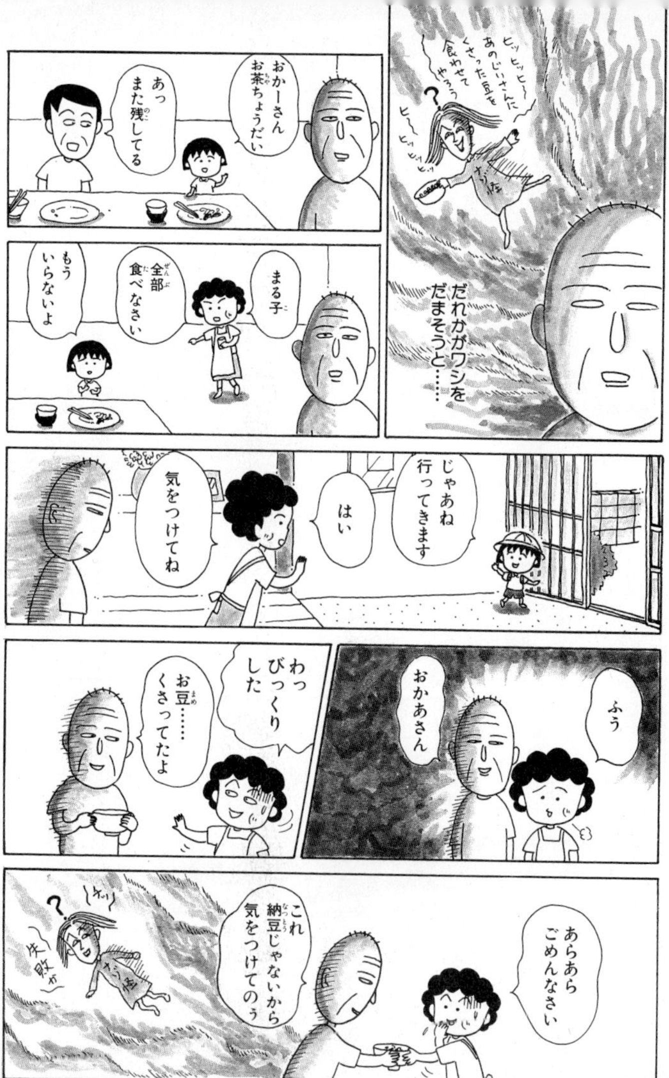
ヒッヒッヒ～ あのじいさんにくさった豆を食わせてやろう
ヒ～ ヒッ ヒッ ヒッ
だれかがワシをだまそうと……
おかーさん お茶ちょうだい
あっ また残してる
まる子
全部食べなさい
もう いらないよ
じゃあね 行ってきます
はい
気をつけてね
ふう
おかあさん
わっ びっくりした
お豆……くさってたよ
あらあら ごめんなさい
これ 納豆じゃないから気をつけてのう
キッ
失敗か～

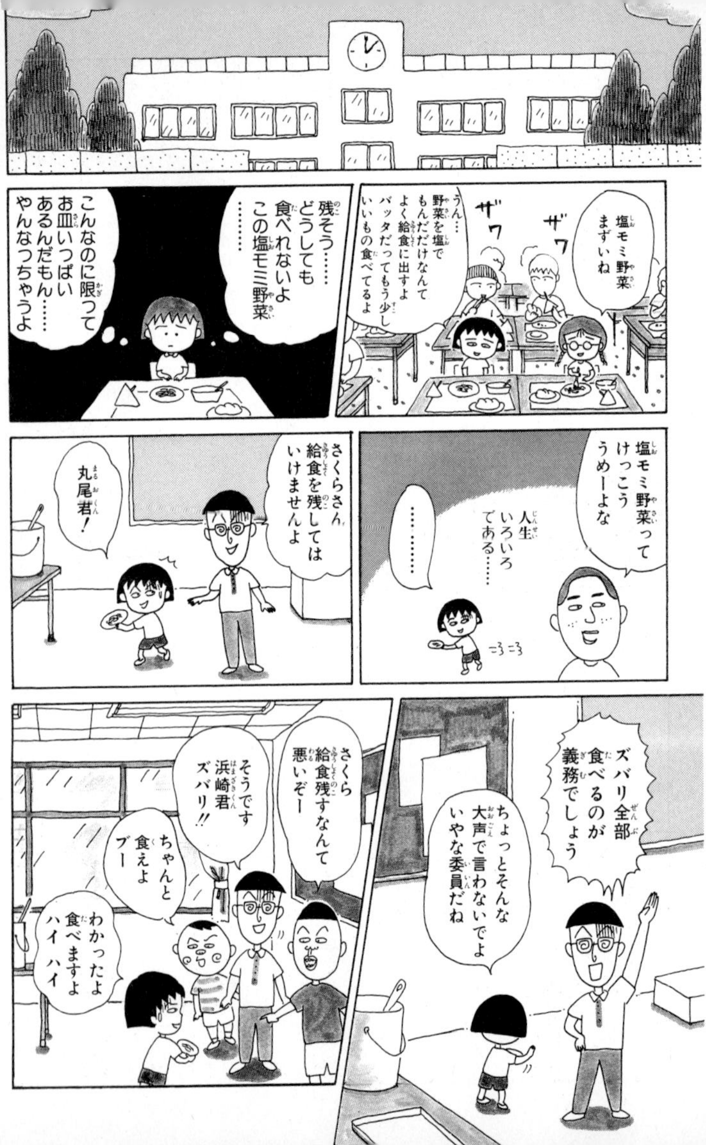
塩モミ野菜まずいね
ザワ ザワ
うん…野菜を塩でもんだだけなんてよく給食に出すよ バッタだってもう少しいいもの食べてるよ
残そう……どうしても食べれないよこの塩モミ野菜………
こんなのに限ってお皿いっぱいあるんだもん……やんなっちゃうよ
塩モミ野菜ってけっこううめーよな
人生いろいろである……
……・……
ころころ
さくらさん給食を残してはいけませんよ
丸尾君!
ズバリ全部食べるのが義務でしょう
ちょっとそんな大声で言わないでよいやな委員だね
さくら給食残すなんて悪いぞー
そうです浜崎君ズバリ!!
ちゃんと食えよブー
わかったよ食べますよハイハイ

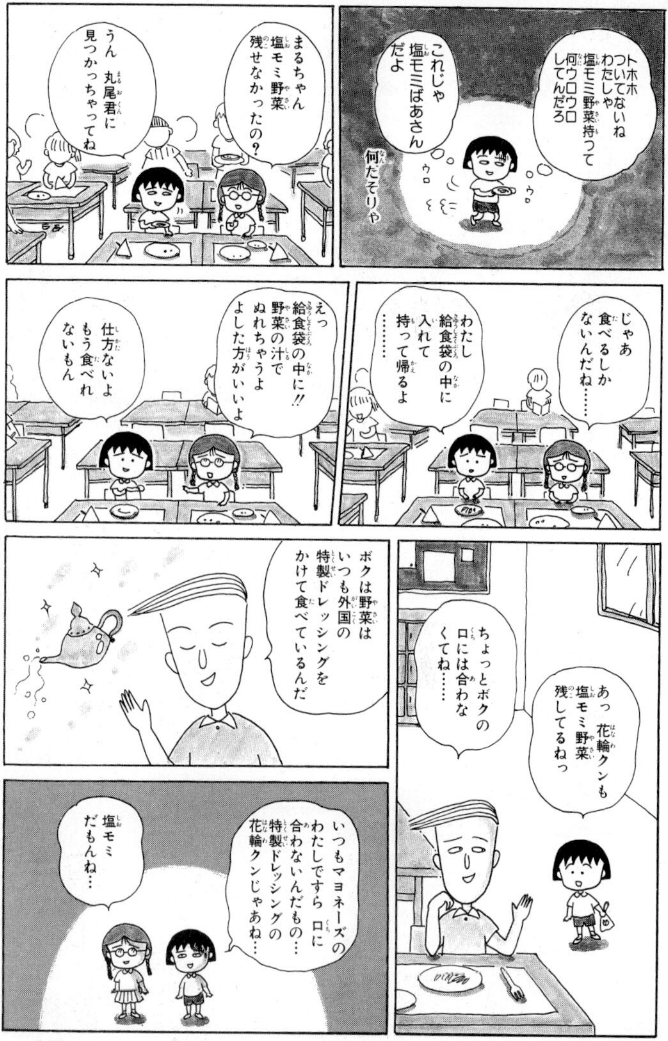
トホホ ついてないね わたしゃ塩モミ野菜持って何ウロウロしてんだろ
ウロ ウロ
これじゃ塩モミばあさんだよ
何だそりゃ
まるちゃん塩モミ野菜残せなかったの?
うん 丸尾君に見つかっちゃってね
じゃあ食べるしかないんだね……
わたし給食袋の中に入れて持って帰るよ……
えっ 給食袋の中に!! 野菜の汁でぬれちゃうよ よした方がいいよ
仕方ないよ もう食べれないもん
あっ 花輪クンも塩モミ野菜残してるねっ
ちょっとボクの口には合わなくてね……
ボクは野菜はいつも外国の特製ドレッシングをかけて食べているんだ
いつもマヨネーズのわたしですら 口に合わないんだもの… 特製ドレッシングの花輪クンじゃあねぇ…
塩モミだもんね…

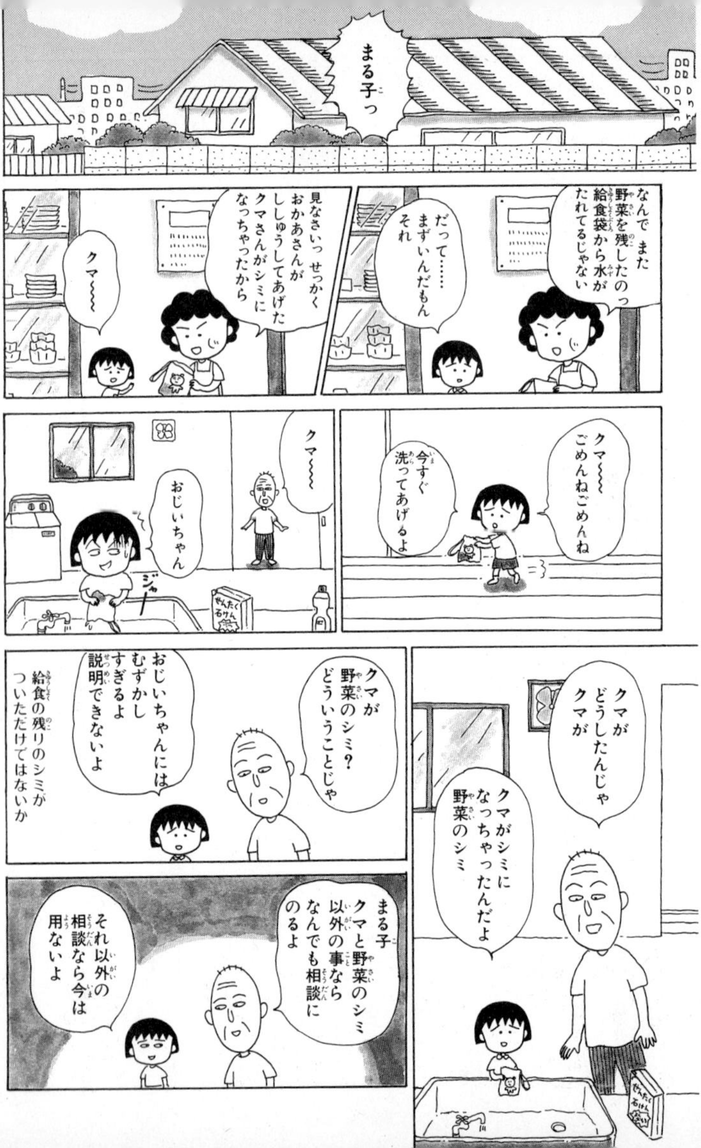
まる子っ
なんで また野菜を残したのっ 給食袋から水がたれてるじゃない
だって…… まずいんだもん それ
見なさいっ せっかく おかあさんが ししゅうしてあげた クマさんがシミに なっちゃったから
クマ〜〜〜
クマ〜〜〜 ごめんねごめんね
今すぐ 洗ってあげるよ
クマ〜〜〜
おじいちゃん
ジャー
クマが どうしたんじゃ クマが
クマがシミに なっちゃったんだよ 野菜のシミ
クマが 野菜のシミ？ どういうことじゃ
おじいちゃんには むずかし すぎるよ 説明できないよ
給食の残りのシミが ついただけではないか
まる子 クマと野菜のシミ 以外の事なら なんでも相談に のるよ
それ以外の 相談なら今は 用ないよ

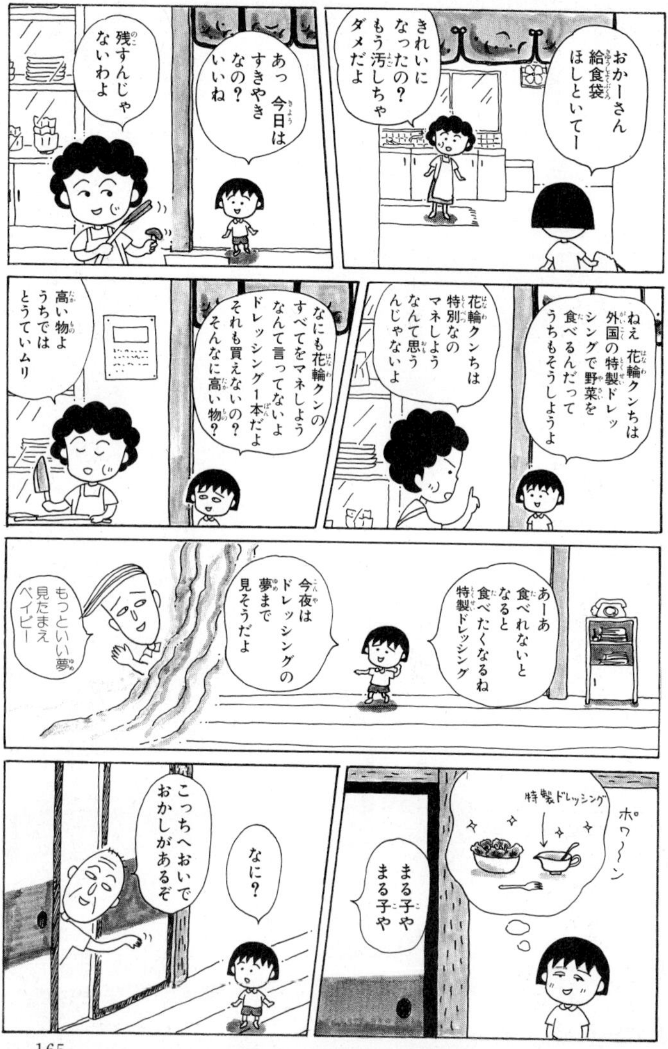
おかーさん
給食袋
ほしといてー
きれいに
なったの？
もう汚しちゃ
ダメだよ
あっ 今日は
すきやき
なの？
いいね
残すんじゃ
ないわよ
ねえ 花輪クンちは
外国の特製ドレッ
シングで野菜を
食べるんだって
うちもそうしようよ
花輪クンちは
特別なの
マネしよう
なんて思う
んじゃないよ
なにも花輪クンの
すべてをマネしよう
なんて言ってないよ
ドレッシング1本だよ
それも買えないの？
そんなに高い物？
高い物よ
うちでは
とうていムリ
あーあ
食べれないと
なると
食べたくなるね
特製ドレッシング
今夜は
ドレッシングの
夢まで
見そうだよ
もっといい夢
見たまえ
ベイビー
ポワ〜ン
特製ドレッシング
まる子や
まる子や
なに？
こっちへおいで
おかしがあるぞ

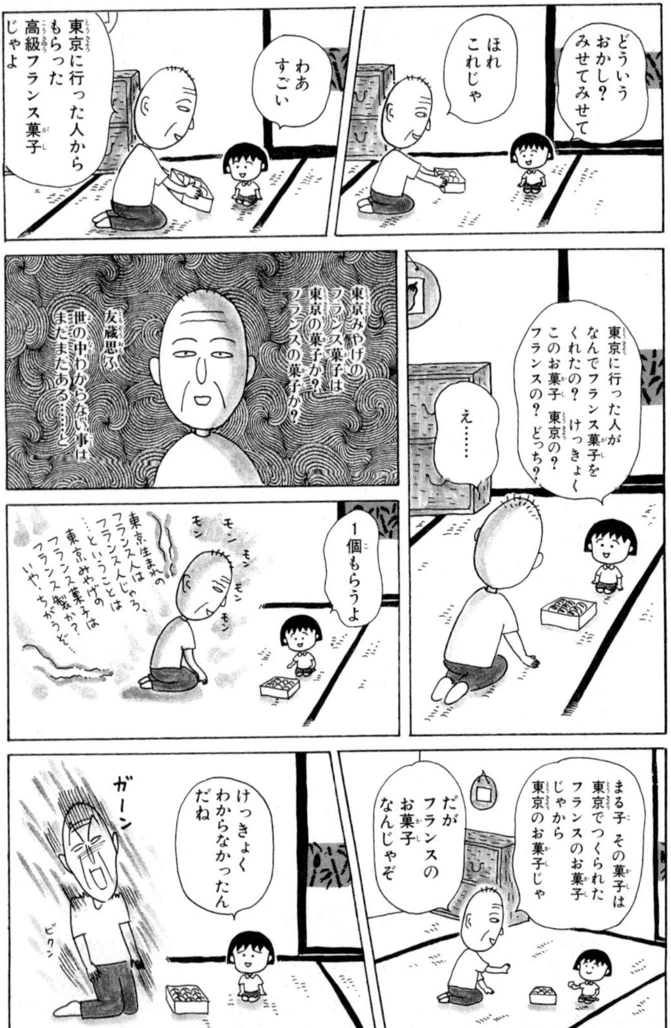

どういう おかし？ みせてみせて
ほれ これじゃ
わあ すごい
東京に行った人から もらった 高級フランス菓子じゃよ
東京に行った人が なんでフランス菓子を くれたの？ けっきょく このお菓子 東京の？ フランスの？ どっち？
え……
東京みやげのフランス菓子は 東京の菓子か？ フランスの菓子か？
友蔵思ふ 世の中わからない事は まだまだある……と
1個もらうよ
モン モン モン モン
東京生まれのフランス人は フランス人じゃろ、 ……ということは 東京みやげのフランス菓子は フランス製か？ いや、ちがうぞ…
まる子 その菓子は 東京でつくられた フランスのお菓子じゃから 東京のお菓子じゃ
だが フランスの お菓子 なんじゃぞ
けっきょく わからなかったんだね
ガーン
ビクン

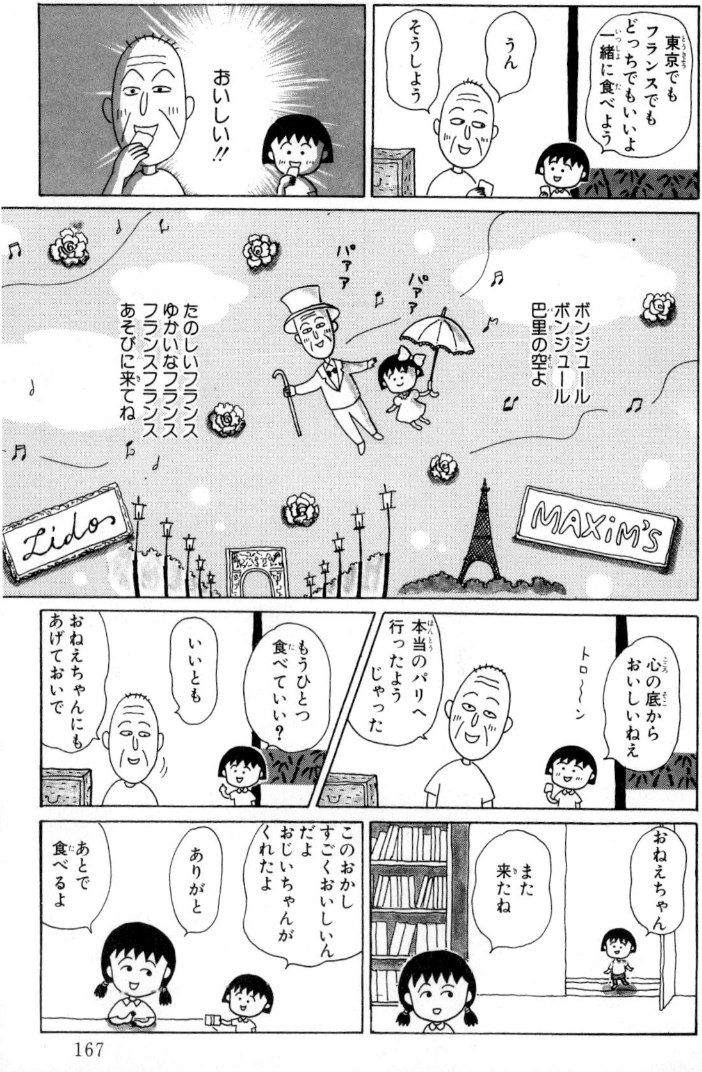

東京でも
フランスでも
どっちでもいいよ
一緒に食べよう
うん
そうしよう
おいしい!!
ボンジュール
ボンジュール
巴里の空よ
パァア
パァア
たのしいフランス
ゆかいなフランス
フランスフランス
あそびに来てね
Lido
MAXiM'S
心の底から
おいしいねえ
トロ〜〜ン
本当のパリへ
行ったよう
じゃった
もうひとつ
食べていい?
いいとも
おねえちゃんにも
あげておいで
おねえちゃん
また
来たね
このおかし
すごくおいしいん
だよ
おじいちゃんが
くれたよ
ありがと
あとで
食べるよ

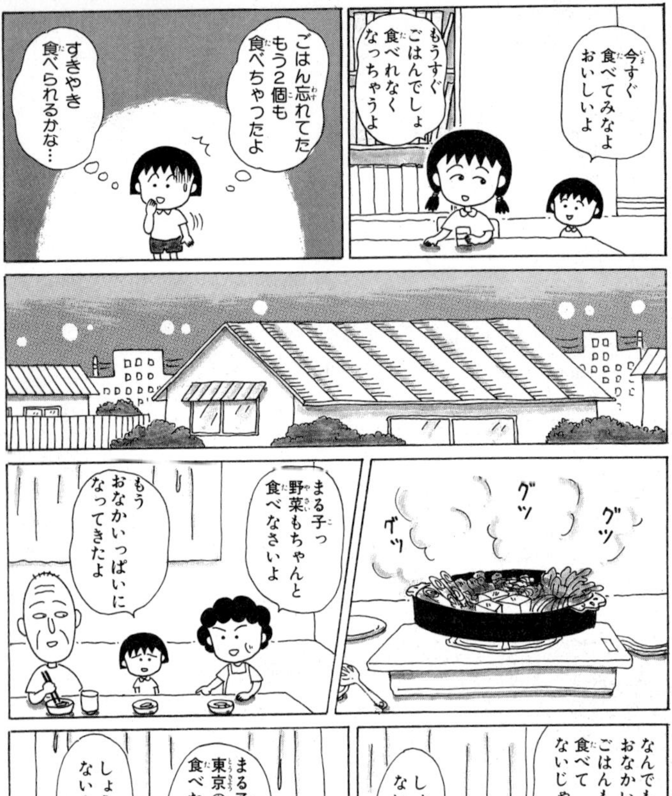
今すぐ食べてみなよ おいしいよ
もうすぐごはんでしょ 食べれなくなっちゃうよ
ごはん忘れてたもう2個も食べちゃったよ
すきやき食べられるかな…
グツ
グツ
グツ
まる子っ 野菜もちゃんと食べなさいよ
もう おなかいっぱいになってきたよ
なんでもう おなかいっぱいなの ごはんも半分しか食べてないじゃない
しょうがないよ
しょうがないよ
まる子はさっき 東京のフランスを食べたんじゃ
しょうがないよ

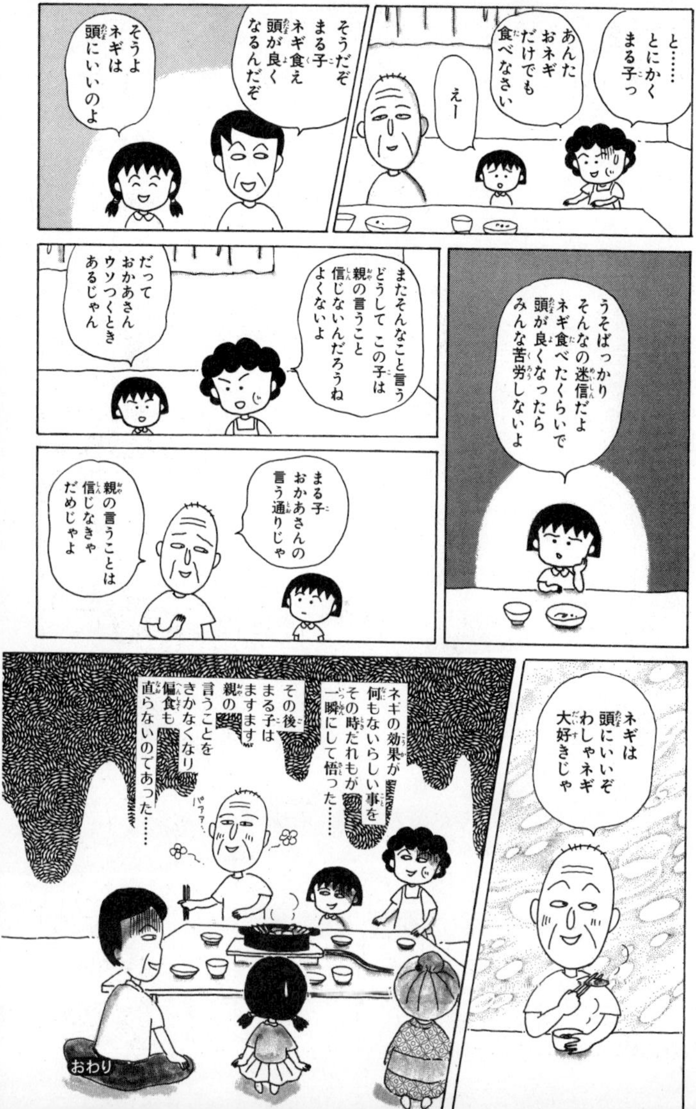

と……とにかくまる子っ
あんたおネギだけでも食べなさい
えー
そうだぞまる子ネギ食え頭が良くなるんだぞ
そうよネギは頭にいいのよ
うそばっかりそんなの迷信だよネギ食べたくらいで頭が良くなったらみんな苦労しないよ
またそんなこと言うどうしてこの子は親の言うこと信じないんだろうねよくないよ
だっておかあさんウソつくときあるじゃん
まる子おかあさんの言う通りじゃ
親の言うことは信じなきゃだめじゃよ
ネギは頭にいいぞわしゃネギ大好きじゃ
ネギの効果が何もないらしい事をその時だれもが一瞬にして悟った……
その後まる子はますます親の言うことをきかなくなり偏食も直らないのであった……
パァァ…
おわり

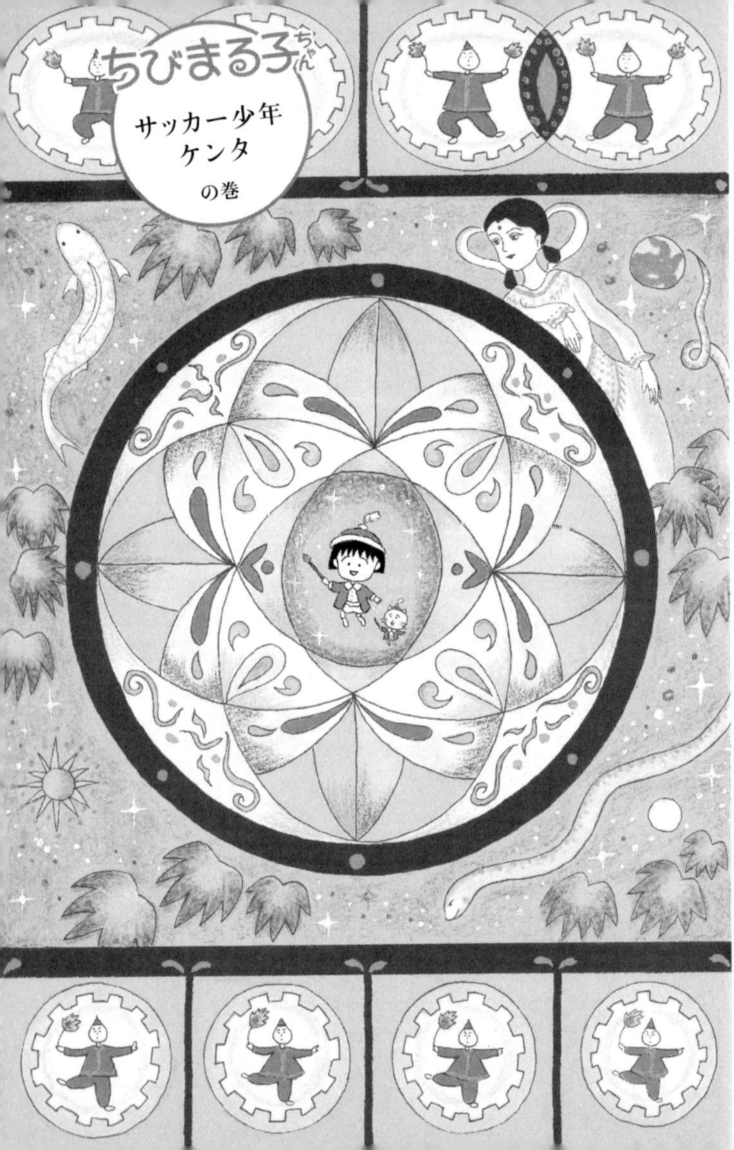
ちびまる子ちゃん
サッカー少年
ケンタ
の巻

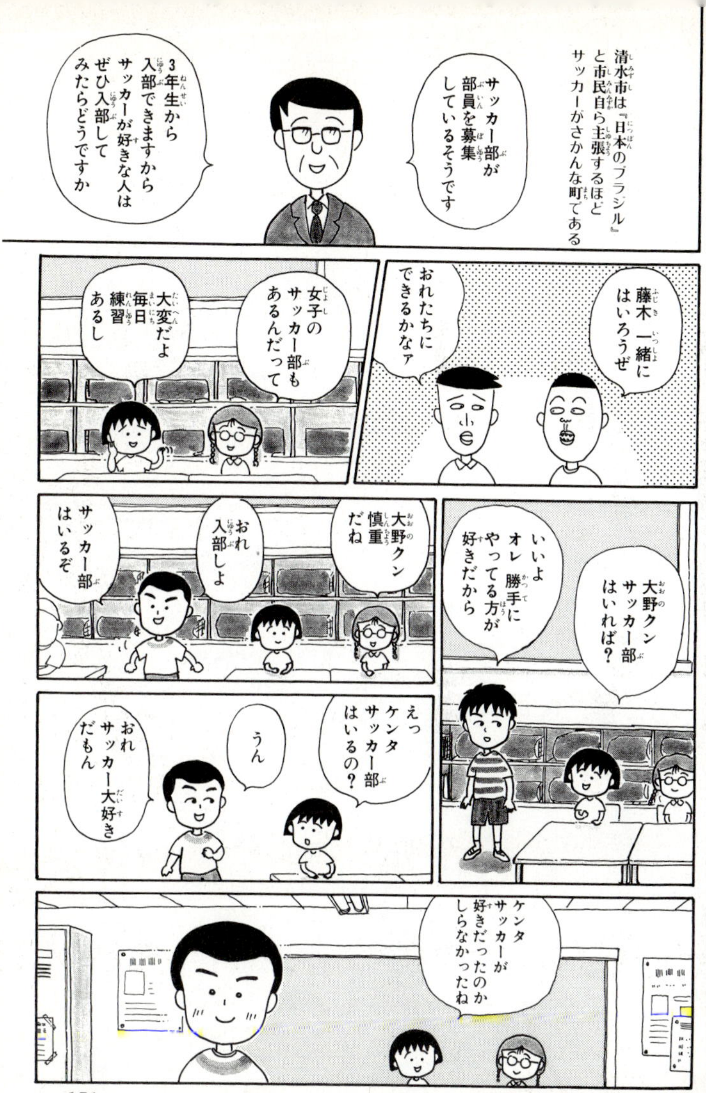

清水市は『日本のブラジル』と市民自ら主張するほどサッカーがさかんな町である
サッカー部が部員を募集しているそうです
3年生から入部できますからサッカーが好きな人はぜひ入部してみたらどうですか
藤木一緒にはいろうぜ
おれたちにできるかなァ
女子のサッカー部もあるんだって
大変だよ毎日練習あるし
大野クンサッカー部はいれば？
いいよオレ勝手にやってる方が好きだから
大野クン慎重だね
おれ入部しよ
サッカー部はいるぞ
えっケンタサッカー部はいるの？
うん
おれサッカー大好きだもん
ケンタサッカーが好きだったのかしらなかったね

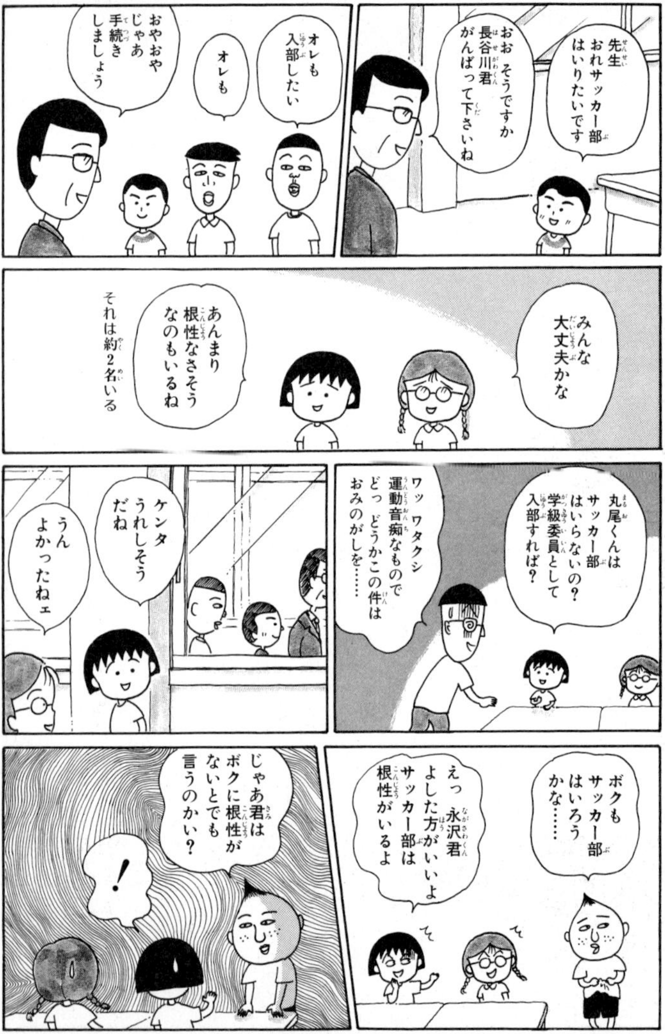
先生 おれサッカー部はいりたいです
おお そうですか 長谷川君 がんばって下さいね
オレも入部したい
オレも
おやおや じゃあ手続きしましょう
みんな大丈夫かな
あんまり根性なさそうなのもいるね
それは約2名いる
丸尾くんはサッカー部はいらないの？ 学級委員として入部すれば？
ワッ ワタクシ 運動音痴なもので どっ どうかこの件はおみのがしを……
ケンタ うれしそうだね
うん よかったねェ
ボクもサッカー部はいろうかな……
えっ 永沢君 よした方がいいよ サッカー部は根性がいるよ
じゃあ君はボクに根性がないとでも言うのかい？
！

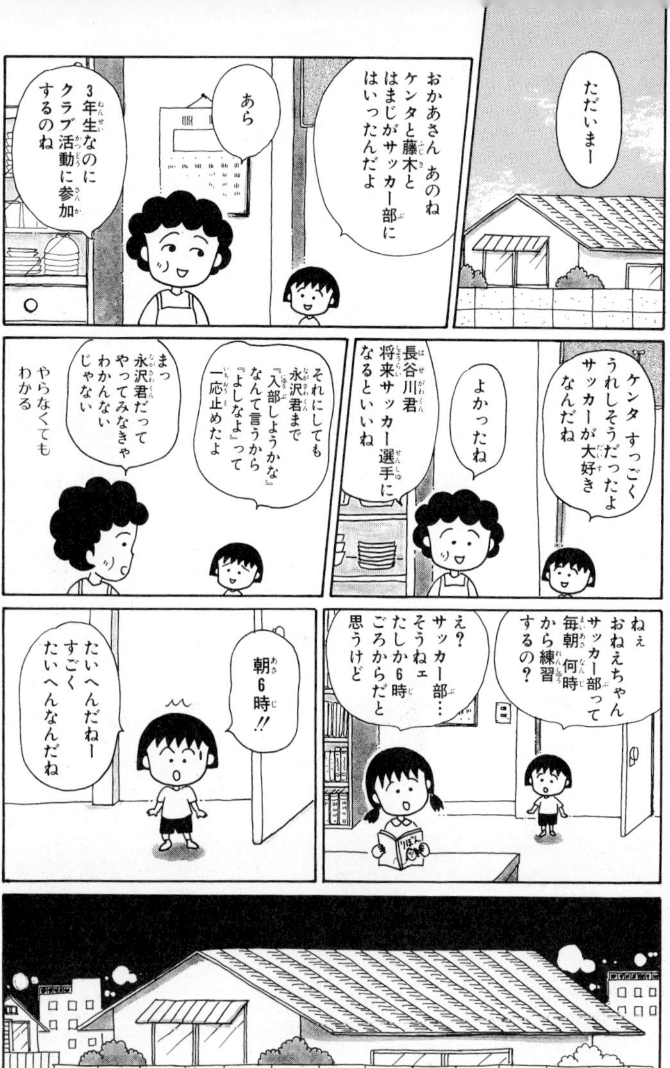
ただいまー
おかあさん あのね
ケンタと藤木と
はまじがサッカー部に
はいったんだよ
あら
3年生なのに
クラブ活動に参加
するのね
ケンタ すっごく
うれしそうだったよ
サッカーが大好き
なんだね
よかったね
長谷川君
将来サッカー選手に
なるといいね
それにしても
永沢君まで
『入部しようかな』
なんて言うから
『よしなよ』って
一応止めたよ
まっ
永沢君だって
やってみなきゃ
わかんない
じゃない
やらなくても
わかる
ねぇ
おねえちゃん
サッカー部って
毎朝 何時
から練習
するの?
え?
サッカー部…
そうねェ
たしか6時
ごろからだと
思うけど
朝6時!!
たいへんだねー
すごく
たいへんなんだね

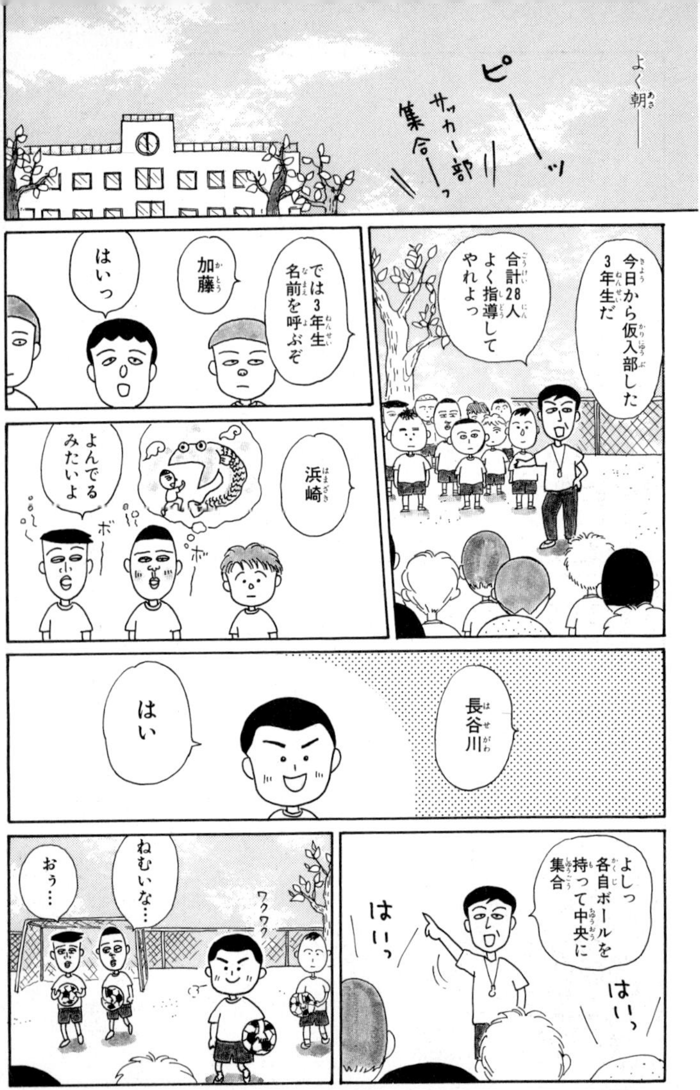
よく朝――
ピ――ッ
サッカー部集合――っ
今日から仮入部した3年生だ
合計28人よく指導してやれよっ
では3年生名前を呼ぶぞ
加藤
はいっ
浜崎
ボ~
ボ~
よんでるみたいよ
長谷川
はい
よしっ各自ボールを持って中央に集合
はいっ
はいっ
ワクワク
ねむいな…
おう…

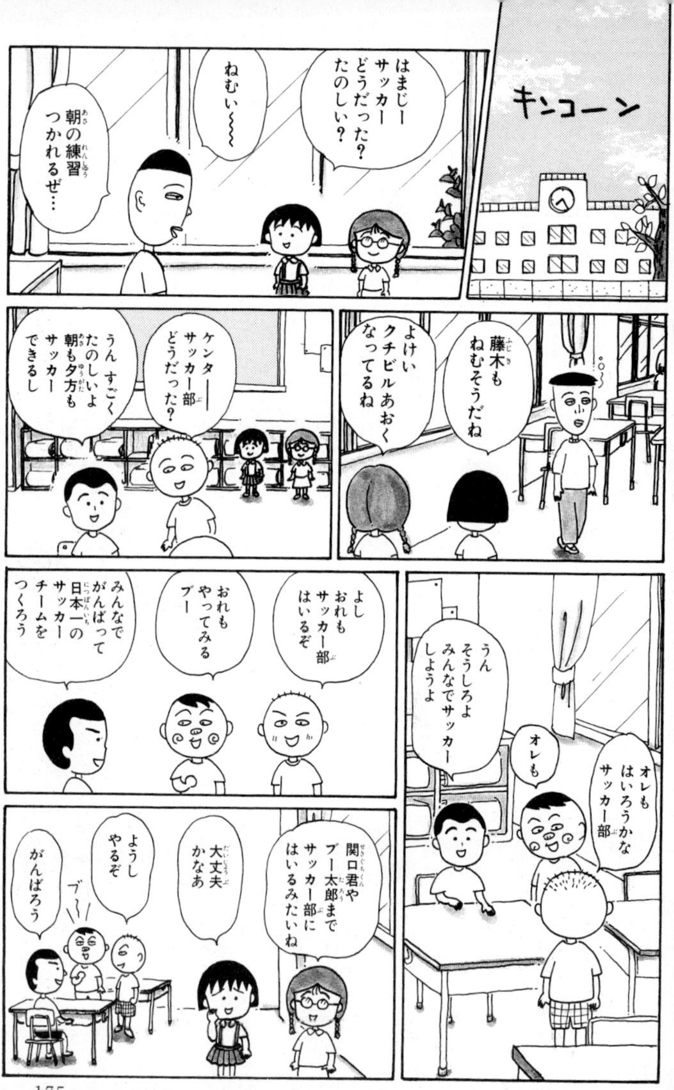
キンコーン
はまじー
サッカー
どうだった？
たのしい？
ねむい〜〜〜
朝の練習
つかれるぜ…
藤木も
ねむそうだね
よけい
クチビルあおく
なってるね
ケンタ──
サッカー部
どうだった？
うん すごく
たのしいよ
朝も夕方も
サッカー
できるし
うん
そうしろよ
みんなでサッカー
しようよ
オレも
オレも
はいろうかな
サッカー部
よし
おれも
サッカー部
はいるぞ
おれも
やってみる
ブー
みんなで
がんばって
日本一の
サッカー
チームを
つくろう
関口君や
ブー太郎まで
サッカー部に
はいるみたいね
大丈夫
かなあ
ようし
やるぞ
ブ〜
がんばろう

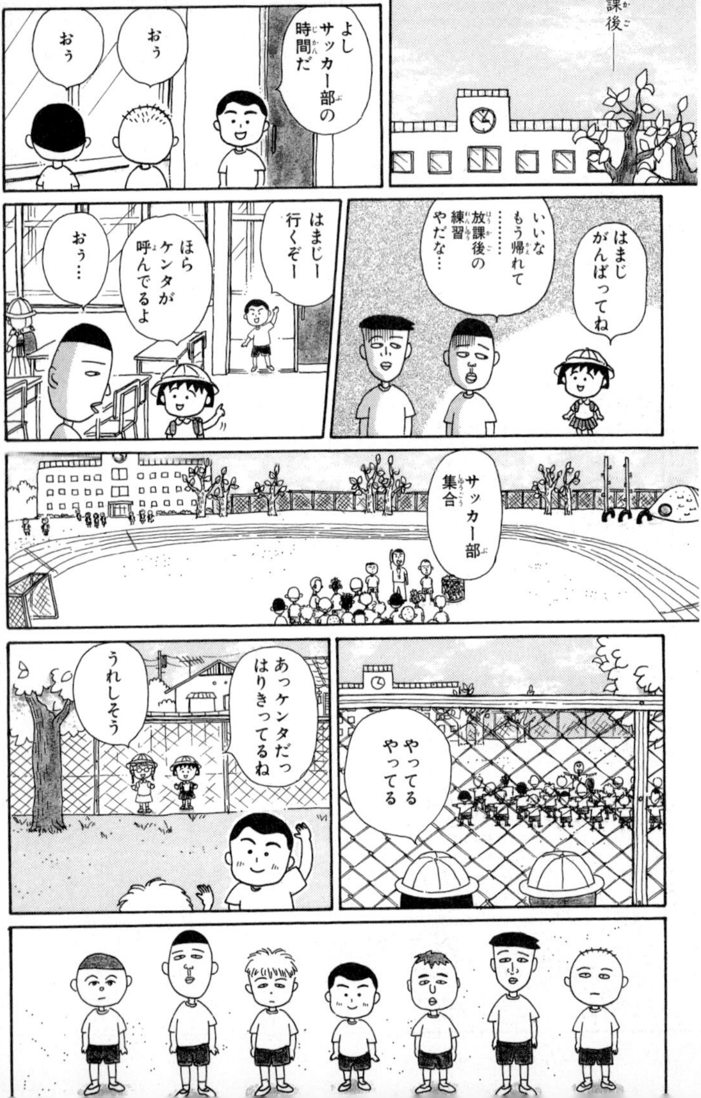

放課後――
よし サッカー部の 時間だ
おう
おう
はまじ がんばってね
いいな もう帰れて……
放課後の 練習 やだな…
はまじー 行くぞー
ほら ケンタが 呼んでるよ
おう…
サッカー部 集合
やってる やってる
あっケンタだっ はりきってるね
うれしそう

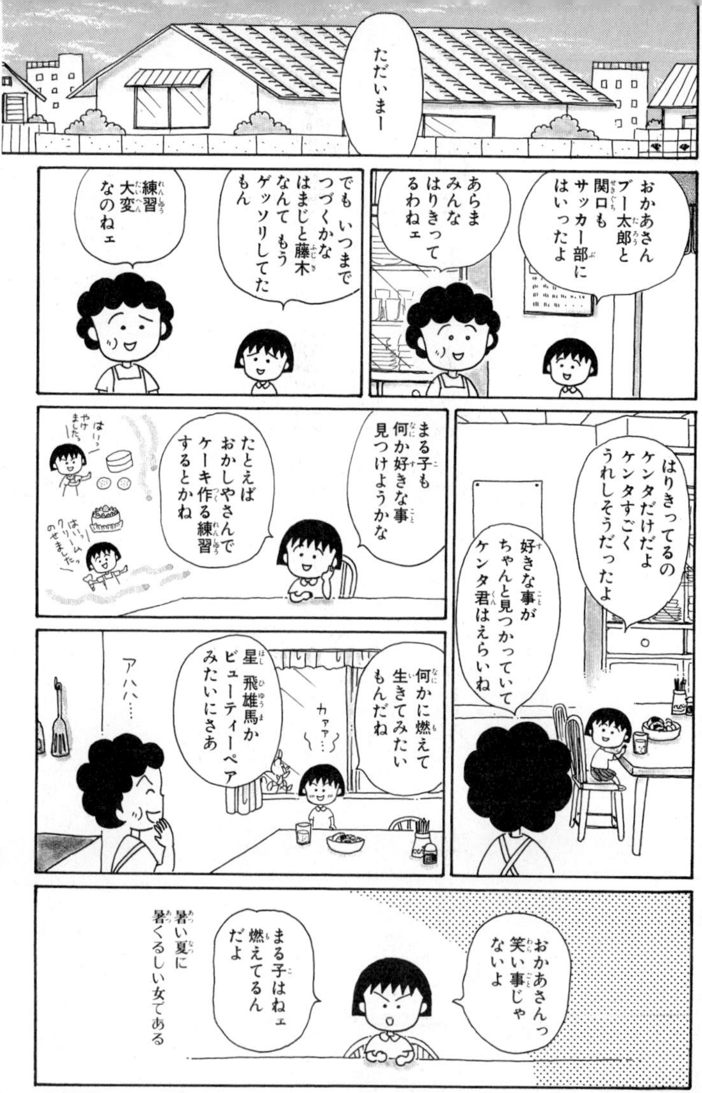
ただいまー
おかあさん ブー太郎と 関口も サッカー部に はいったよ
あらま みんな はりきってるわねェ
でも いつまで つづくかな はまじと藤木 なんて もう ゲッソリしてた もん
練習 大変 なのねェ
はりきってるの ケンタだけだよ ケンタすごく うれしそうだったよ
好きな事が ちゃんと見つかっていて ケンタ君はえらいね
まる子も 何か好きな事 見つけようかな
たとえば おかしやさんで ケーキ作る練習 するとかね
はいっ やけました。
はいっ クリームっ のせました～
何かに燃えて 生きてみたい もんだね
カァァ…
星 飛雄馬か ビューティーペア みたいにさあ
アハハ…
おかあさんっ 笑い事じゃ ないよ
まる子はねェ 燃えてるん だよ
暑い夏に 暑くるしい女である

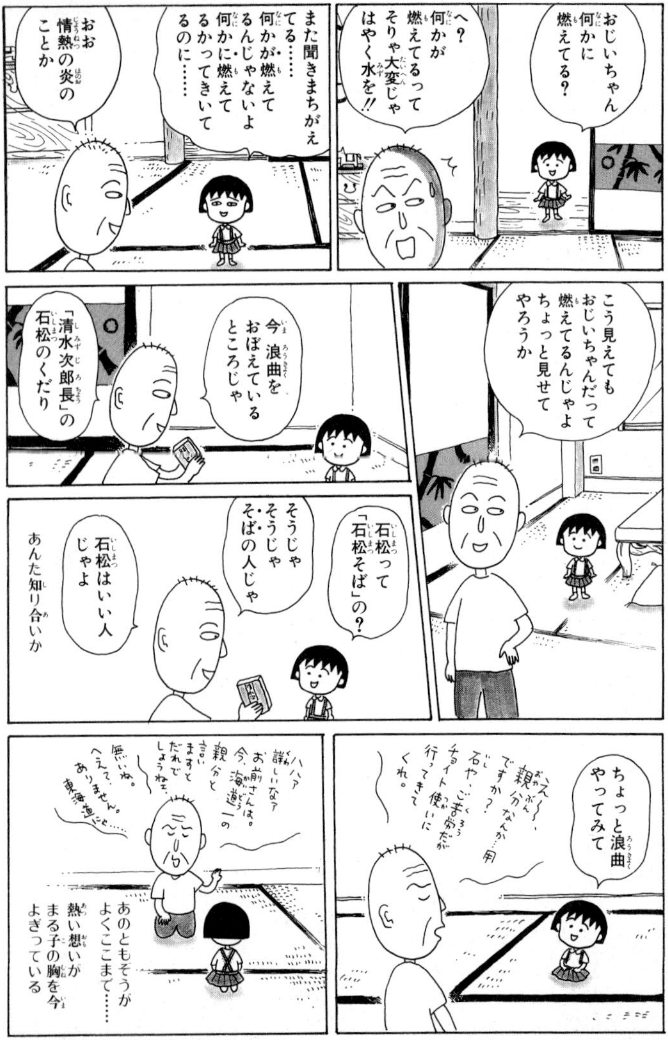
おじいちゃん何かに燃えてる？
へ？何かが燃えてるってそりゃ大変じゃはやく水を!!
また聞きまちがえてる……何かが燃えてるんじゃないよ何かに燃えてるかってきいてるのに……
おお情熱の炎のことか
こう見えてもおじいちゃんだって燃えてるんじゃよちょっと見せてやろうか
今浪曲をおぼえているところじゃ
「清水次郎長」の石松のくだり
石松って「石松そば」の？
そうじゃそうじゃそばの人じゃ
石松はいい人じゃよ
あんた知り合いか
ちょっと浪曲やってみて
え〜〜、親分なんか…用ですか？
石や、ごくろうだがチョイト使いに行ってきてくれ。
ハハア詳しいなアお前さんは。今、海道一の親分と言いますとだれでしょうねェ。
無いね。
へえて、ありません。東海道にゃ……
あのともぞうがよくここまで……熱い想いがまる子の胸を今よぎっている

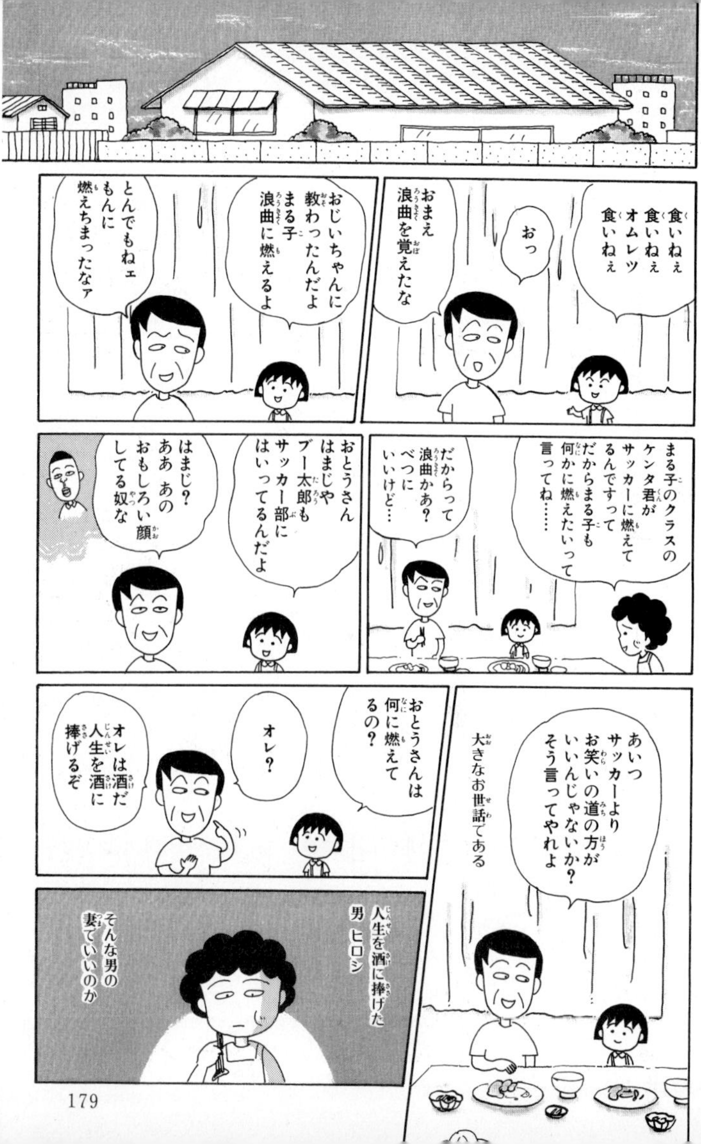
食いねぇ 食いねぇ オムレツ 食いねぇ
おっ
おまえ 浪曲を覚えたな
おじいちゃんに 教わったんだよ まる子 浪曲に燃えるよ
とんでもねェ もんに 燃えちまったなァ
まる子のクラスの ケンタ君が サッカーに燃えて るんですって だからまる子も 何かに燃えたいって 言ってね……
だからって 浪曲かあ? べつに いいけど…
おとうさん はまじや ブー太郎も サッカー部に はいってるんだよ
はまじ? ああ あの おもしろい顔 してる奴な
あいつ サッカーより お笑いの道の方が いいんじゃないか? そう言ってやれよ
大きなお世話である
おとうさんは 何に燃えて るの?
オレ?
オレは酒だ 人生を酒に 捧げるぞ
人生を酒に捧げた 男 ヒロシ
そんな男の 妻でいいのか

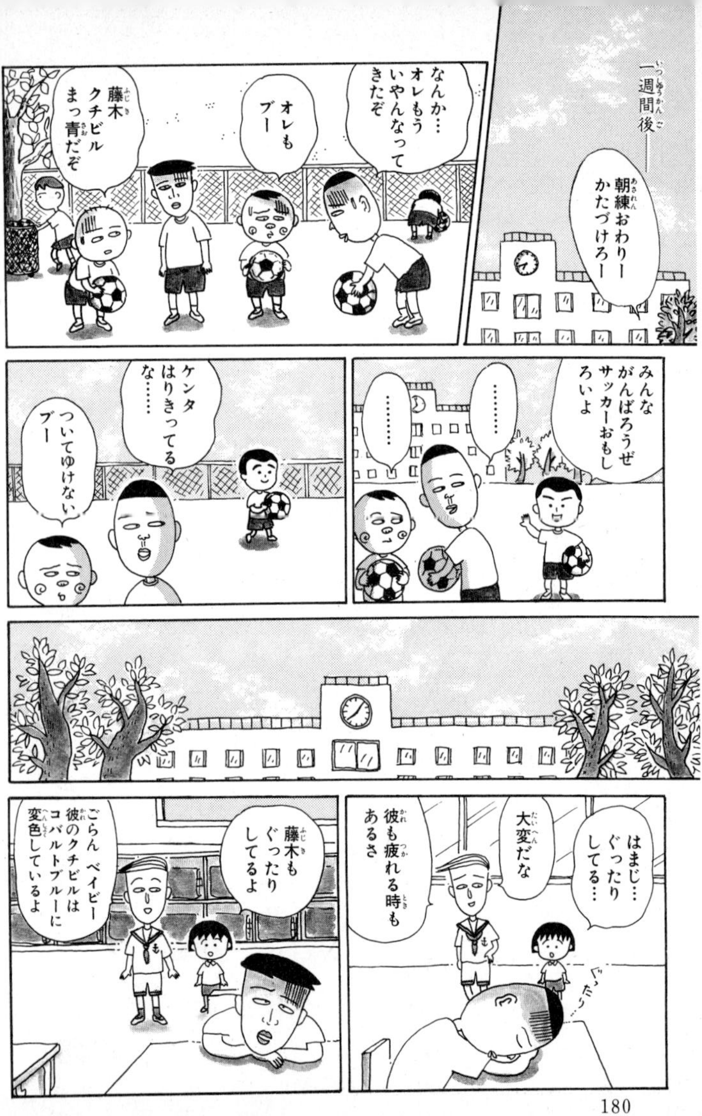
一週間後――
朝練おわりー かたづけろー
なんか… オレもう いやんなってきたぞ
オレも ブー
藤木 クチビル まっ青だぞ
みんな がんばろうぜ サッカーおもしろいよ
………
………
ケンタ はりきってるな……
ついてゆけない ブー
はまじ… ぐったりしてる…
大変だな
彼も疲れる時もあるさ
ぐったり…
藤木も ぐったりしてるよ
ごらん ベイビー 彼のクチビルは コバルトブルーに 変色しているよ

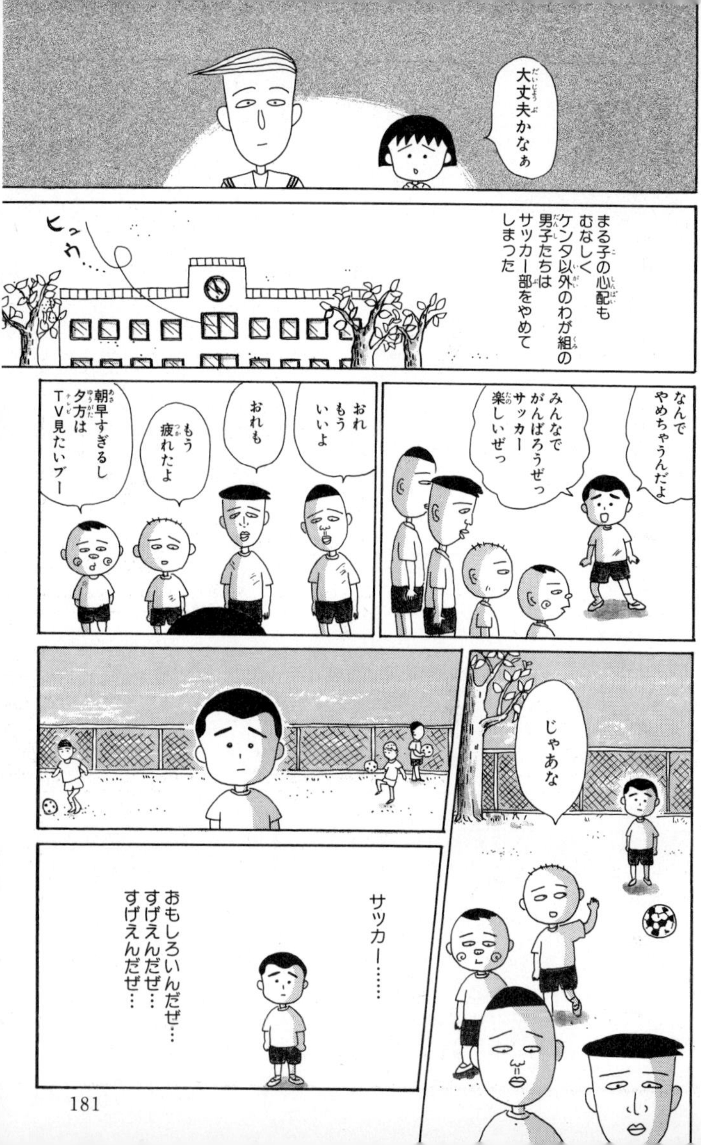
大丈夫かなぁ
まる子の心配もむなしくケンタ以外のわが組の男子たちはサッカー部をやめてしまった
なんでやめちゃうんだよ
みんなでがんばろうぜっ サッカー楽しいぜっ
おれ もういいよ
おれも
もう疲れたよ
朝早すぎるし夕方はTV見たいブー
じゃあな
サッカー……
おもしろいんだぜ… すげえんだぜ… すげえんだぜ…

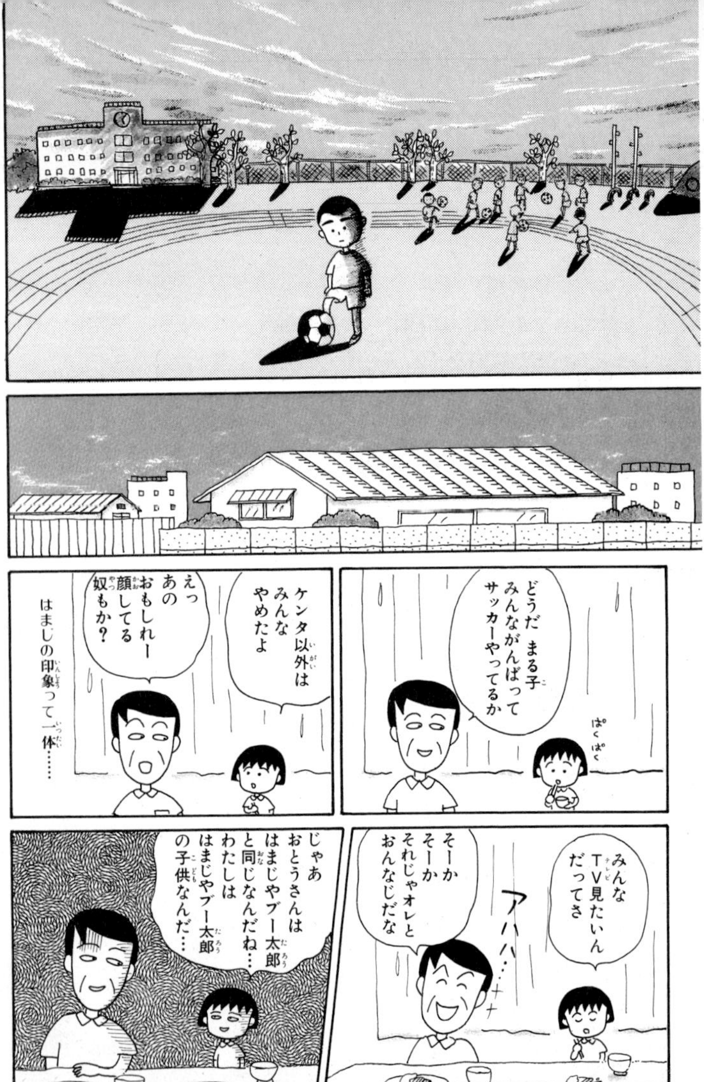
どうだ まる子 みんながんばって サッカーやってるか
ぱくぱく
ケンタ以外は みんな やめたよ
えっ あの おもしれー顔してる奴もか？
はまじの印象って一体……
みんな TV見たいんだってさ
そーか そーか それじゃオレと おんなじだな
アハハ…
じゃあ おとうさんは はまじやブー太郎と同じなんだね… わたしは はまじやブー太郎の子供なんだ…

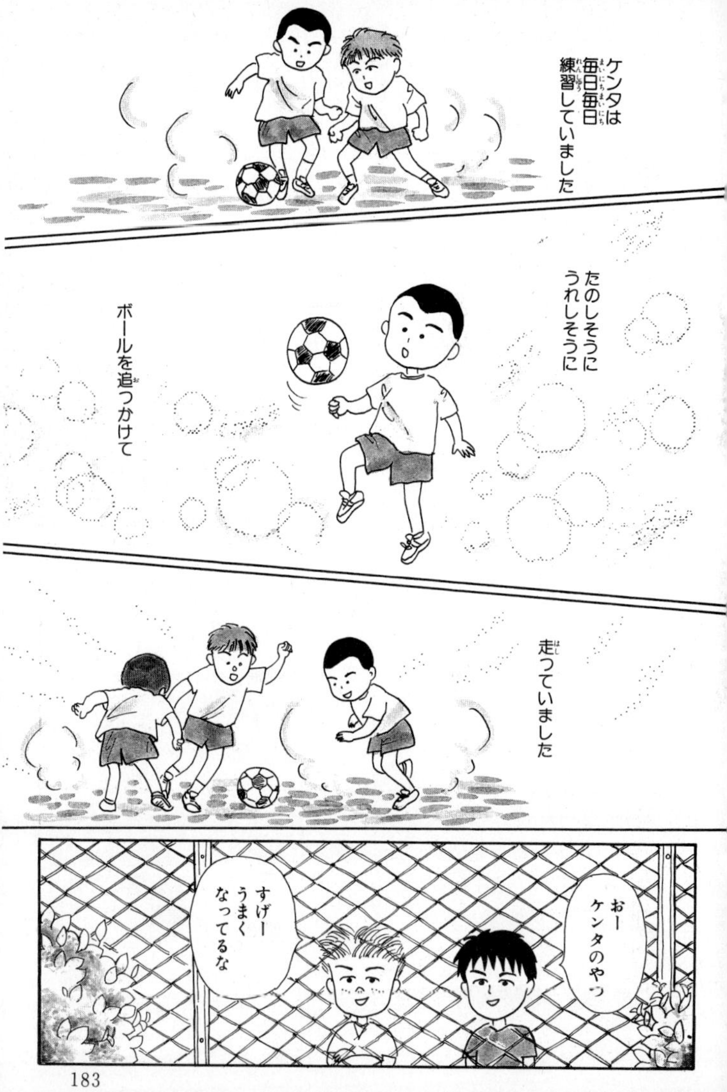
ケンタは
毎日毎日
練習していました
たのしそうに
うれしそうに
ボールを追っかけて
走っていました
おー
ケンタのやつ
すげー
うまく
なってるな

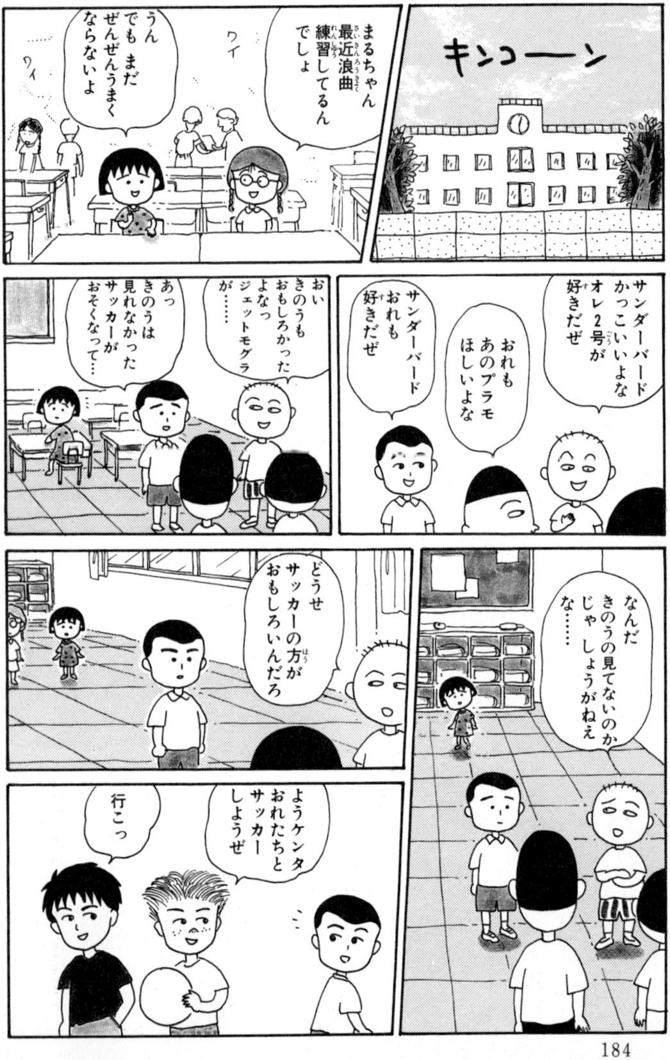
キンコーン
まるちゃん最近浪曲練習してるんでしょ
ワイ
うん でも まだ ぜんぜんうまくならないよ
ワイ
サンダーバードかっこいいよなオレ2号が好きだぜ
おれもあのプラモほしいよな
サンダーバードおれも好きだぜ
おいきのうもおもしろかったよなっジェットモグラが……
あっきのうは見れなかったサッカーがおそくなって…
なんだきのうの見てないのかじゃしょうがねえな……
どうせサッカーの方がおもしろいんだろ
ようケンタおれたちとサッカーしようぜ
行こっ

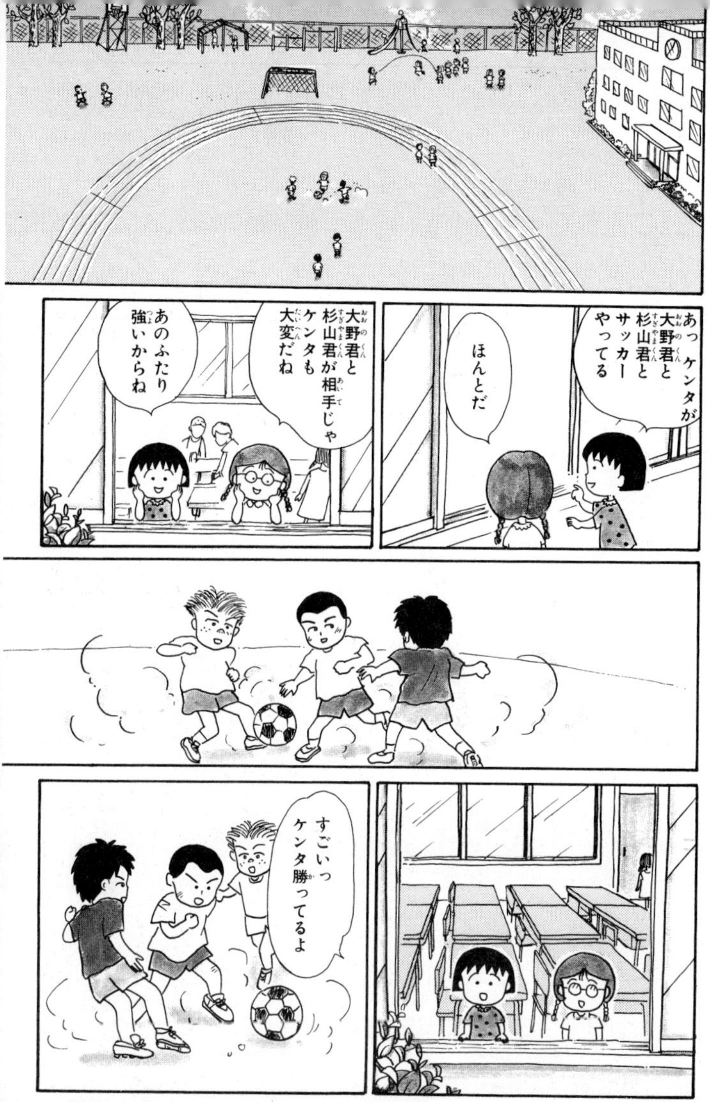
あっ ケンタが大野君と杉山君とサッカーやってる
ほんとだ
大野君と杉山君が相手じゃケンタも大変だね
あのふたり強いからね
すごいっ ケンタ勝ってるよ

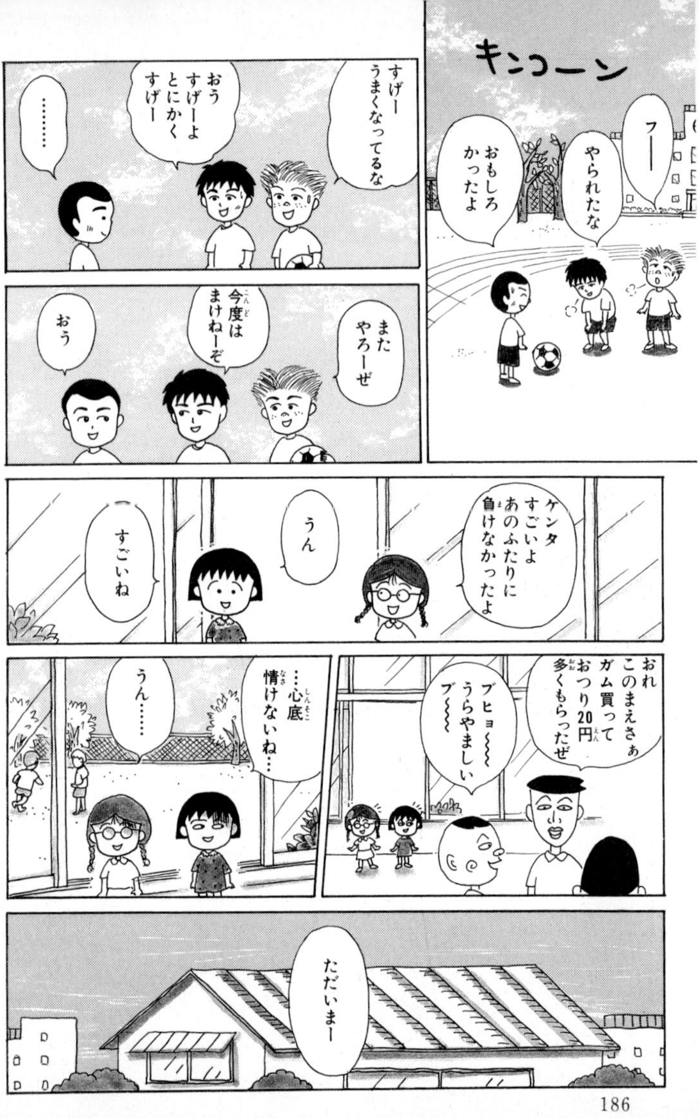
キンコーン
フー
やられたな
おもしろかったよ
すげー うまくなってるな
おう すげーよ とにかく すげー
………
また やろーぜ
今度は まけねーぞ
おう
ケンタ すごいよ あのふたりに 負けなかったよ
うん
すごいね
おれ このまえさぁ ガム買って おつり20円 多くもらったぜ
ブヒョ〜〜 うらやましい ブ〜〜
…心底 情けないね…
うん……
ただいまー

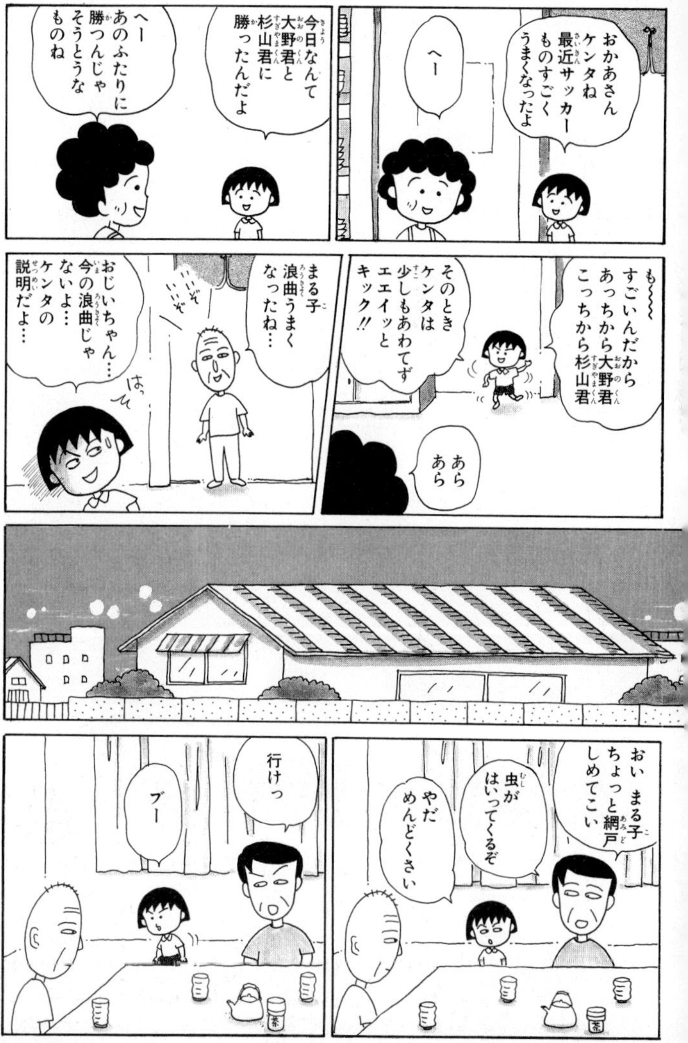

おかあさん ケンタね 最近サッカー ものすごく うまくなったよ
へー
今日なんて 大野君と 杉山君に 勝ったんだよ
へー あのふたりに 勝つんじゃ そうとうな ものね
も〜〜〜 すごいんだから あっちから大野君 こっちから杉山君
そのとき ケンタは 少しもあわてず エエイッと キック!!
あら あら
まる子 浪曲うまく なったね…
いいぞ いいぞ
おじいちゃん… 今の浪曲じゃ ないよ… ケンタの 説明だよ…
はっ
おい まる子 ちょっと網戸 しめてこい
虫が はいってくるぞ
やだ めんどくさい
行けっ
ブー

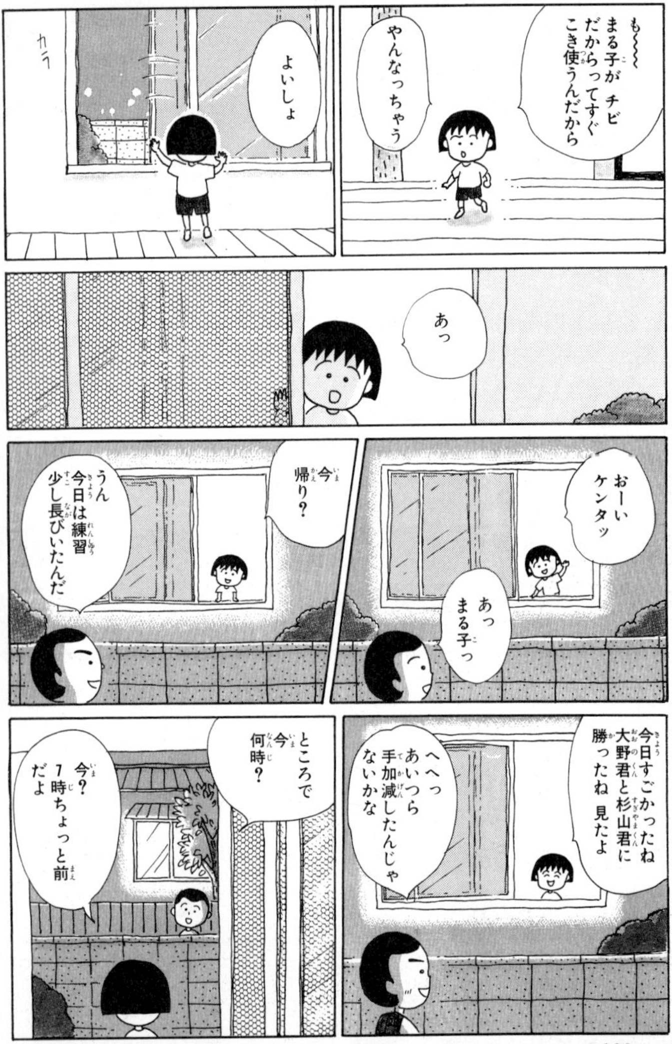

も〜〜〜
まる子が チビだからってすぐこき使うんだから
やんなっちゃう
カラ
よいしょ
あっ
おーい ケンタッ
あっ まる子っ
今帰り?
うん 今日は練習少し長びいたんだ
今日すごかったね 大野君と杉山君に勝ったね 見たよ
へへっ あいつら手加減したんじゃないかな
ところで今何時?
今? 7時ちょっと前だよ

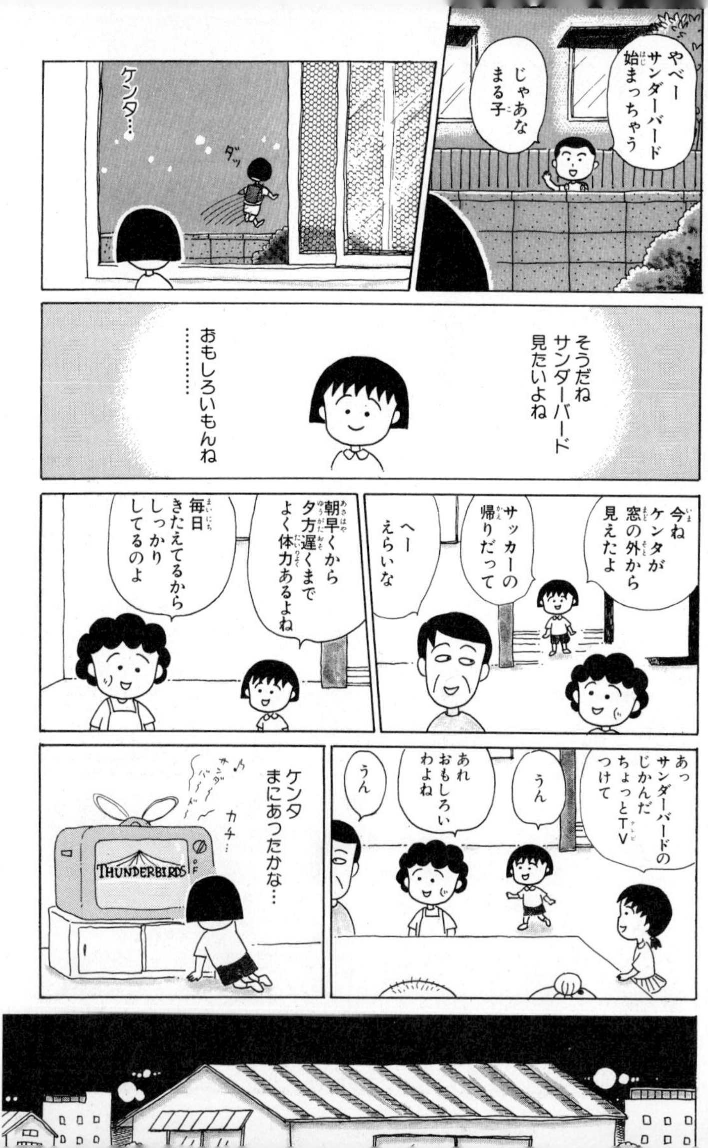

やべー
サンダーバード
始まっちゃう
じゃあな
まる子
ダッ
ケンタ…
そうだね
サンダーバード
見たいよね
おもしろいもんね
………
今ね
ケンタが
窓の外から
見えたよ
サッカーの
帰りだって
へー
えらいな
朝早くから
夕方遅くまで
よく体力あるよね
毎日
きたえてるから
しっかり
してるのよ
あっ
サンダーバードの
じかんだ
ちょっとTV
つけて
うん
あれ
おもしろい
わよね
うん
ケンタ
まにあったかな…
カチ…
THUNDERBIRDS

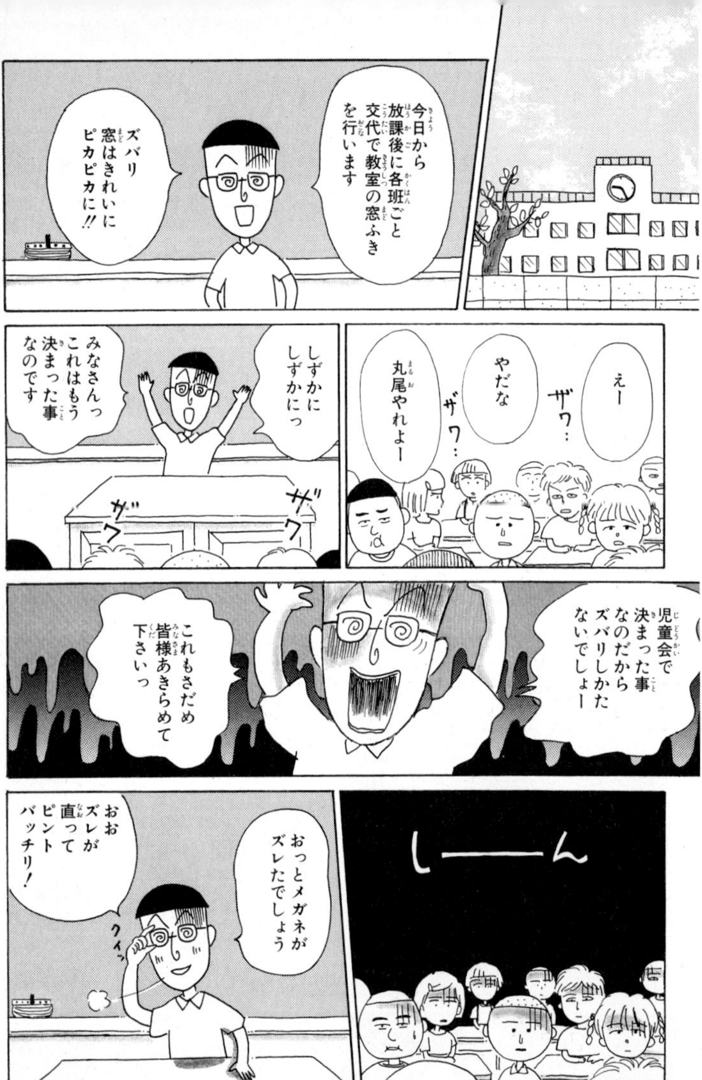
今日から放課後に各班ごと交代で教室の窓ふきを行います
ズバリ窓はきれいにピカピカに!!
えー
ザワ…
やだな
ザワ…
丸尾やれよー
しずかにしずかにっ
みなさんっこれはもう決まった事なのです
ザワ
ザワ
児童会で決まった事なのだからズバリしかたないでしょー
これもさだめ皆様あきらめて下さいっ
しーーん
おっとメガネがズレたでしょう
クイッ
おおズレが直ってピントバッチリ!

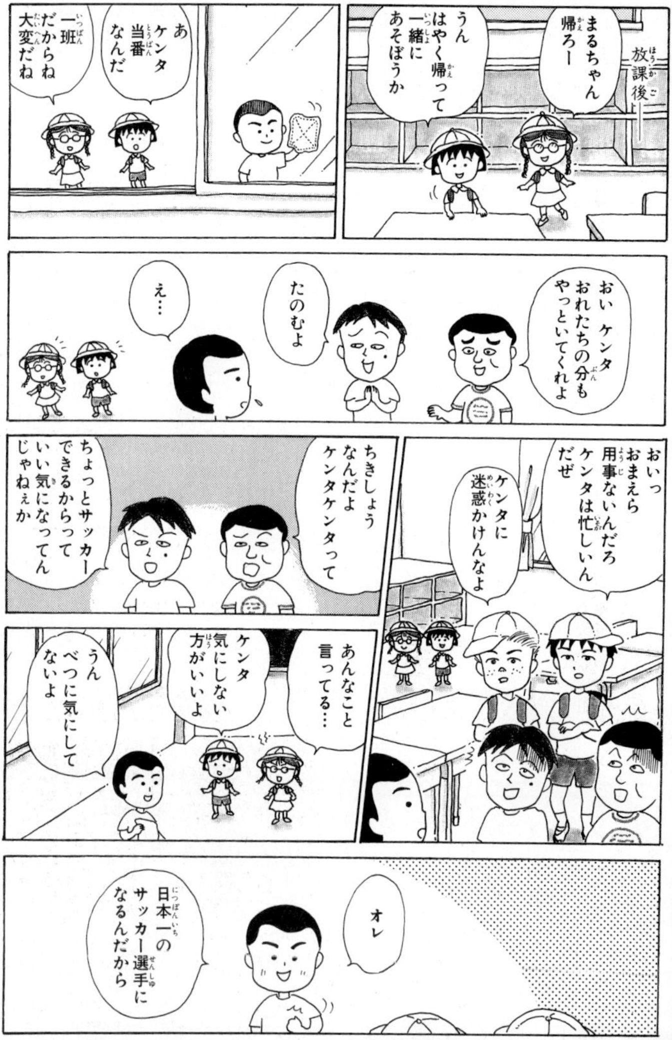

放課後ーー
まるちゃん帰ろー
うん はやく帰って一緒にあそぼうか
あ ケンタ当番なんだ
一班だからね大変だね
おい ケンタ おれたちの分もやっといてくれよ
たのむよ
え…
おいっ おまえら用事ないんだろ ケンタは忙しいんだぜ
ケンタに迷惑かけんなよ
ちきしょう なんだよ ケンタケンタって
ちょっとサッカーできるからっていい気になってんじゃねぇか
あんなこと言ってる…
ケンタ 気にしない方がいいよ
うん べつに気にしてないよ
オレ
日本一のサッカー選手になるんだから

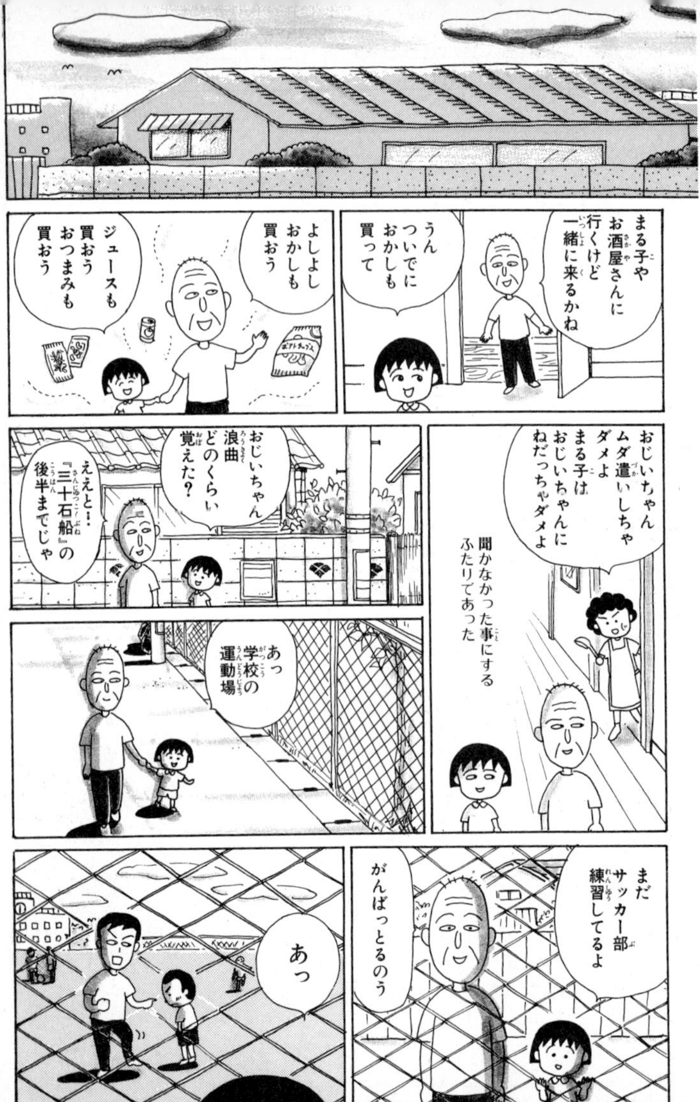
まる子や お酒屋さんに 行くけど 一緒に来るかね
うん ついでに おかしも 買って
よしよし おかしも 買おう
ジュースも 買おう おつまみも 買おう
おじいちゃん ムダ遣いしちゃ ダメよ まる子は おじいちゃんに ねだっちゃダメよ
聞かなかった事にする ふたりであった
おじいちゃん 浪曲 どのくらい 覚えた?
ええと… 『三十石船』の 後半までじゃ
あっ 学校の 運動場
まだ サッカー部 練習してるよ
がんばっとるのう
あっ

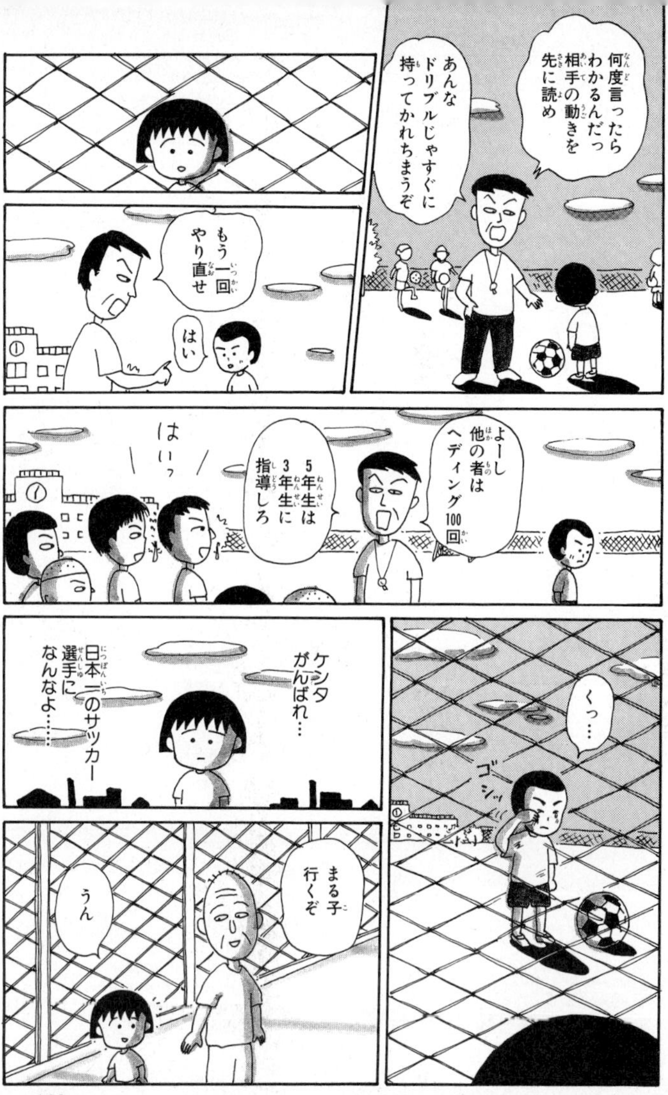
何度言ったらわかるんだっ
相手の動きを先に読め
あんなドリブルじゃすぐに持ってかれちまうぞ
もう一回やり直せ
はい
よーし
他の者はヘディング100回
5年生は3年生に指導しろ
はいっ
くっ…
ゴシッ
ケンタがんばれ…
日本一のサッカー選手になんなよ……
まる子行くぞ
うん

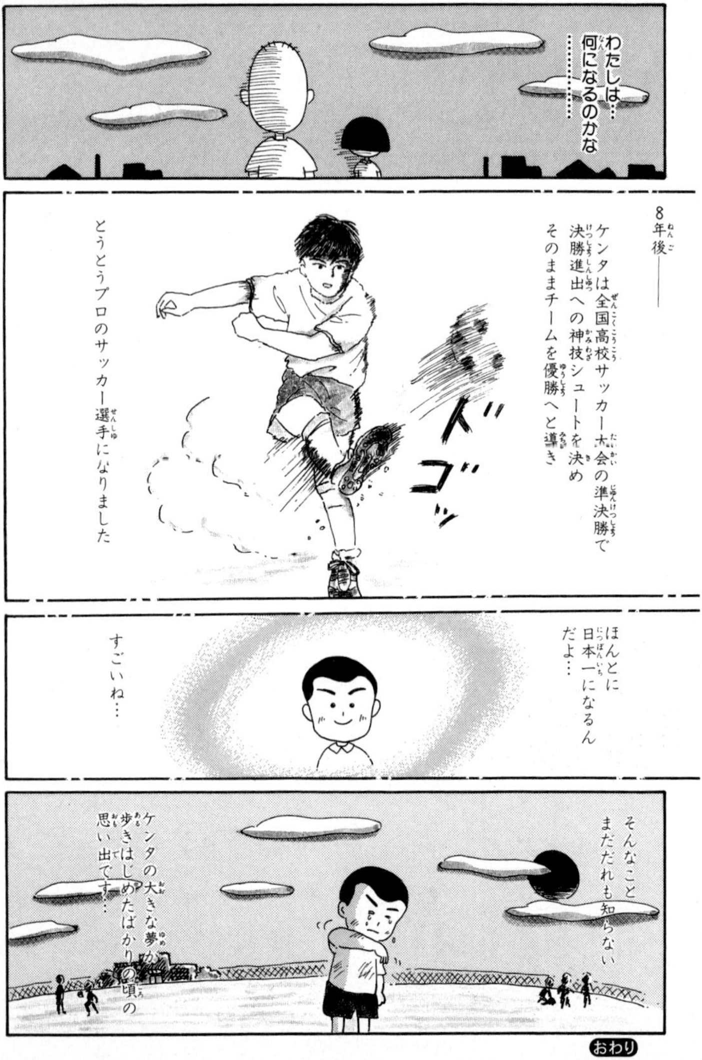

わたしは…
何になるのかな……
8年後――
ケンタは全国高校サッカー大会の準決勝で
決勝進出への神技シュートを決め
そのままチームを優勝へと導き
ドゴッ
とうとうプロのサッカー選手になりました
ほんとに
日本一になるんだよ…
すごいね…
そんなこと
まだだれも知らない
ケンタの大きな夢が
歩きはじめたばかりの頃の
思い出です…
おわり

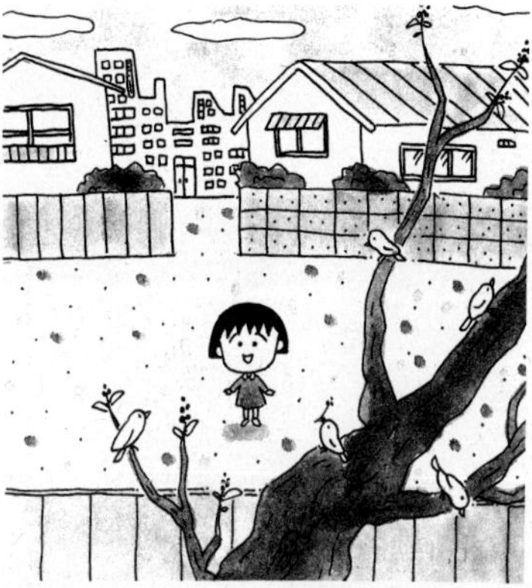

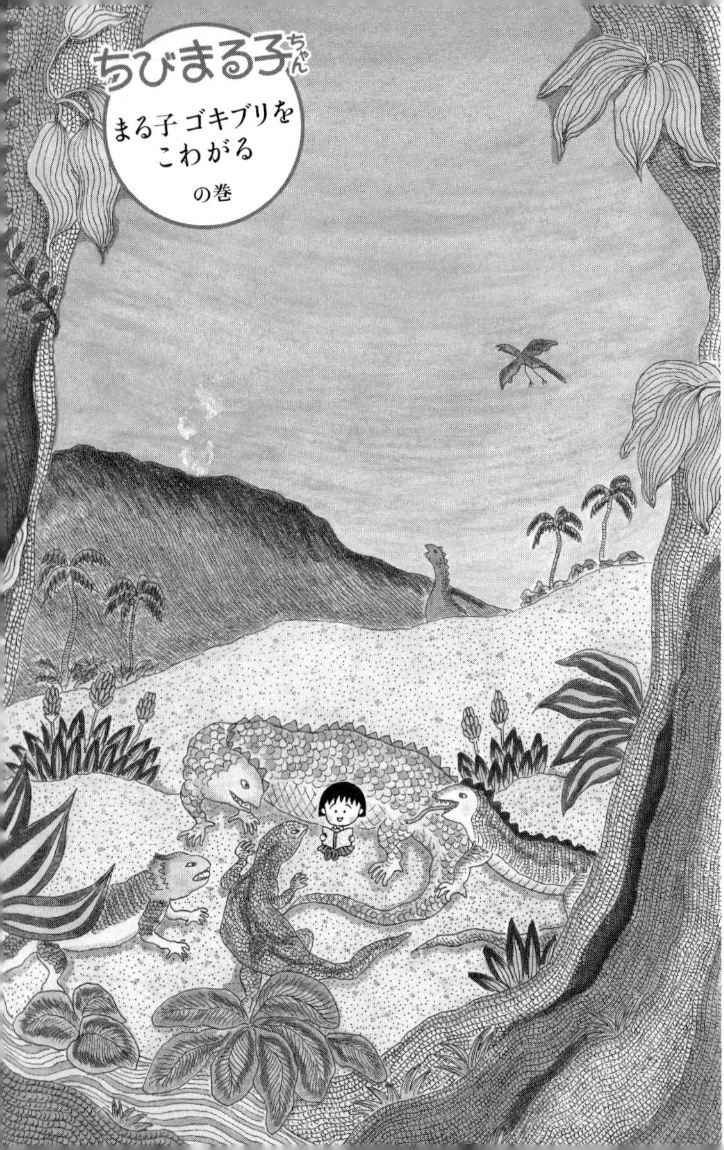
ちびまる子ちゃん
まる子 ゴキブリを
こわがる
の巻

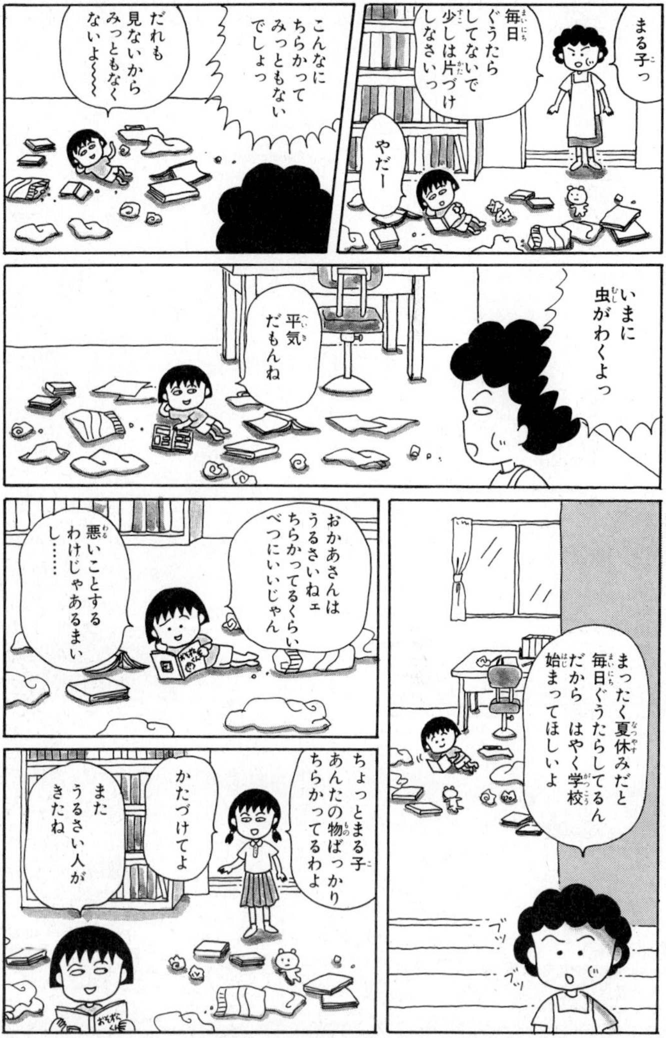
まる子っ
毎日ぐうたらしてないで少しは片づけしなさいっ
やだー
こんなにちらかってみっともないでしょっ
だれも見ないからみっともなくないよ〜〜〜
いまに虫がわくよっ
平気だもんね
まったく夏休みだと毎日ぐうたらしてるんだから はやく学校始まってほしいよ
ブツ
ブツ
おかあさんはうるさいねェ ちらかってるくらいべつにいいじゃん
悪いことするわけじゃあるまいし……
ちょっとまる子 あんたの物ばっかりちらかってるわよ
かたづけてよ
またうるさい人がきたね

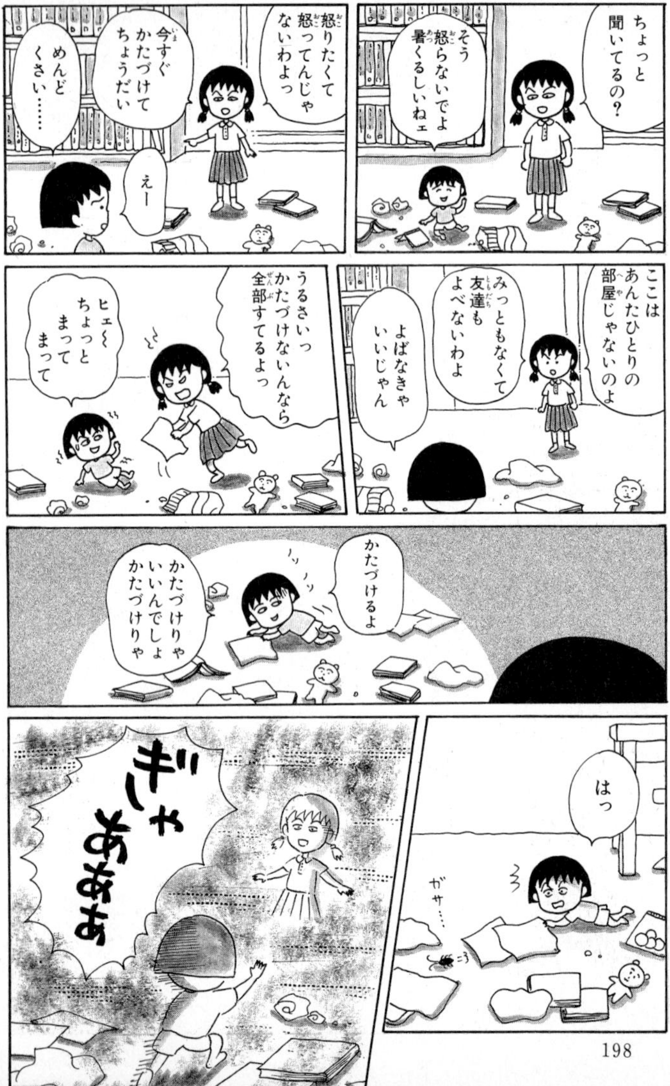
ちょっと聞いてるの？
そう怒らないでよ暑くるしいねェ
怒りたくて怒ってんじゃないわよっ
今すぐかたづけてちょうだい
めんどくさい……
えー
ここはあんたひとりの部屋じゃないのよ
みっともなくて友達もよべないわよ
よばなきゃいいじゃん
うるさいっかたづけないんなら全部すてるよっ
ヒェ〜ちょっとまってまって
かたづけるよ
かたづけりゃいいんでしょかたづけりゃ
はっ
ガサ…
ぎゃあああ

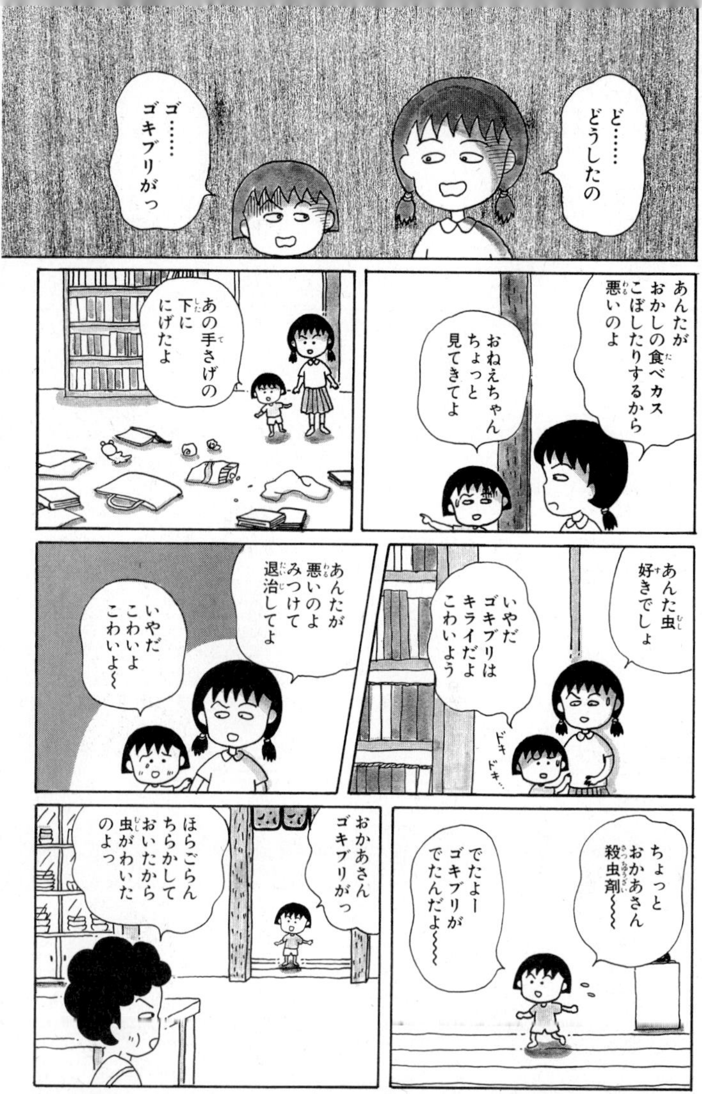

ど……
どうしたの
ゴ……
ゴキブリがっ
あんたが
おかしの食べカス
こぼしたりするから
悪いのよ
おねえちゃん
ちょっと
見てきてよ
あの手さげの
下に
にげたよ
あんた虫
好きでしょ
いやだ
ゴキブリは
キライだよ
こわいよう
ドキ
ドキ…
あんたが
悪いのよ
みつけて
退治してよ
いやだ
こわいよ
こわいよ〜
ちょっと
おかあさん
殺虫剤〜〜〜
でたよー
ゴキブリが
でたんだよ〜〜〜
おかあさん
ゴキブリがっ
ほらごらん
ちらかして
おいたから
虫がわいた
のよっ

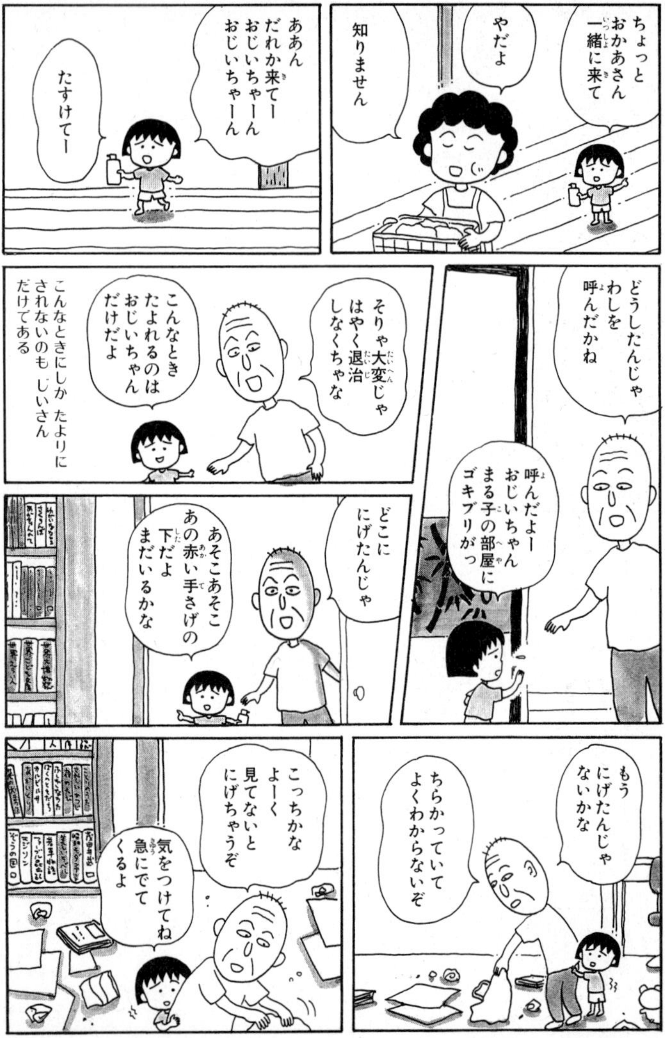
ちょっと
おかあさん
一緒に来て
やだよ
知りません
ああん
だれか来てー
おじいちゃーん
おじいちゃーーん
たすけてー
どうしたんじゃ
わしを
呼んだかね
呼んだよー
おじいちゃん
まる子の部屋に
ゴキブリがっ
そりゃ大変じゃ
はやく退治
しなくちゃな
こんなとき
たよれるのは
おじいちゃん
だけだよ
こんなときにしか たよりに
されないのも じいさん
だけである
どこに
にげたんじゃ
あそこあそこ
あの赤い手さげの
下だよ
まだいるかな
もう
にげたんじゃ
ないかな
ちらかっていて
よくわからないぞ
こっちかな
よーく
見てないと
にげちゃうぞ
気をつけてね
急にでて
くるよ

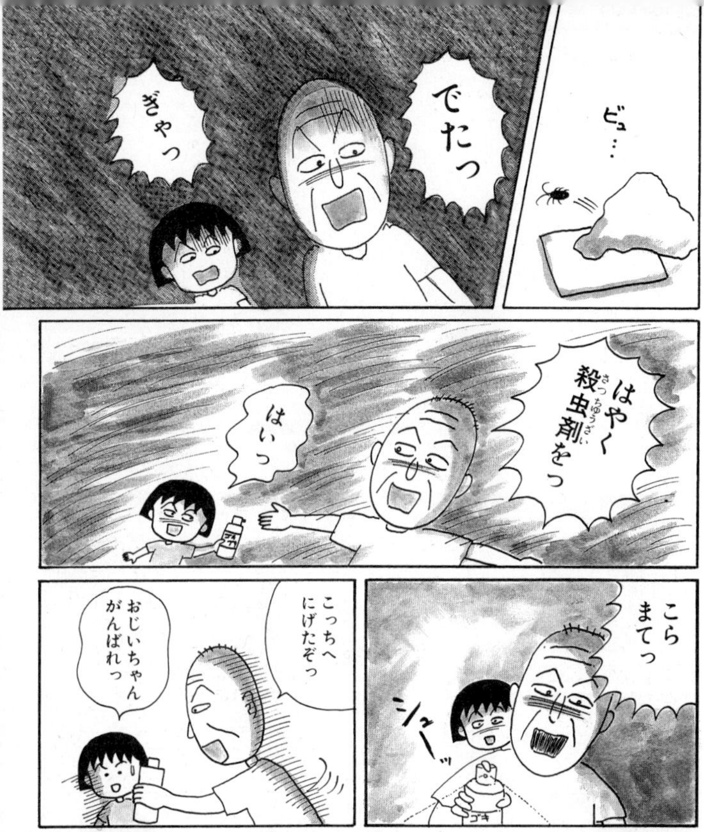
ビュ…
でたっ
ぎゃっ
はやく殺虫剤をっ
はいっ
こらまてっ
シュ～ッ
こっちへにげたぞっ
おじいちゃんがんばれっ
やあっ
シュ～ッ
あっ死んだよ
どうじゃやっつけたぞ

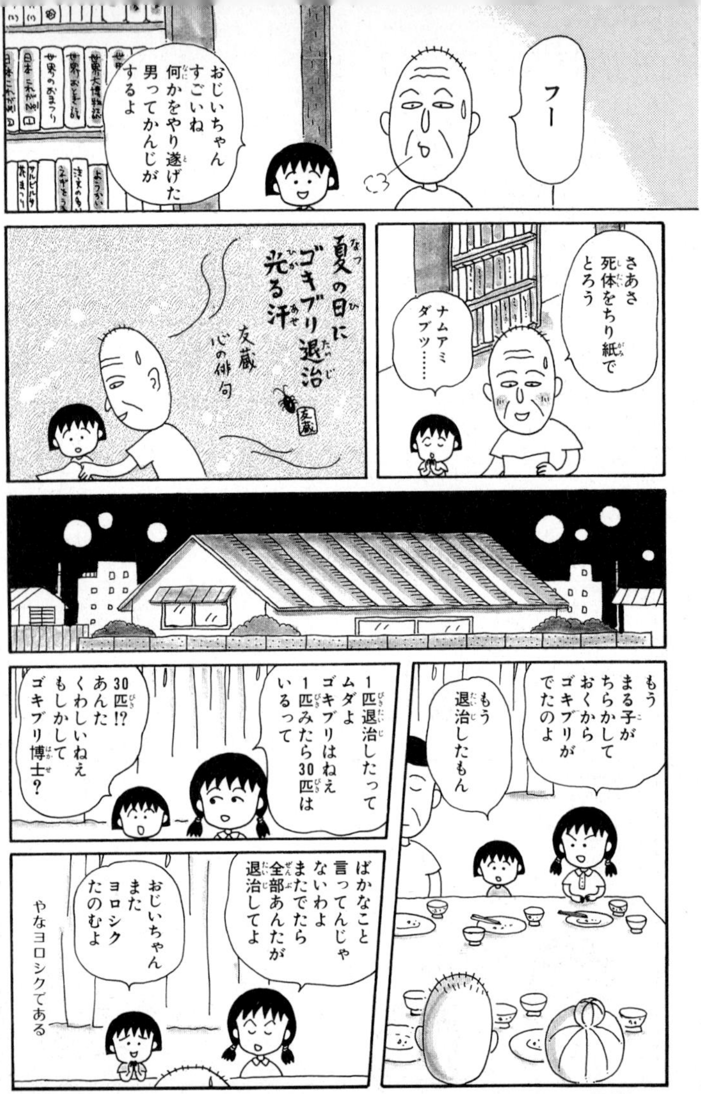
フー
おじいちゃん
すごいね
何かをやり遂げた
男ってかんじが
するよ
さあさ
死体をちり紙で
とろう
ナムアミ
ダブツ……
夏の日に
ゴキブリ退治
光る汗
友蔵
心の俳句
もう
まる子が
ちらかして
おくから
ゴキブリが
でたのよ
もう
退治したもん
1匹退治したって
ムダよ
ゴキブリはねえ
1匹みたら30匹は
いるって
30匹!?
あんた
くわしいねえ
もしかして
ゴキブリ博士?
ばかなこと
言ってんじゃ
ないわよ
またでたら
全部あんたが
退治してよ
おじいちゃん
また
ヨロシク
たのむよ
やなヨロシクである

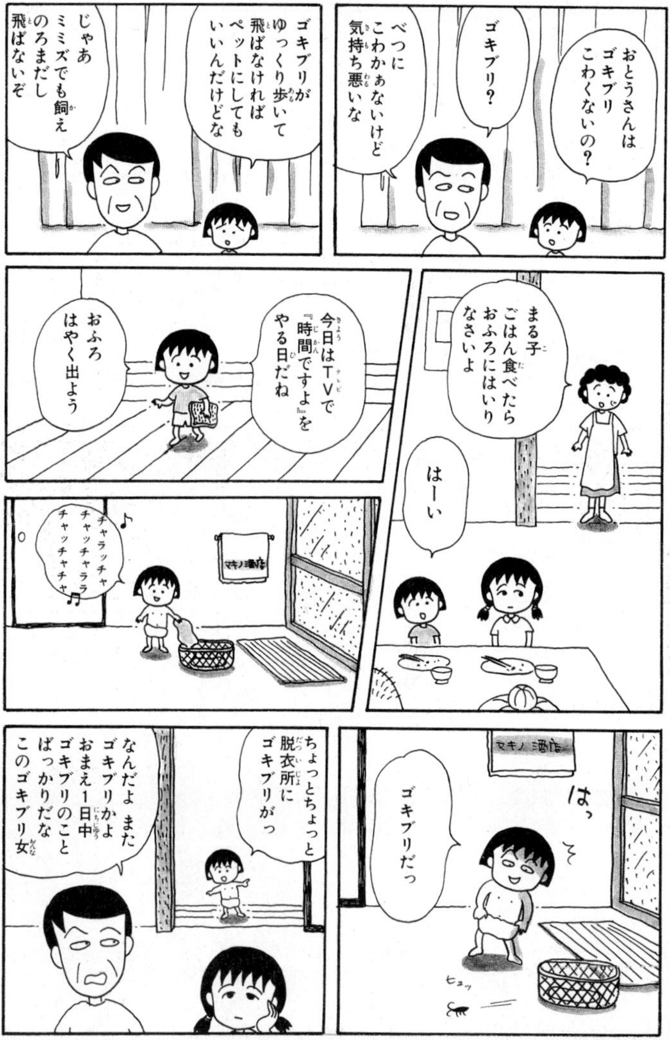
おとうさんは ゴキブリ こわくないの？
ゴキブリ？
べつに こわかぁないけど 気持ち悪いな
ゴキブリが ゆっくり歩いて 飛ばなければ ペットにしても いいんだけどな
じゃあ ミミズでも飼え のろまだし 飛ばないぞ
まる子 ごはん食べたら おふろにはいり なさいよ
はーい
今日はTVで 『時間ですよ』を やる日だね
おふろ はやく出よう
チャラッチャ チャッチャララ チャッチャチャチャ
マキノ酒店
マキノ酒店
はっ
ゴキブリだっ
ヒュッ
ちょっとちょっと 脱衣所に ゴキブリがっ
なんだよ また ゴキブリかよ おまえ1日中 ゴキブリのこと ばっかりだな このゴキブリ女

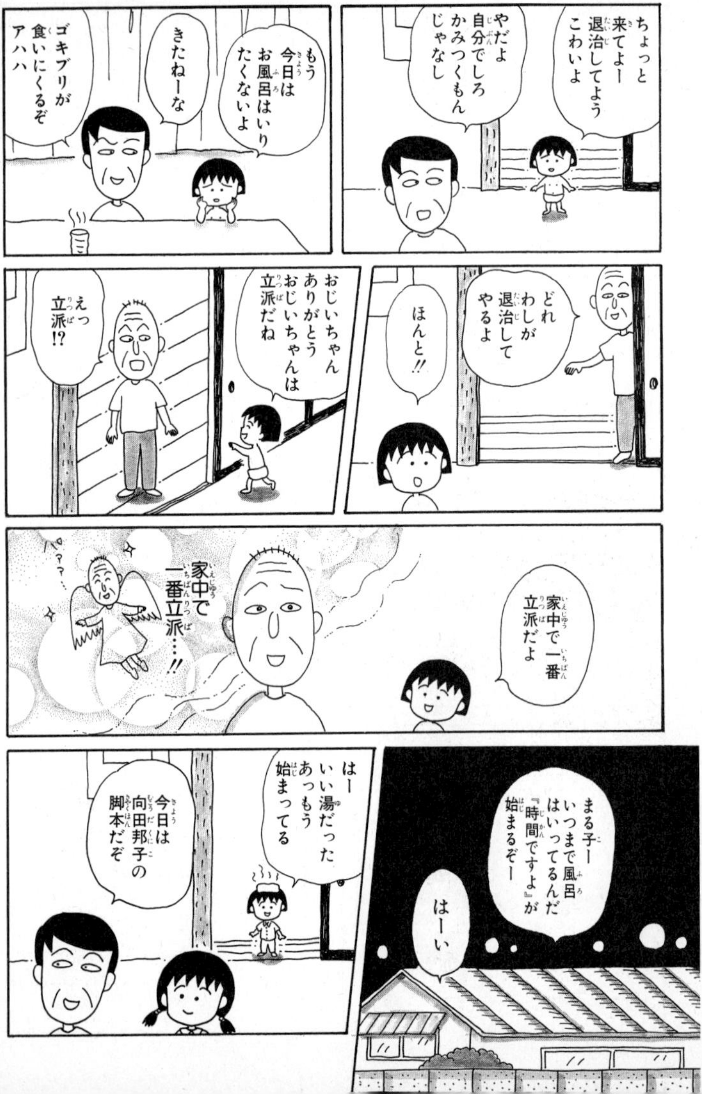
ちょっと来てよー退治してようこわいよ
やだよ自分でしろかみつくもんじゃなし
もう今日はお風呂はいりたくないよ
きたねーな
ゴキブリが食いにくるぞアハハ
どれわしが退治してやるよ
ほんと!!
おじいちゃんありがとうおじいちゃんは立派だね
えっ立派!?
家中で一番立派だよ
家中で一番立派…!!
パァァ…
まる子ーいつまで風呂はいってるんだ『時間ですよ』が始まるぞー
はーい
はーいい湯だったあっもう始まってる
今日は向田邦子の脚本だぞ

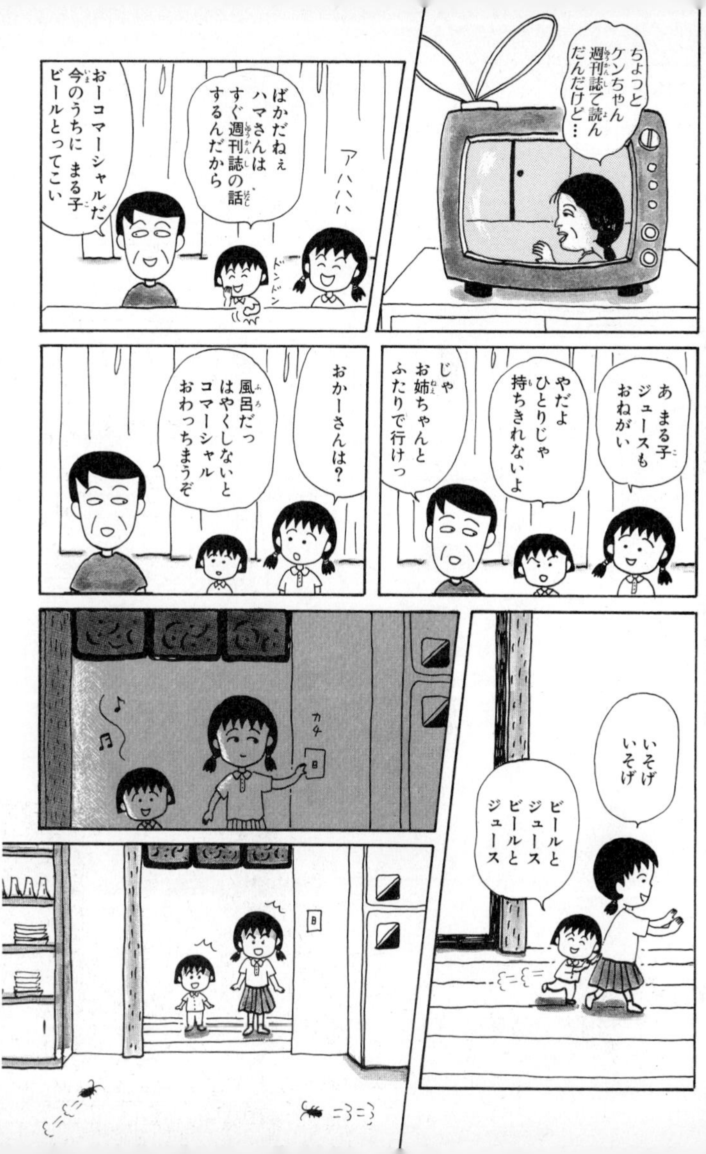
ちょっとケンちゃん週刊誌で読んだんだけど…
アハハハ
ドンドン
ばかだねぇハマさんはすぐ週刊誌の話するんだから
おーコマーシャルだ今のうちに まる子ビールとってこい
あ まる子ジュースもおねがい
やだよひとりじゃ持ちきれないよ
じゃお姉ちゃんとふたりで行けっ
おかーさんは?
風呂だっはやくしないとコマーシャルおわっちまうぞ
いそげいそげ
ビールとジュースビールとジュース
カチ

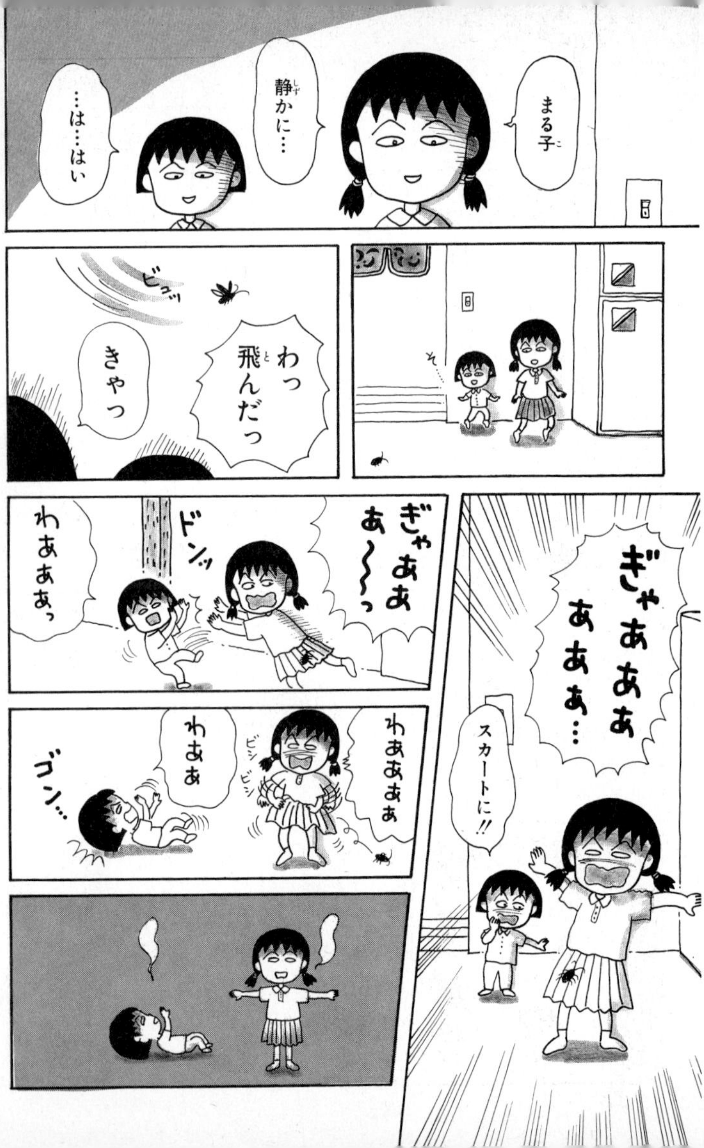

まる子
静かに…
…は…はい
そ…
ビュッ
わっ 飛んだっ
きゃっ
ぎゃあああああ…
スカートに!!
ぎゃああ〜〜っ
ドンッ
わあああっ
わあああああ
ビシビシ
わあぁ
ゴン…

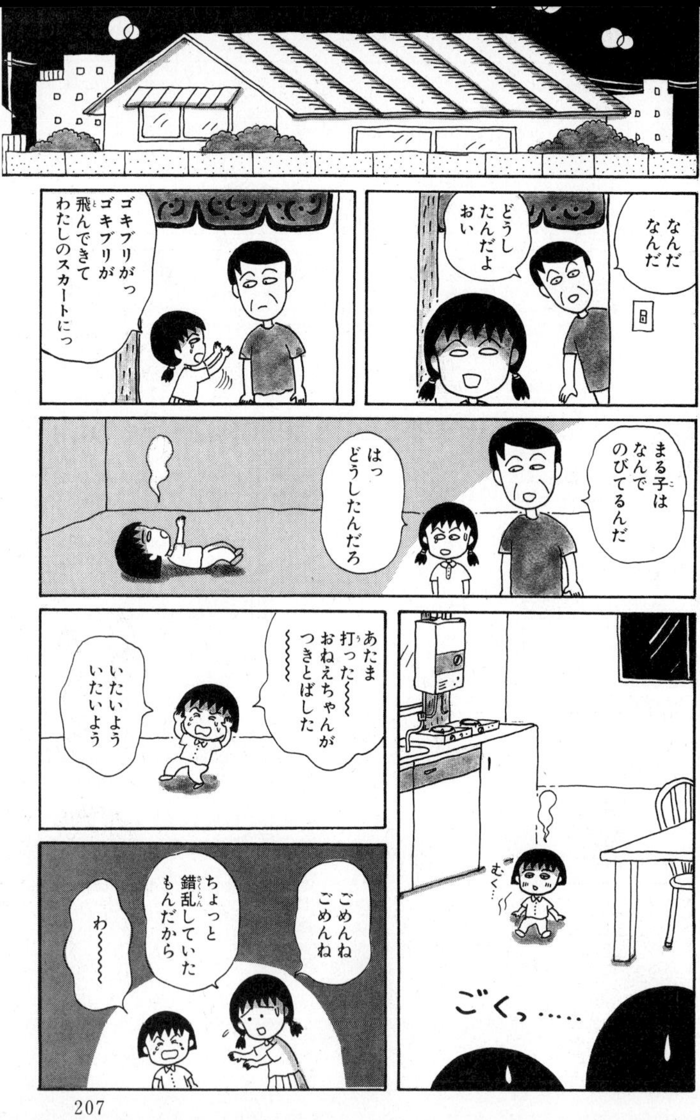
なんだ
なんだ
どうしたんだよ
おい
ゴキブリがっ
ゴキブリが
飛んできて
わたしのスカートにっ
まる子は
なんで
のびてるんだ
はっ
どうしたんだろ
むく…
ごくっ……
あたま
打った〜〜
おねえちゃんが
つきとばした
〜〜〜
いたいよう
いたいよう
ごめんね
ごめんね
ちょっと
錯乱していた
もんだから
わ〜〜〜〜

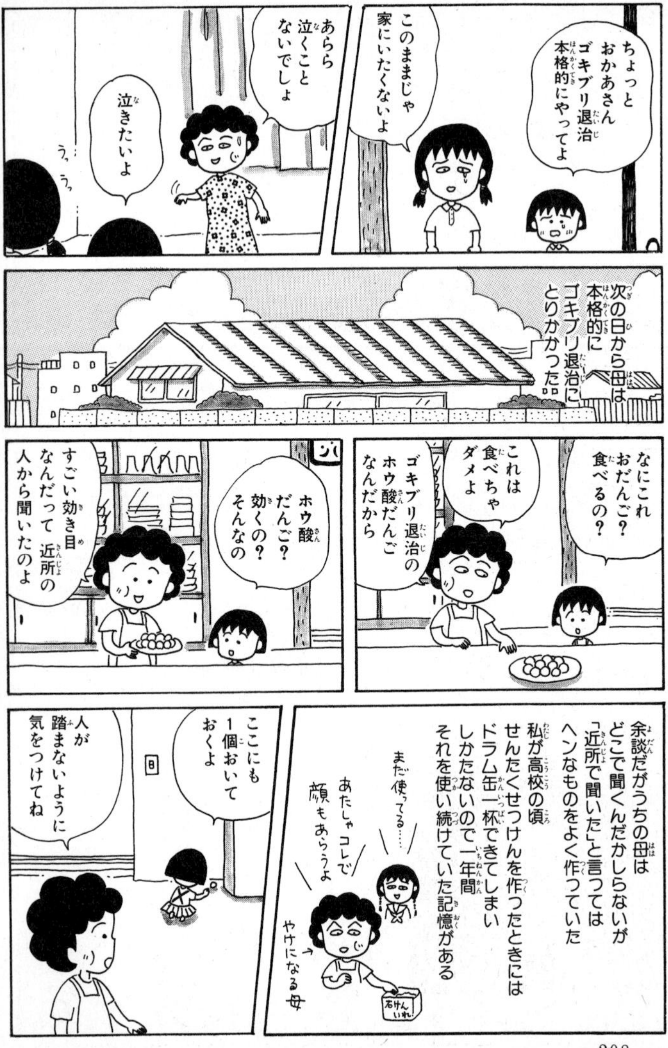
ちょっと おかあさん ゴキブリ退治 本格的にやってよ
このままじゃ 家にいたくないよ
あらら 泣くこと ないでしょ
泣きたいよ
うっ うっ
次の日から母は 本格的に ゴキブリ退治に とりかかった。
なにこれ おだんご? 食べるの?
これは 食べちゃ ダメよ
ゴキブリ退治の ホウ酸だんご なんだから
ホウ酸 だんご? 効くの? そんなの
すごい効き目 なんだって 近所の 人から聞いたのよ
余談だがうちの母は どこで聞くんだかしらないが 「近所で聞いた」と言っては ヘンなものをよく作っていた 私が高校の頃 せんたくせつけんを作ったときには ドラム缶一杯できてしまい しかたないので一年間 それを使い続けていた記憶がある
まだ使ってる……
あたしゃコレで 顔もあらうよ
やけになる母
石けんいれ
ここにも 1個おいて おくよ
人が 踏まないように 気をつけてね

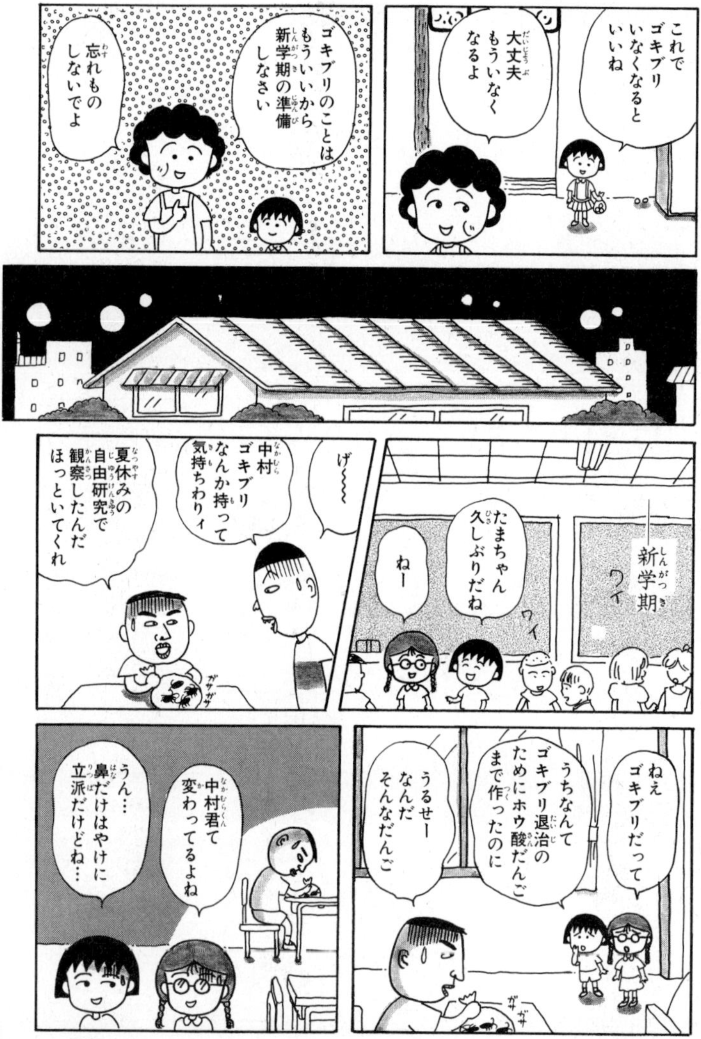

これで
ゴキブリ
いなくなると
いいね
大丈夫
もういなく
なるよ
ゴキブリのことは
もういいから
新学期の準備
しなさい
忘れもの
しないでよ
—新学期
ワイ
ワイ
たまちゃん
久しぶりだね
ねー
げ〜〜〜
中村
ゴキブリ
なんか持って
気持ちわりィ
夏休みの
自由研究で
観察したんだ
ほっといてくれ
ガサガサ
ねえ
ゴキブリだって
うちなんて
ゴキブリ退治の
ためにホウ酸だんご
まで作ったのに
うるせー
なんだ
そんなだんご
ガサガサ
中村君て
変わってるよね
うん…
鼻だけはやけに
立派だけどね…

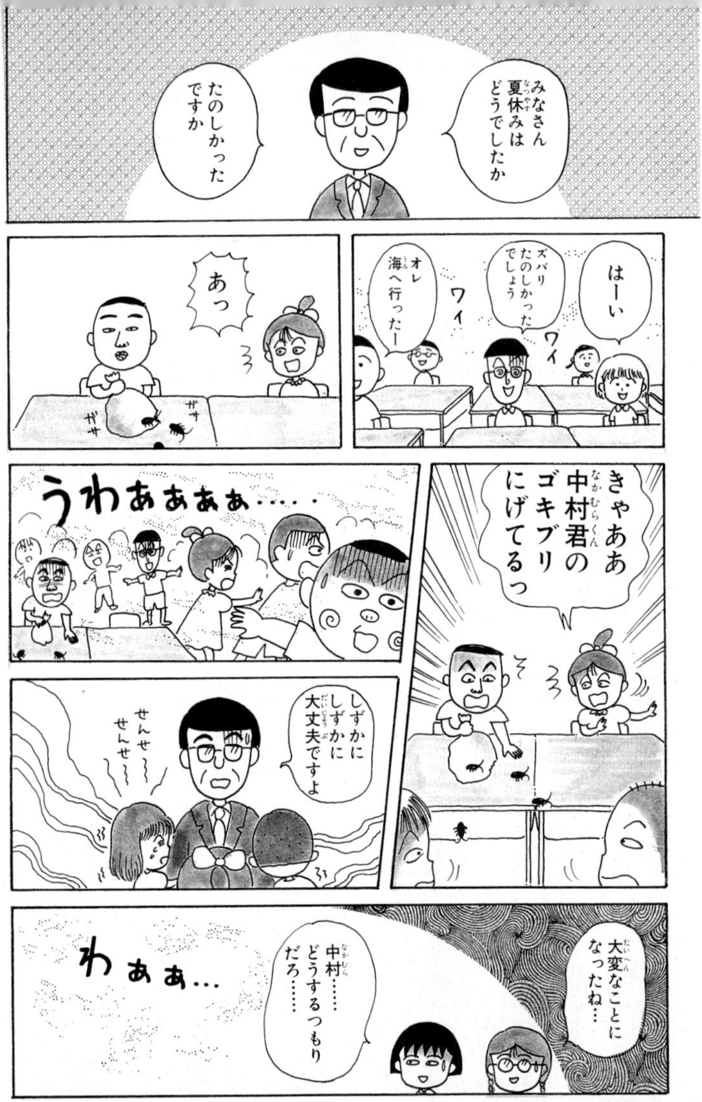
みなさん
夏休みは
どうでしたか
たのしかった
ですか
はーい
ズバリ
たのしかった
でしょう
ワイ
ワイ
オレ
海へ行ったー
あっ
ガサ
ガサ
きゃあああ
中村君の
ゴキブリ
にげてるっ
うわあぁぁぁ……
しずかに
しずかに
大丈夫ですよ
せんせ～
せんせ～
大変なことに
なったね…
中村……
どうするつもり
だろ……
わぁぁ…

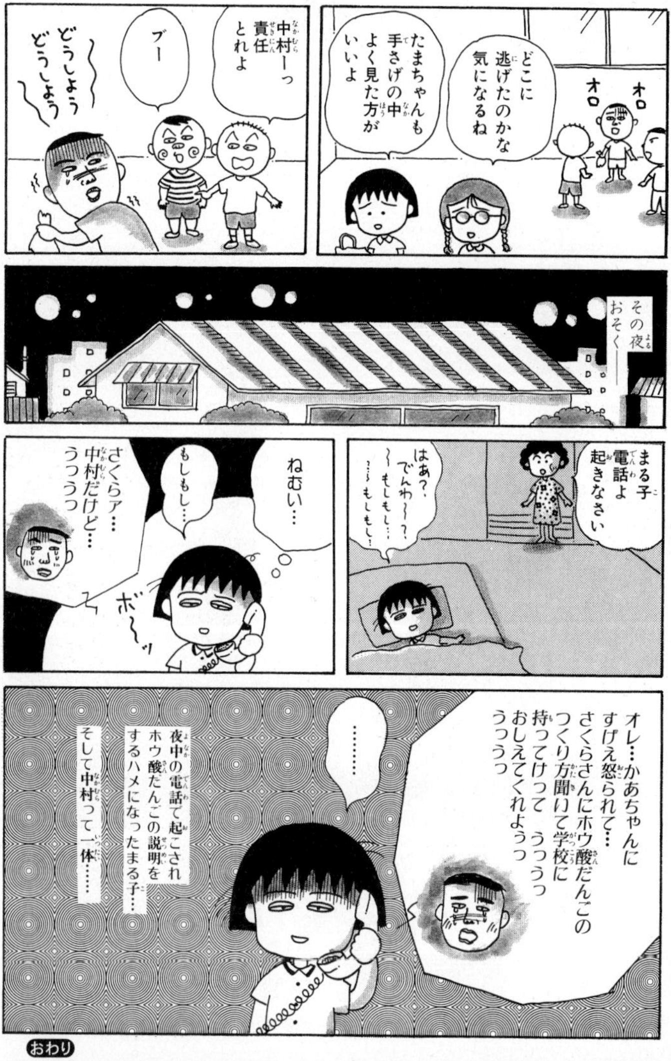
オロ
オロ
どこに逃げたのかな気になるね
たまちゃんも手さげの中よく見た方がいいよ
中村ーっ責任とれよ
ブー
どうしようどうしよう
その夜おそく——
まる子電話よ起きなさい
はあ?、でんわ~?、~もしもし…
もしもし!?
ねむい…
もしもし…
ボ~ッ
さくらア…中村だけど…うっうっ
オレ…かあちゃんにすげえ怒られて…さくらさんにホウ酸だんごのつくり方聞けて学校に持ってけって うっうっおしえてくれようっ うっうっ
……
夜中の電話で起こされホウ酸だんごの説明をするハメになったまる子…
そして中村って一体……

おわり

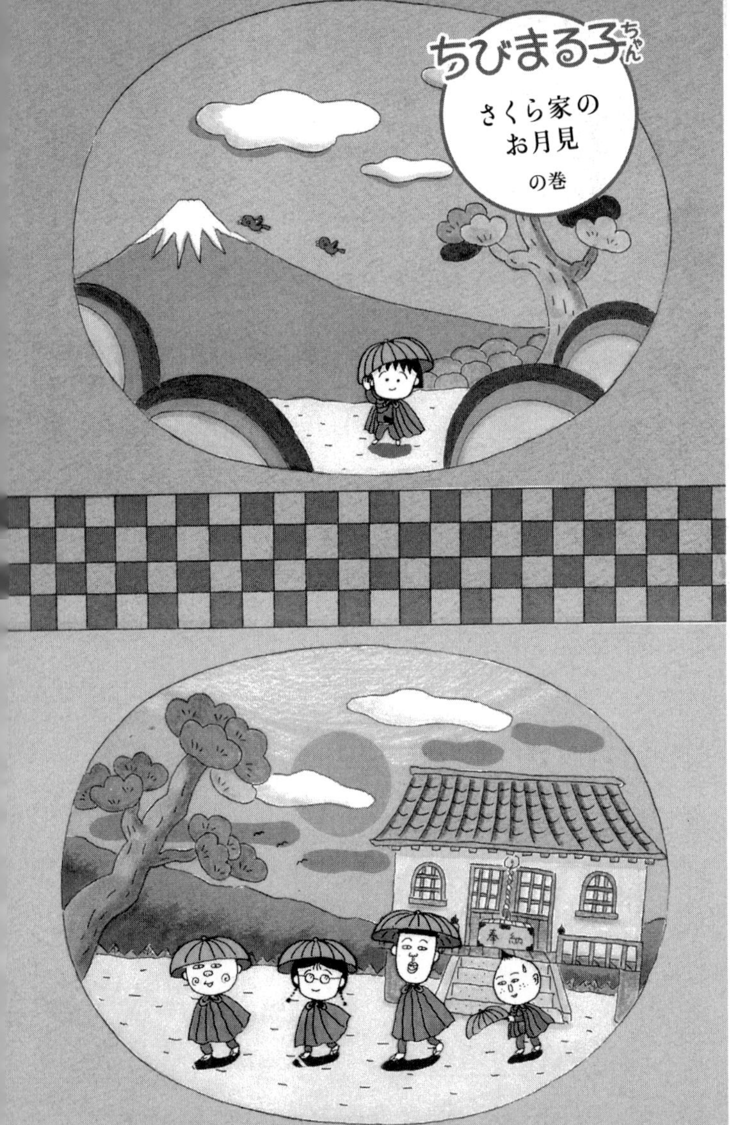
ちびまる子ちゃん
さくら家のお月見の巻

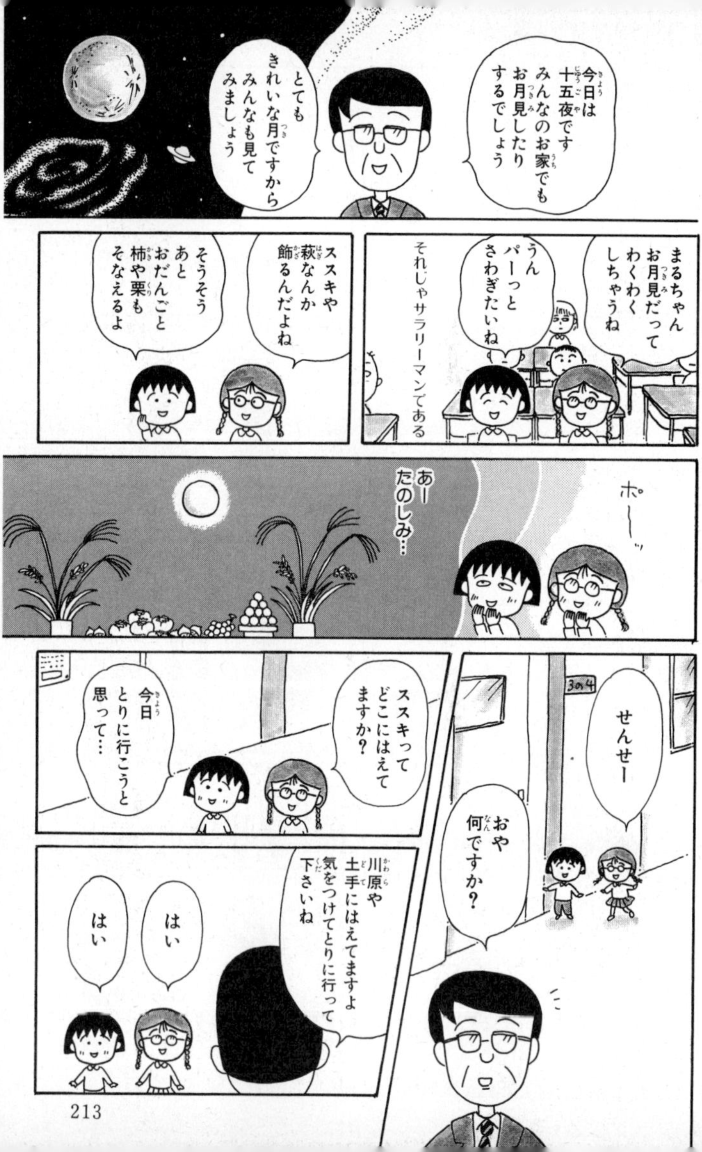
今日は十五夜です みんなのお家でもお月見したりするでしょう
とてもきれいな月ですから みんなも見てみましょう
まるちゃんお月見だってわくわくしちゃうね
うん パーっとさわぎたいね
それじゃサラリーマンである
ススキや萩なんか飾るんだよね
そうそう あと おだんごと柿や栗もそなえるよ
ポーッ
あー たのしみ…
せんせー
おや 何ですか?
ススキってどこにはえてますか?
今日とりに行こうと思って…
川原や土手にはえてますよ 気をつけてとりに行って下さいね
はい
はい

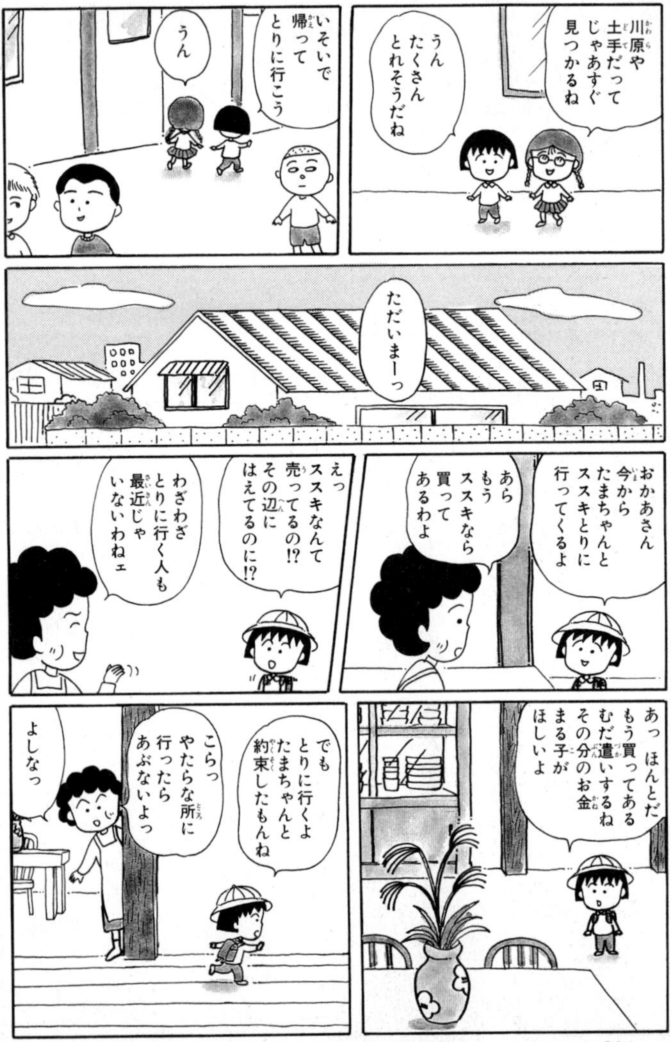
川原や土手だってじゃあすぐ見つかるね
うん たくさん とれそうだね
いそいで帰ってとりに行こう
うん
ただいまーっ
おかあさん今からたまちゃんとススキとりに行ってくるよ
あら もう ススキなら買ってあるわよ
えっ ススキなんて売ってるの!? その辺にはえてるのに!?
わざわざとりに行く人も最近じゃいないわねェ
あっ ほんとだ もう買ってある むだ遣いするね その分のお金まる子がほしいよ
でも とりに行くよ たまちゃんと約束したもんね
こらっ やたらな所に行ったら あぶないよっ
よしなっ

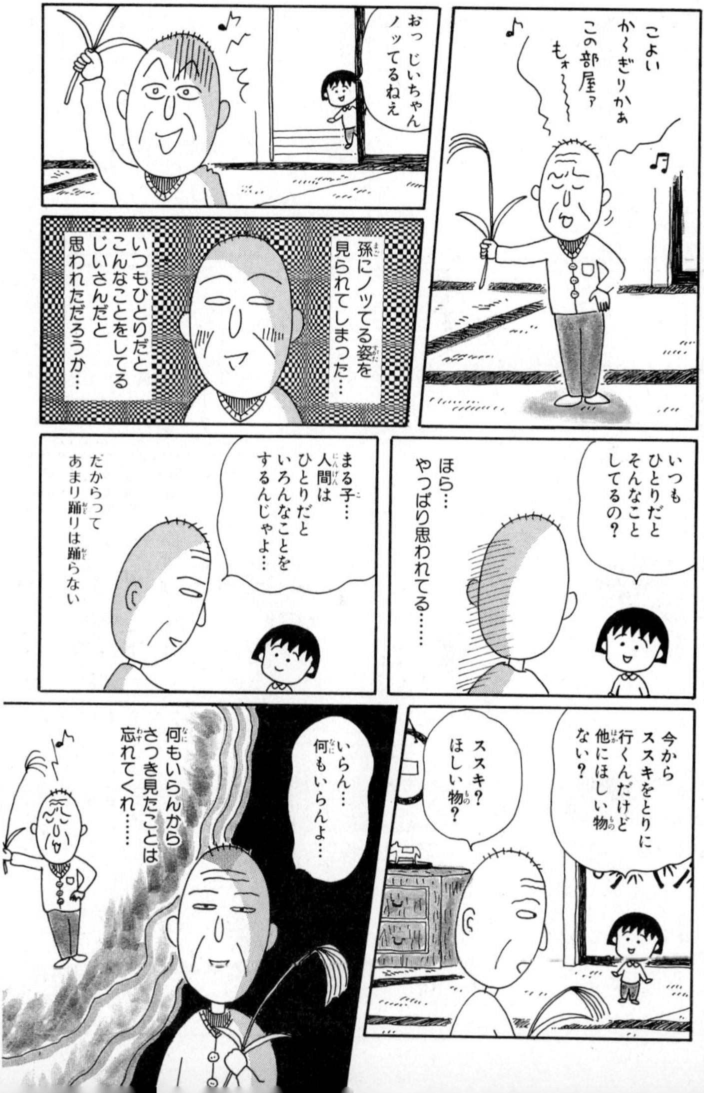
こよい か〜ぎりかぁ この部屋ァ もォ〜〜〜
おっ じいちゃん ノッてるねえ
孫にノッてる姿を見られてしまった…
いつもひとりだとこんなことをしてるじいさんだと思われただろうか…
いつもひとりだとそんなことしてるの？
ほら… やっぱり思われてる……
まる子… 人間はひとりだといろんなことをするんじゃよ…
だからってあまり踊りは踊らない
今からススキをとりに行くんだけど他にほしい物ない？
ススキ？ ほしい物？
いらん… 何もいらんよ…
何もいらんから さっき見たことは忘れてくれ……

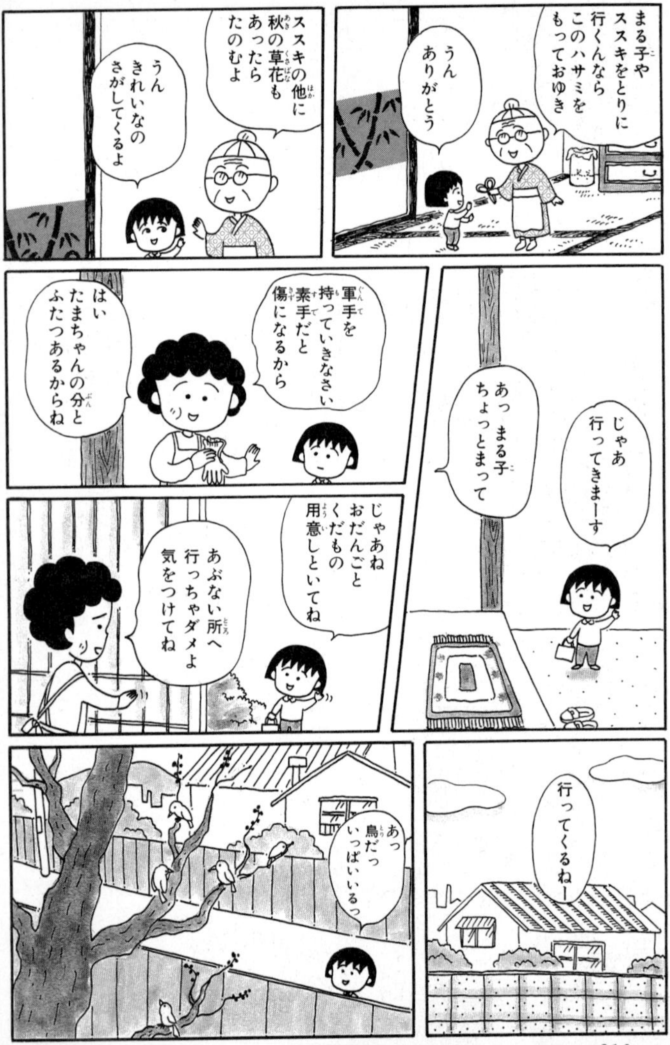
まる子や
ススキをとりに
行くんなら
このハサミを
もっておゆき
うん
ありがとう
ススキの他に
秋の草花も
あったら
たのむよ
うん
きれいなの
さがしてくるよ
じゃあ
行ってきまーす
あっ まる子
ちょっとまって
軍手を
持っていきなさい
素手だと
傷になるから
はい
たまちゃんの分と
ふたつあるからね
じゃあね
おだんごと
くだもの
用意しといてね
あぶない所へ
行っちゃダメよ
気をつけてね
行ってくるねー
あっ
鳥だっ
いっぱいいるっ

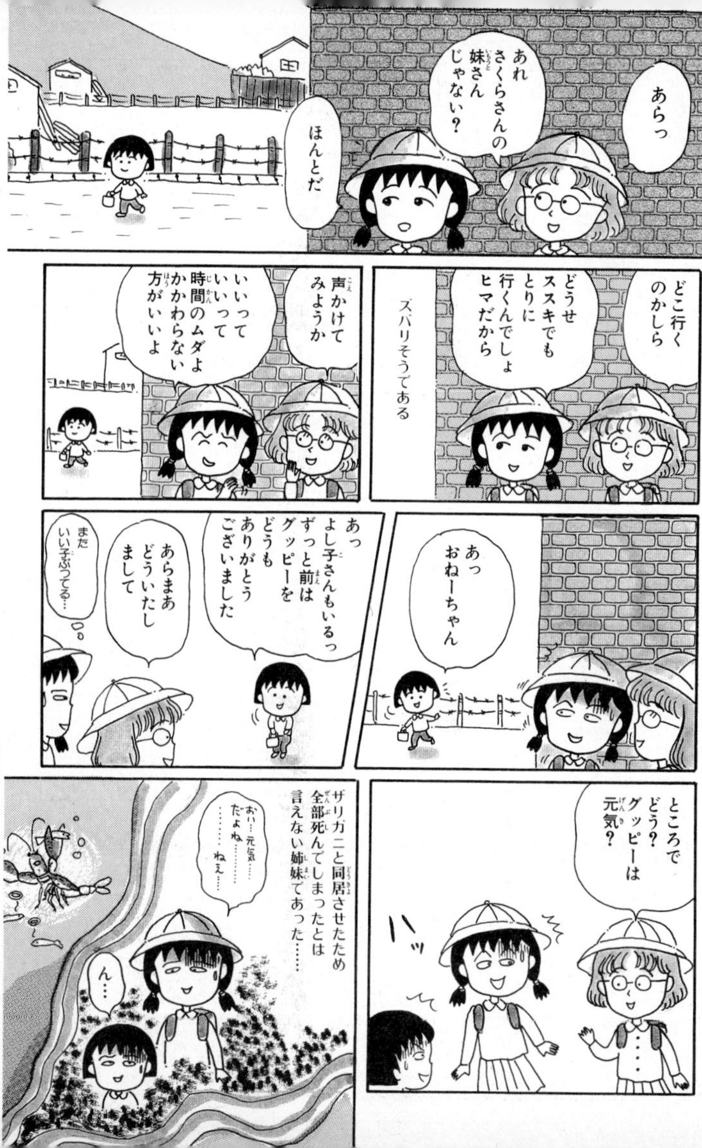
あらっ
あれ さくらさんの妹さんじゃない？
ほんとだ
どこ行くのかしら
どうせススキでもとりに行くんでしょ ヒマだから
ズバリそうである
声かけてみようか
いいっていいって 時間のムダよ かかわらない方がいいよ
あっ おねーちゃん
あっ よし子さんもいるっ ずっと前はグッピーをどうもありがとうございました
あらまあ どういたしまして
また いい子ぶってる…
ところで どう？ グッピーは元気？
ハッ
ザリガニと同居させたため全部死んでしまったとは言えない姉妹であった……
おい…元気……だよね…………ねえ……
ん…

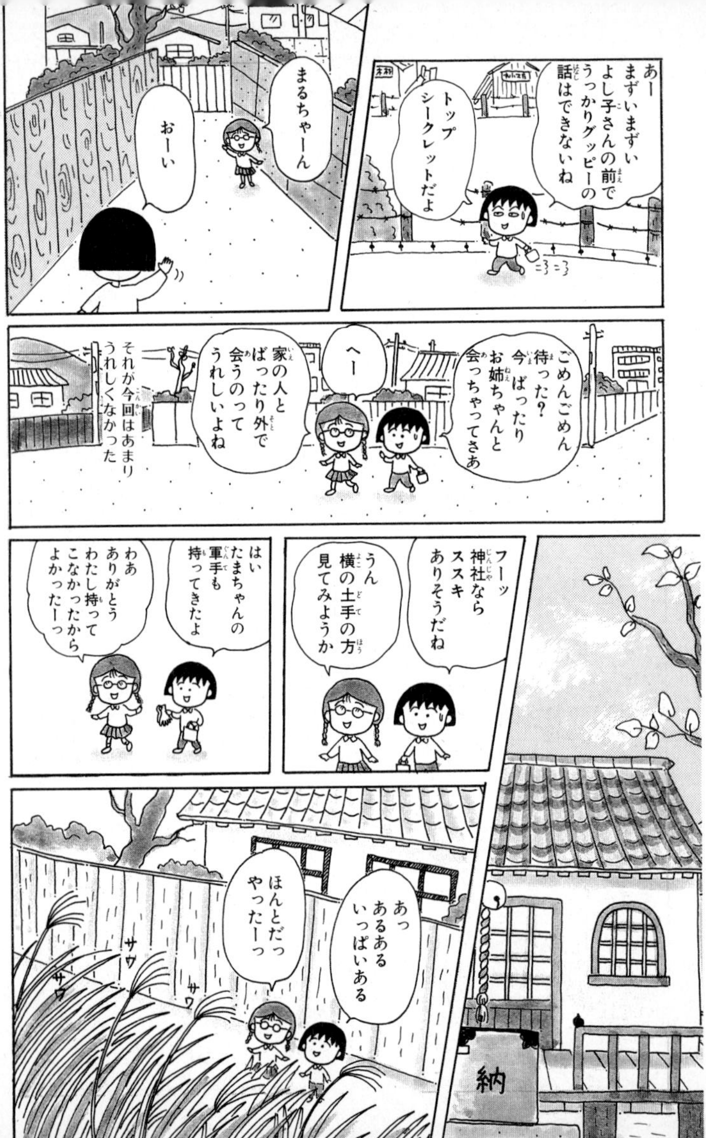
あー まずいまずい よし子さんの前で うっかりグッピーの 話はできないね
トップ シークレットだよ
まるちゃーん
おーい
ごめんごめん 待った？ 今 ばったり お姉ちゃんと 会っちゃってさあ
へー
家の人と ばったり外で 会うのって うれしいよね
それが今回はあまり うれしくなかった
フーッ 神社なら ススキ ありそうだね
うん 横の土手の方 見てみようか
はい たまちゃんの 軍手も 持ってきたよ
わあ ありがとう わたし持って こなかったから よかったーっ
あっ あるある いっぱいある
ほんとだっ やったーっ
サワ
サワ
サワ
納

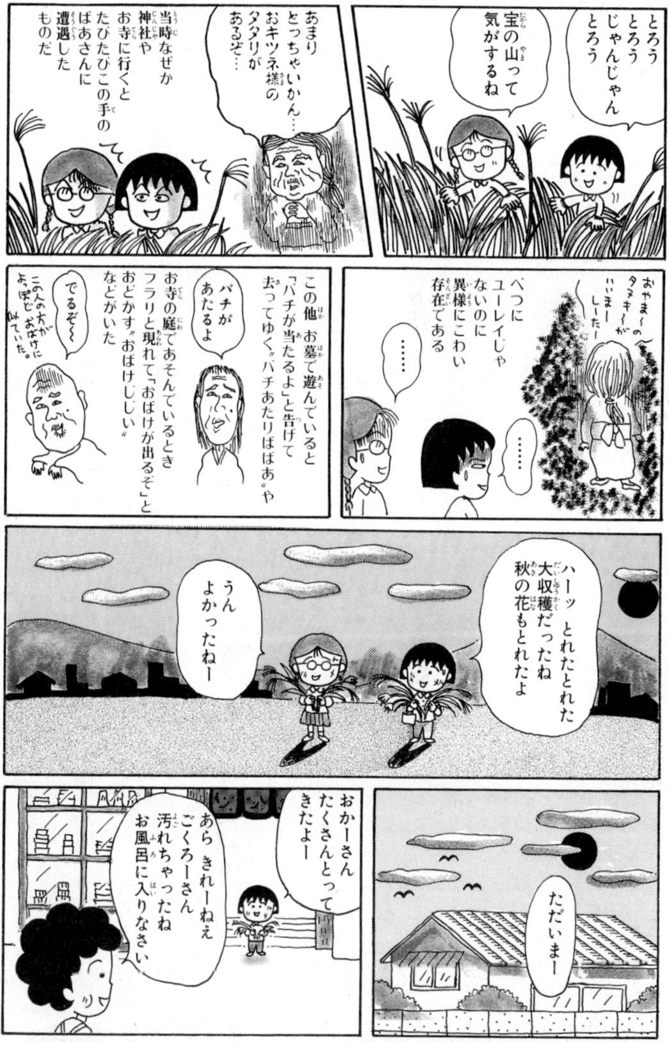
とろう
とろう
じゃんじゃん
とろう
宝の山って
気がするね
あまり
とっちゃいかん…
おキツネ様の
タタリが
あるぞ…
当時なぜか
神社や
お寺に行くと
たびたびこの手の
ばあさんに
遭遇した
ものだ
おやま〜の
タヌキ〜が
いいまー
しーたー
べつに
ユーレイじゃ
ないのに
異様にこわい
存在である
……
……
この他 お墓で遊んでいると
「バチが当たるよ」と告げて
去ってゆく〝バチあたりばばあ〟や
お寺の庭であそんでいるとき
フラリと現れて「おばけが出るぞ」と
おどかす〝おばけじじい〟
などがいた
バチが
あたるよ
でるぞ〜
この人の方が
よっぽどおばけに
似ていた。
ハーッ とれたとれた
大収穫だったね
秋の花もとれたよ
うん
よかったねー
ただいまー
おかーさん
たくさんとって
きたよー
あら きれーねえ
ごくろーさん
汚れちゃったね
お風呂に入りなさい

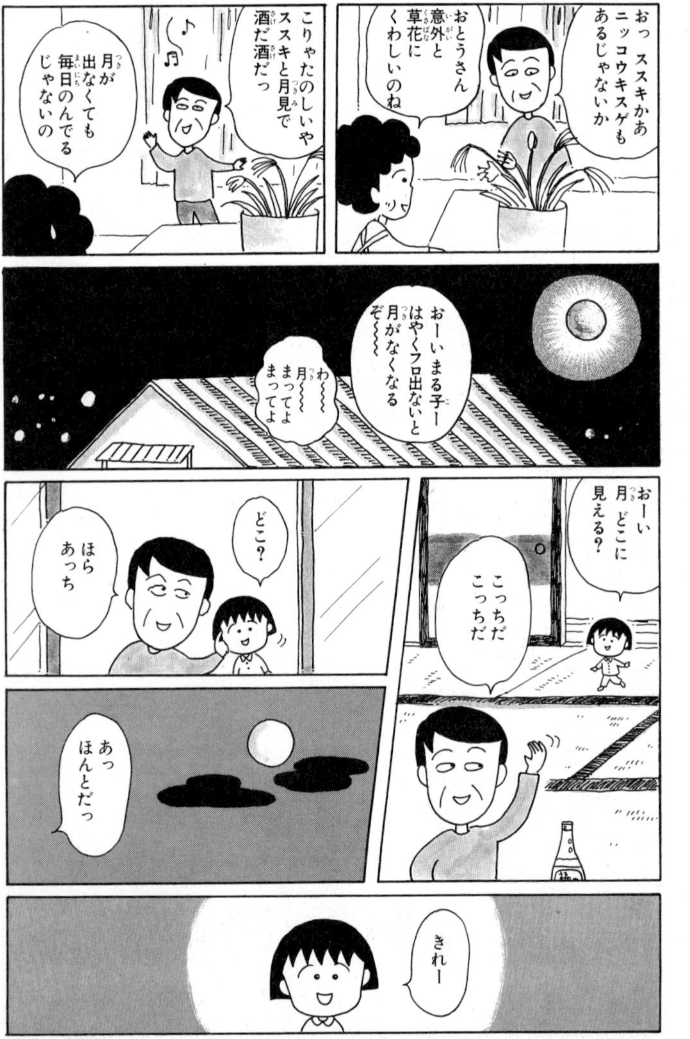

おっ ススキかあ ニッコウキスゲもあるじゃないか
おとうさん 意外と草花にくわしいのね
こりゃたのしいや ススキと月見で酒だ酒だっ
月が出なくても毎日のんでるじゃないの
おーいまる子ー はやくフロ出ないと月がなくなるぞ〜〜〜
わ〜〜〜 月〜〜〜 まってよ まってよ
おーい 月どこに見える？
こっちだ こっちだ
どこ？
ほら あっち
あっ ほんとだっ
きれー

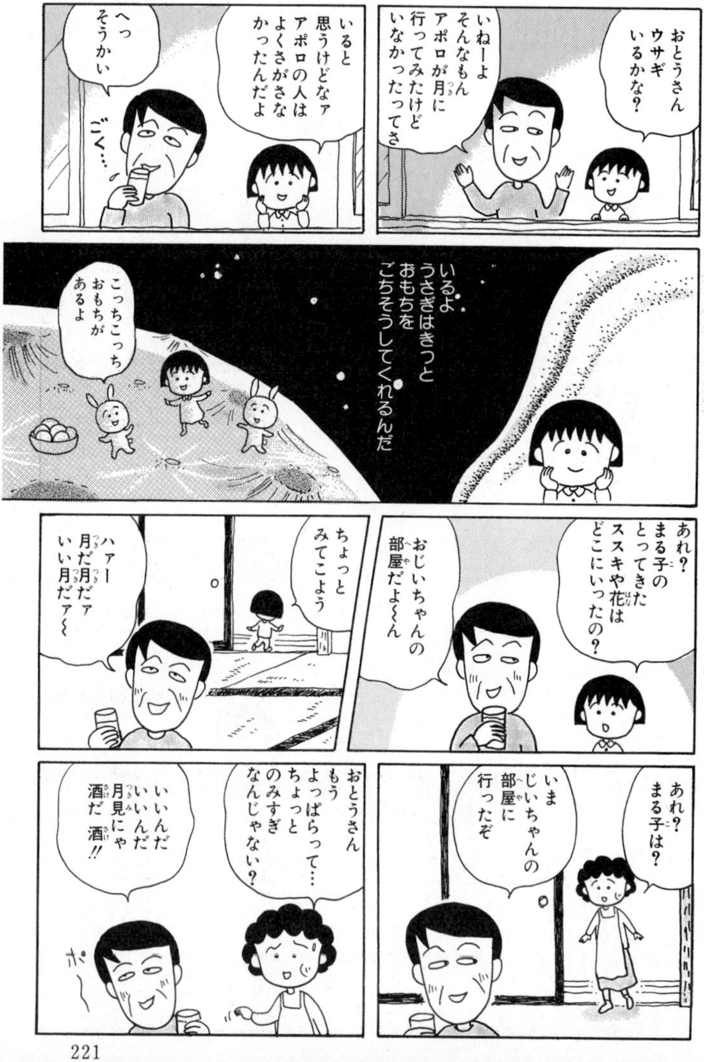
おとうさん ウサギ いるかな？
いねーよ そんなもん アポロが月に行ってみたけど いなかったってさ
いると思うけどなァ アポロの人は よくさがさなかったんだよ
へっ そうかい
ごく…
いるよ うさぎはきっと おもちをごちそうしてくれるんだ
こっちこっち おもちがあるよ
あれ？ まる子のとってきたススキや花はどこにいったの？
おじいちゃんの部屋だよ〜ん
ちょっとみてこよう
ハァー 月だ月だァ いい月だァ〜
あれ？ まる子は？
いま じいちゃんの部屋に行ったぞ
おとうさん もう よっぱらって… ちょっとのみすぎなんじゃない？
いいんだ いいんだ 月見にゃ酒だ 酒!!
ポ〜

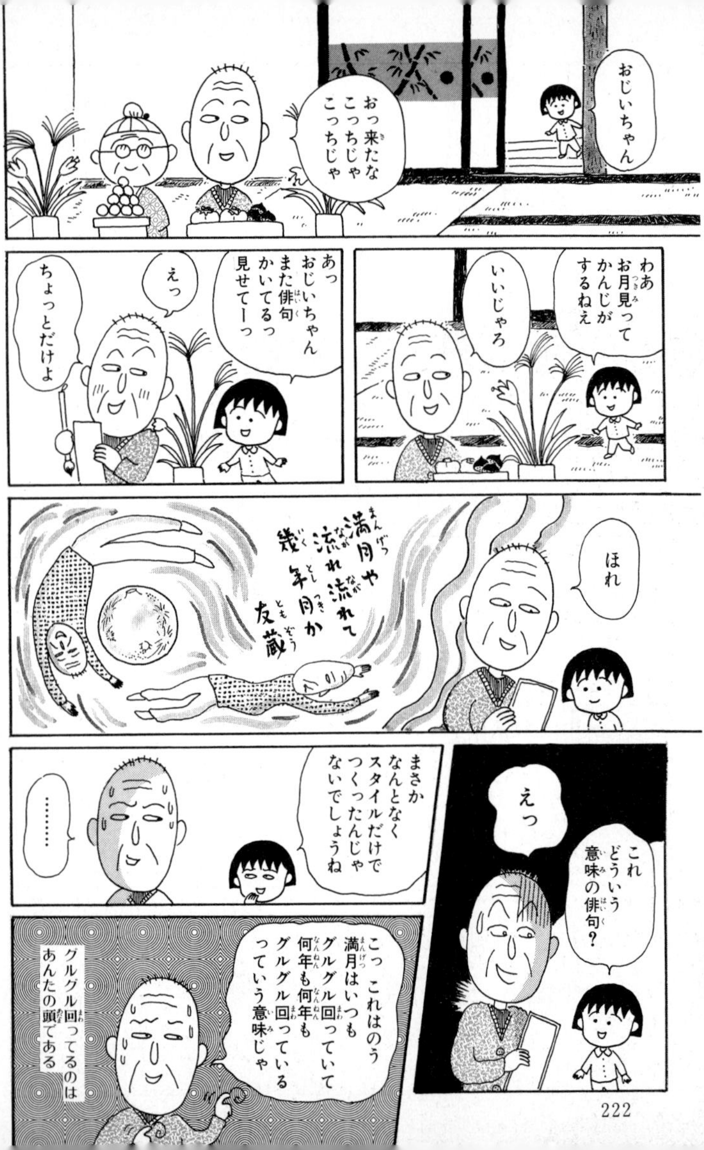

おじいちゃん
おっ来たな こっちじゃ こっちじゃ
わあ お月見って かんじが するねえ
いいじゃろ
あっ おじいちゃん また俳句 かいてるっ 見せてーっ
えっ
ちょっとだけよ
ほれ
満月や 流れ流れて 幾年月か 友蔵
えっ
これ どういう 意味の俳句？
まさか なんとなく スタイルだけで つくったんじゃ ないでしょうね
……
こっ これはのう 満月はいつも グルグル回っていて 何年も何年も グルグル回っている っていう意味じゃ
グルグル回ってるのは あんたの頭である

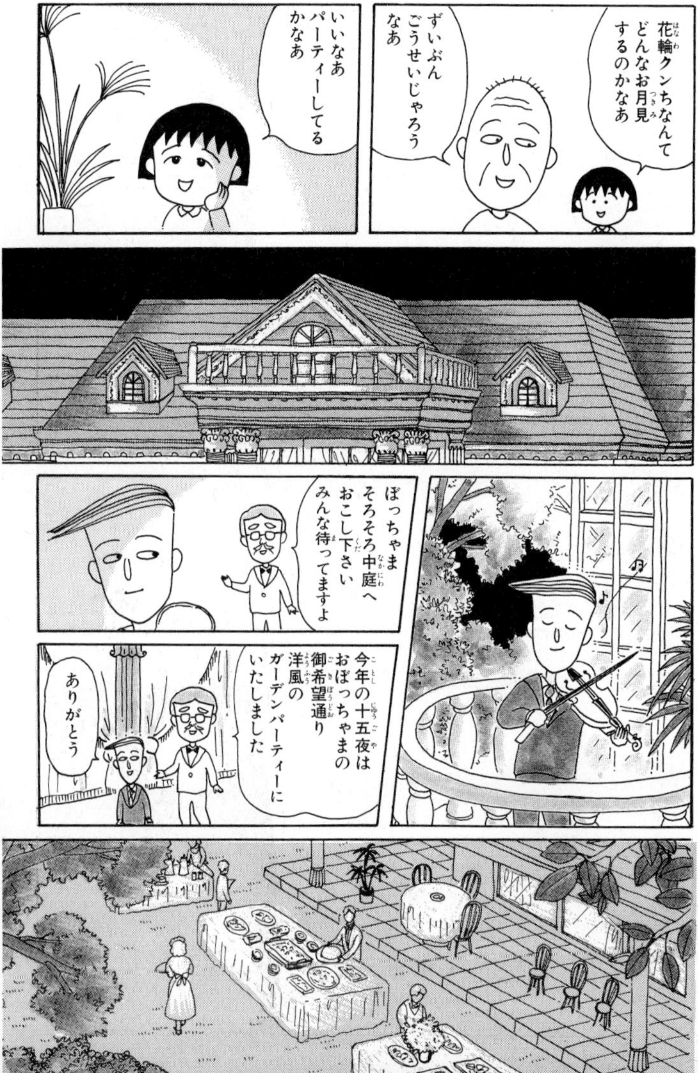
花輪クンちなんてどんなお月見するのかなあ
ずいぶんごうせいじゃろうなあ
いいなあパーティーしてるかなあ
ぼっちゃまそろそろ中庭へおこし下さいみんな待ってますよ
今年の十五夜はおぼっちゃまの御希望通り洋風のガーデンパーティーにいたしました
ありがとう

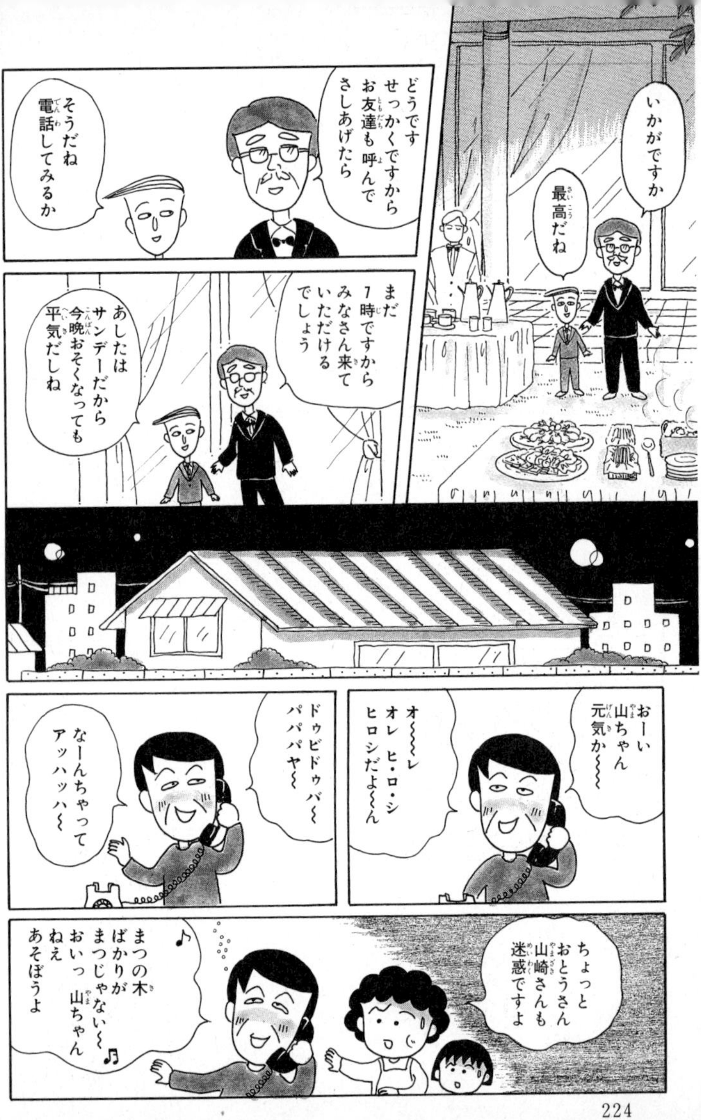
いかがですか
最高だね
どうです せっかくですから お友達も呼んで さしあげたら
そうだね 電話してみるか
まだ 7時ですから みなさん来て いただけるでしょう
あしたは サンデーだから 今晩おそくなっても 平気だしね
おーい 山ちゃん 元気か〜〜〜
オ〜〜〜レ オレ ヒ・ロ・シ ヒロシだよ〜ん
ドゥビドゥバ〜 パパパヤ〜
なーんちゃって アッハッハ〜
ちょっと おとうさん 山崎さんも 迷惑ですよ
まつの木 ばかりが まつじゃない〜 おいっ 山ちゃん ねえ あそぼうよ

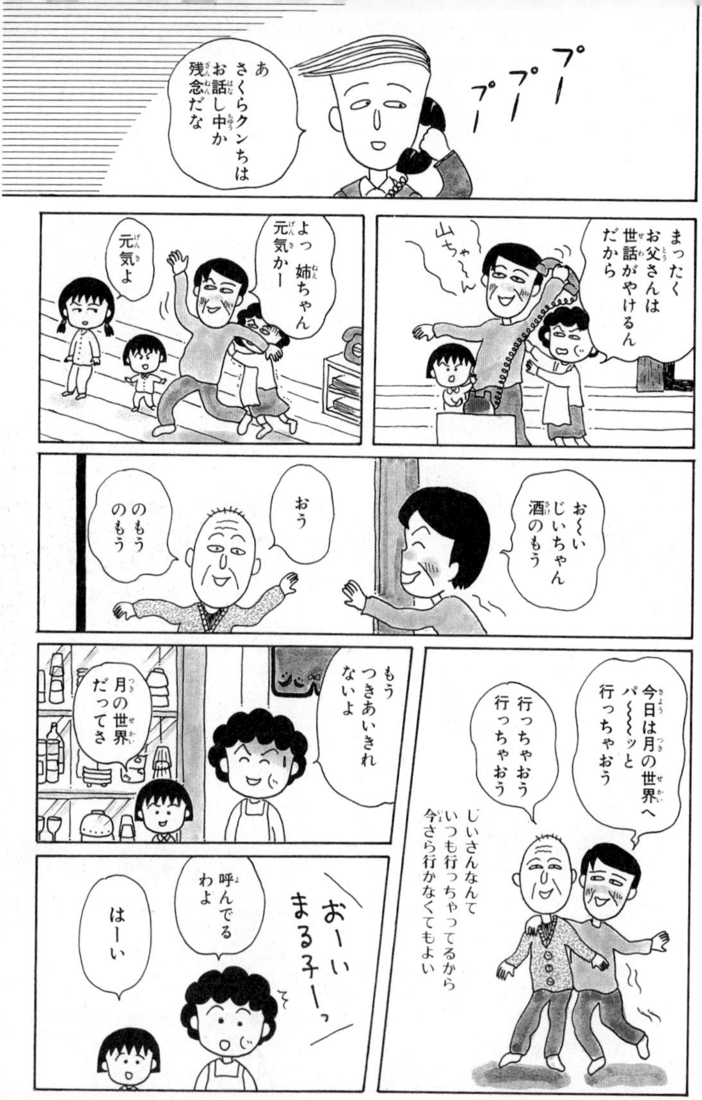
プー
プー
プー
あ さくらクンちは お話し中か 残念だな
まったく お父さんは 世話がやけるんだから
山ちゃ〜ん
よっ 姉ちゃん 元気かー
元気よ
お〜い じいちゃん 酒のもう
おう
のもう のもう
今日は月の世界へ パ〜〜〜ッと 行っちゃおう
行っちゃおう 行っちゃおう
じいさんなんて いつも行っちゃってるから 今さら行かなくてもよい
もう つきあいきれないよ
月の世界だってさ
お〜い まる子ーっ
呼んでるわよ
はーい

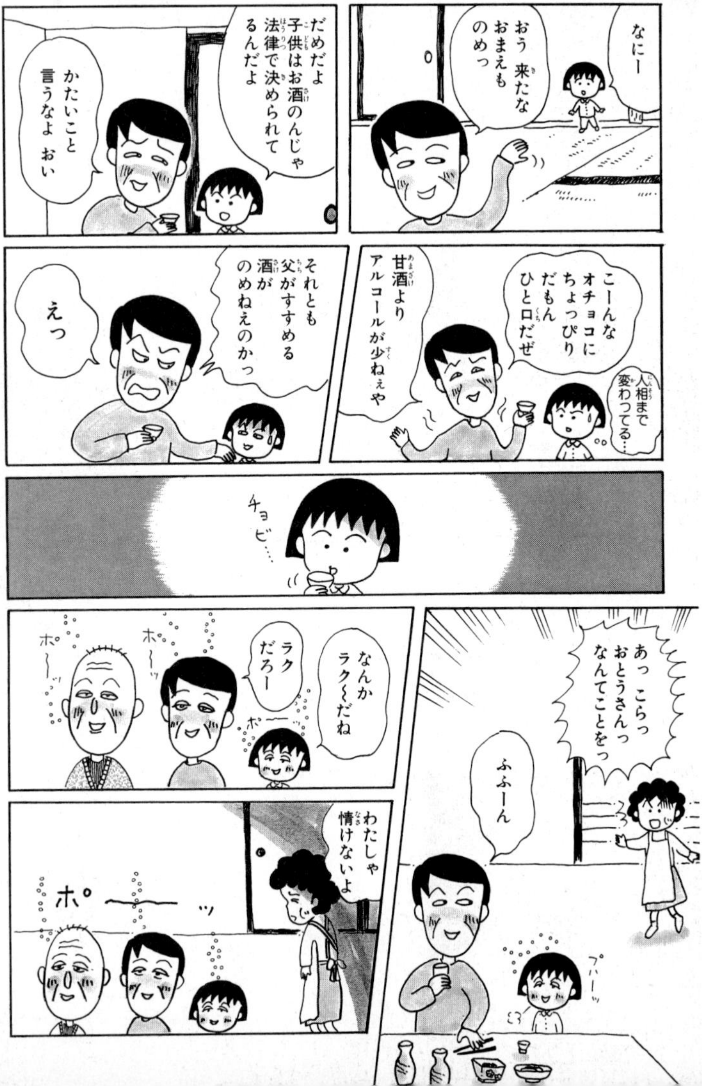
なにー
おう 来たな おまえも のめっ
だめだよ 子供はお酒のんじゃ法律で決められてるんだよ
かたいこと言うなよ おい
こーんなオチョコにちょっぴりだもん ひと口だぜ
甘酒よりアルコールが少ねぇや
人相まで変わってる…
それとも父がすすめる酒がのめねえのかっ
えっ
チョビ…
あっ こらっ おとうさんっ なんてことをっ
ふふーん
プハーッ
ホ〜ッ
ホ〜ッ
なんかラク〜だね
ラクだろー
ホ〜ッ
ホ————ッ
わたしゃ情けないよ

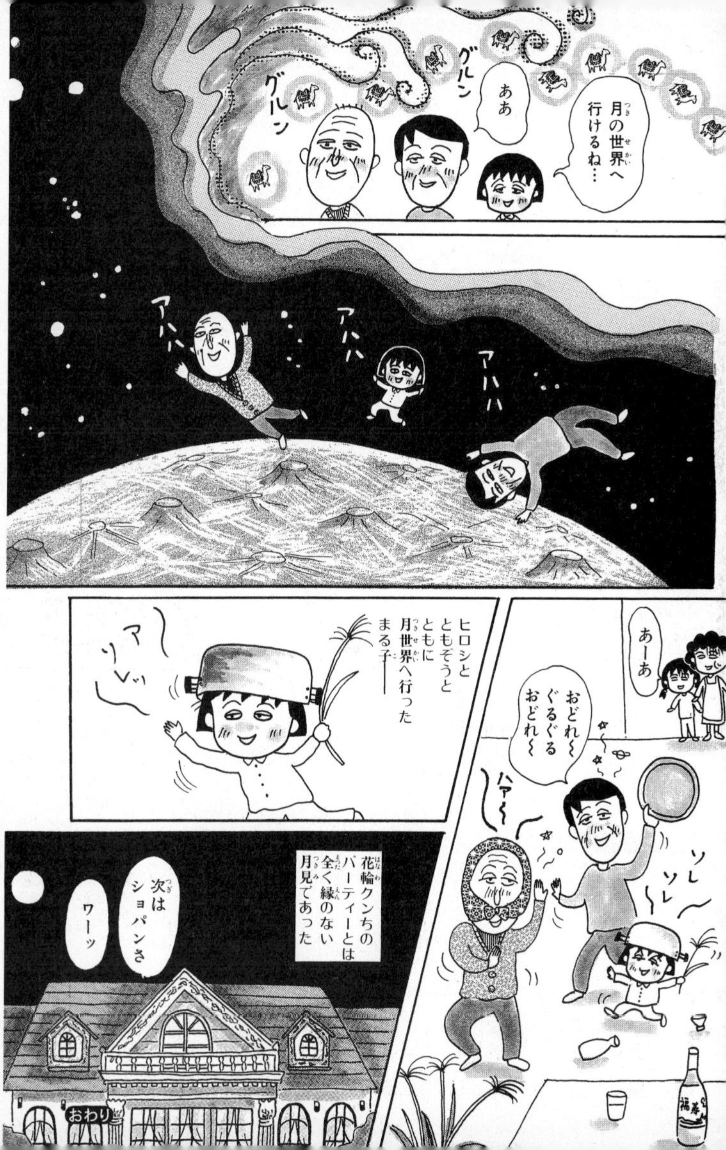

月の世界へ行けるね…
ああ
グルン
グルン
アハハ
アハハ
アハハ
あーあ
おどれ〜ぐるぐるおどれ〜
ハァ〜
ソレソレ〜
ヒロシとともぞうとともに月世界へ行ったまる子――
アソレッ
花輪クンちのパーティーとは全く縁のない月見であった
次はショパンさ
ワーッ
おわり

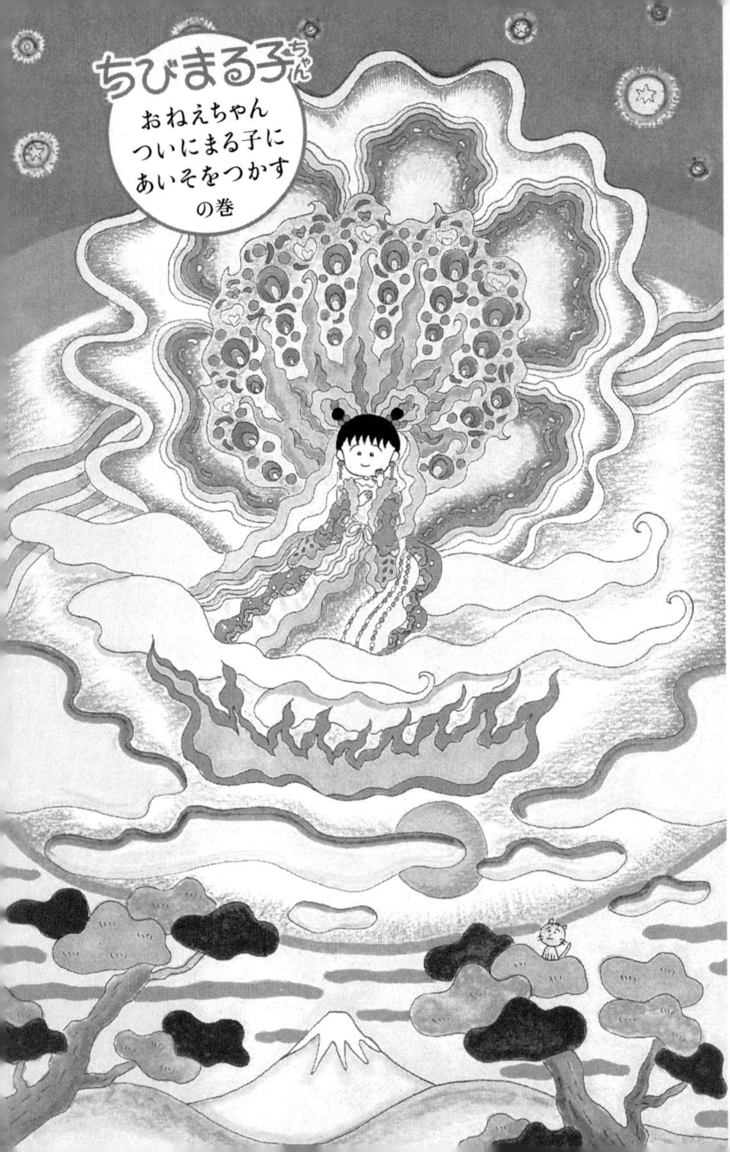
ちびまる子ちゃん
おねえちゃん
ついにまる子に
あいそをつかす
の巻

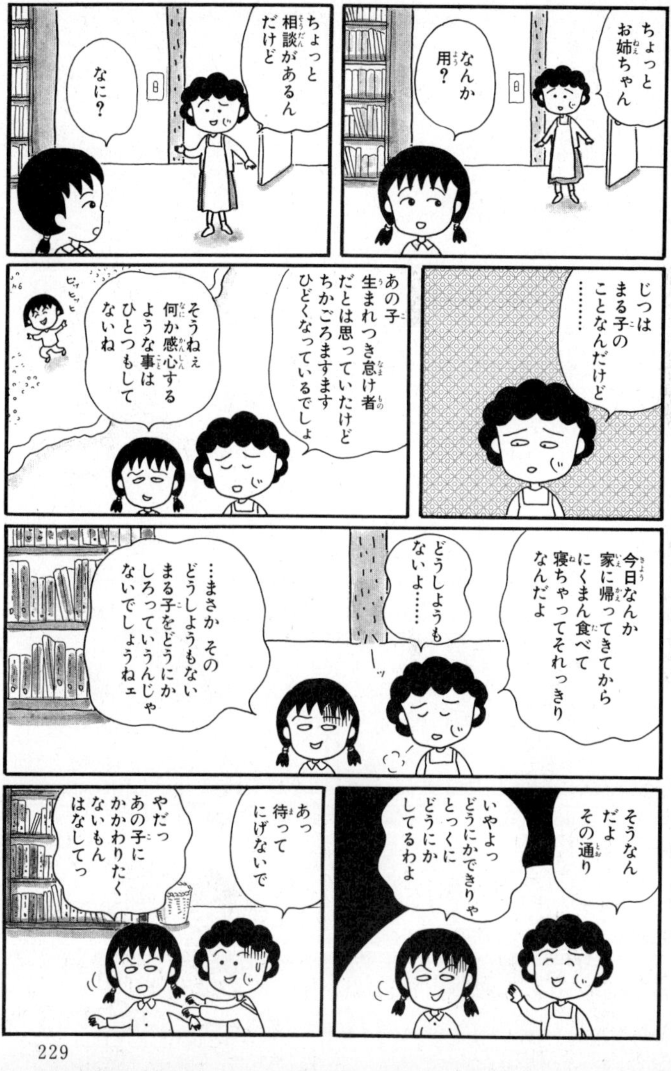
ちょっと
お姉ちゃん
なんか
用？
ちょっと
相談があるん
だけど
なに？
じつは
まる子の
ことなんだけど
………
あの子
生まれつき怠け者
だとは思っていたけど
ちかごろますます
ひどくなっているでしょ
そうねぇ
何か感心する
ような事は
ひとつもして
ないね
今日なんか
家に帰ってきてから
にくまん食べて
寝ちゃってそれっきり
なんだよ
どうしようも
ないよ……
…まさか その
どうしようもない
まる子をどうにか
しろっていうんじゃ
ないでしょうねェ
そうなん
だよ
その通り
いやよっ
どうにかできりゃ
とっくに
どうにか
してるわよ
あっ
待って
にげないで
やだっ
あの子に
かかわりたく
ないもん
はなしてっ

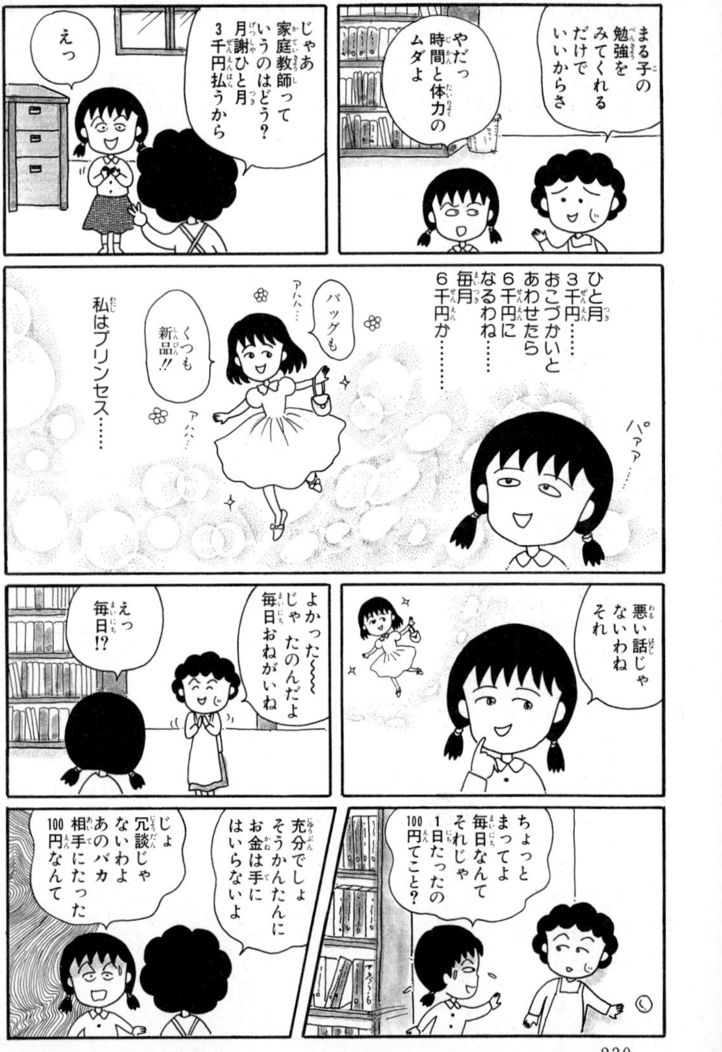
まる子の勉強をみてくれるだけでいいからさ
やだっ時間と体力のムダよ
じゃあ家庭教師っていうのはどう？月謝ひと月3千円払うから
えっ
ひと月3千円……おこづかいとあわせたら6千円になるわね……毎月6千円か……
パァア……
バッグも
アハハ…
くつも新品!!
アハハ…
私はプリンセス……
悪い話じゃないわねそれ
よかった〜〜じゃ たのんだよ毎日おねがいね
えっ毎日!?
ちょっとまってよ毎日なんてそれじゃ1日たったの100円てこと？
充分でしょそうかんたんにお金は手にはいらないよ
じょ冗談じゃないわよあのバカ相手にたった100円なんて

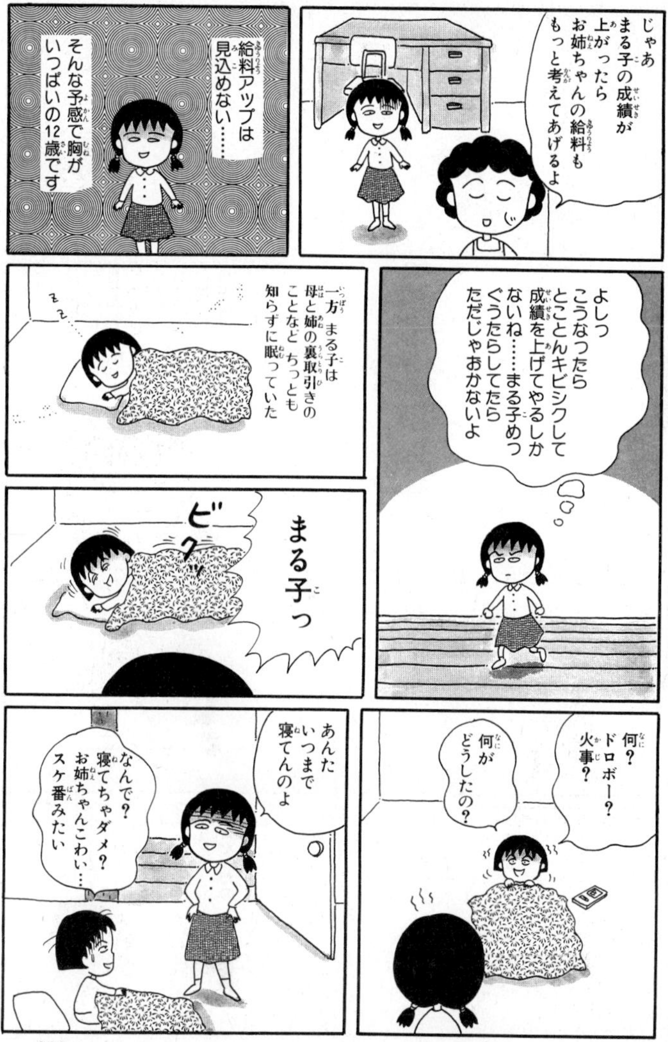
じゃあ
まる子の成績が
上がったら
お姉ちゃんの給料も
もっと考えてあげるよ
給料アップは
見込めない……
そんな予感で胸が
いっぱいの12歳です
よしっ
こうなったら
とことんキビシクして
成績を上げてやるしか
ないね……まる子めっ
ぐうたらしてたら
ただじゃおかないよ
一方 まる子は
母と姉の裏取引きの
ことなど ちっとも
知らずに眠っていた
まる子っ
ビクッ
何？
ドロボー？
火事？
何が
どうしたの？
あんた
いつまで
寝てんのよ
なんで？
寝てちゃダメ？
お姉ちゃんこわい…
スケ番みたい

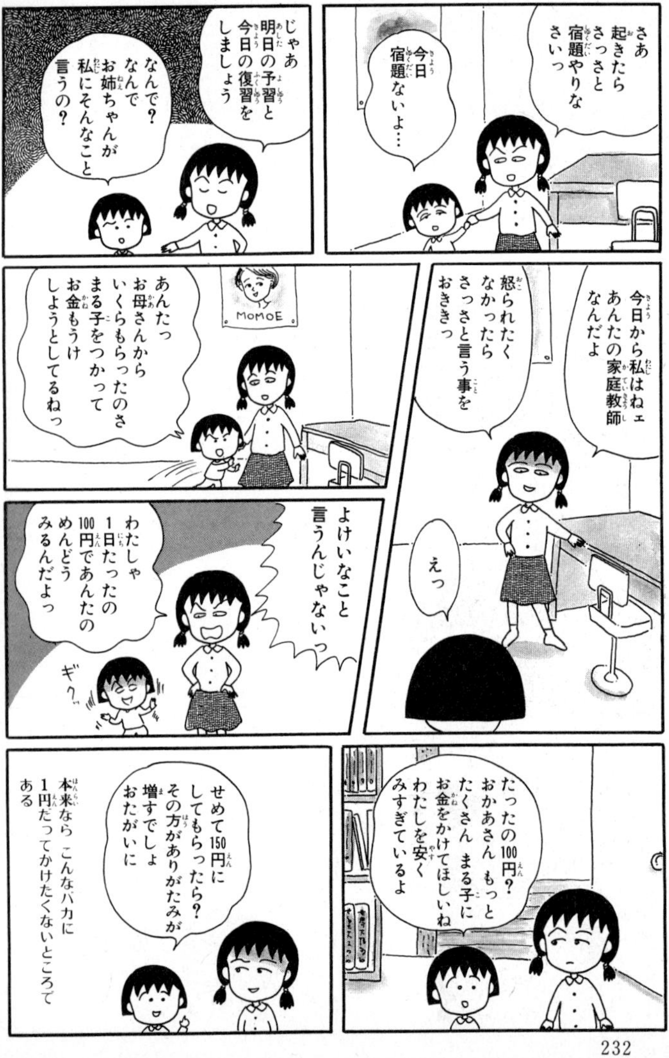
さあ起きたらさっさと宿題やりなさいっ
今日宿題ないよ…
じゃあ明日の予習と今日の復習をしましょう
なんで？なんでお姉ちゃんが私にそんなこと言うの？
今日から私はねェあんたの家庭教師なんだよ
怒られたくなかったらさっさと言う事をおききっ
えっ
MOMOE
あんたっお母さんからいくらもらったのさまる子をつかってお金もうけしようとしてるねっ
よけいなこと言うんじゃないっ
わたしゃ1日たったの100円であんたのめんどうみるんだよっ
ギクッ
たったの100円？おかあさんもっとたくさんまる子にお金をかけてほしいねわたしを安くみすぎているよ
せめて150円にしてもらったら？その方がありがたみが増すでしょおたがいに
本来ならこんなバカに1円だってかけたくないところである

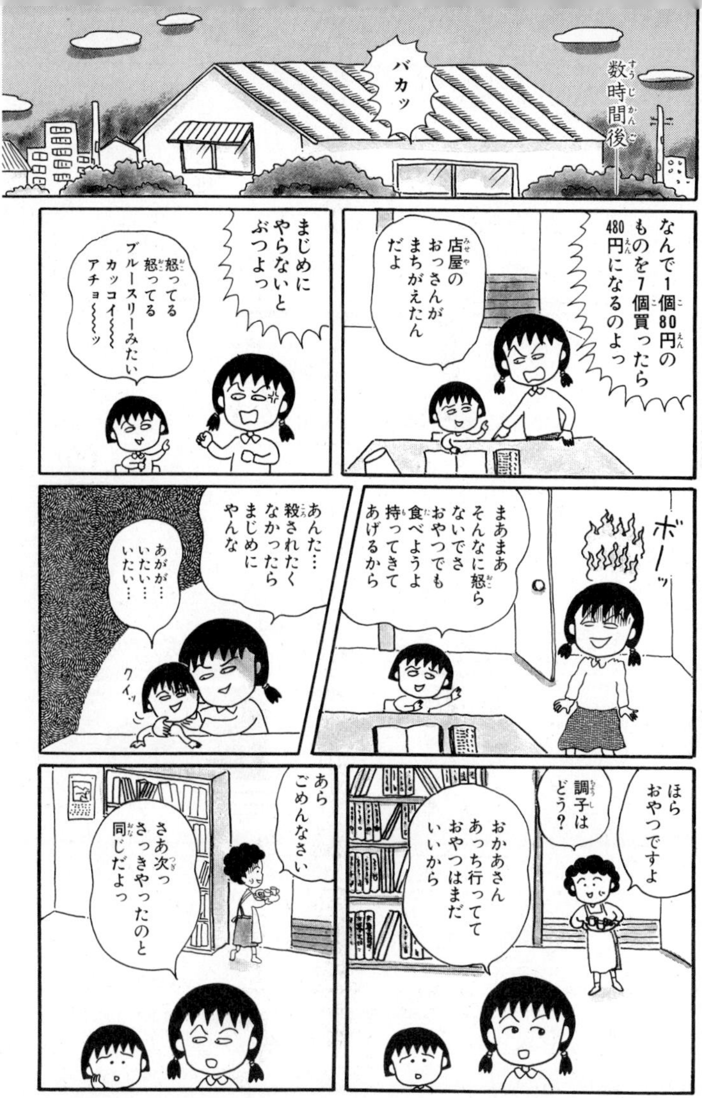

数時間後
バカッ
なんで1個80円のものを7個買ったら480円になるのよっ
店屋のおっさんがまちがえたんだよ
まじめにやらないとぶつよっ
怒ってる怒ってるブルースリーみたいカッコイ〜〜〜アチョ〜〜〜ッ
ボーッ
まあまあそんなに怒らないでさおやつでも食べようよ持ってきてあげるから
あんた…殺されたくなかったらまじめにやんな
あがが…いたい…いたい…
クイッ
ほらおやつですよ
調子はどう？
おかあさんあっち行っててやつはまだいいから
あらごめんなさい
さあ次っさっきやったのと同じだよっ

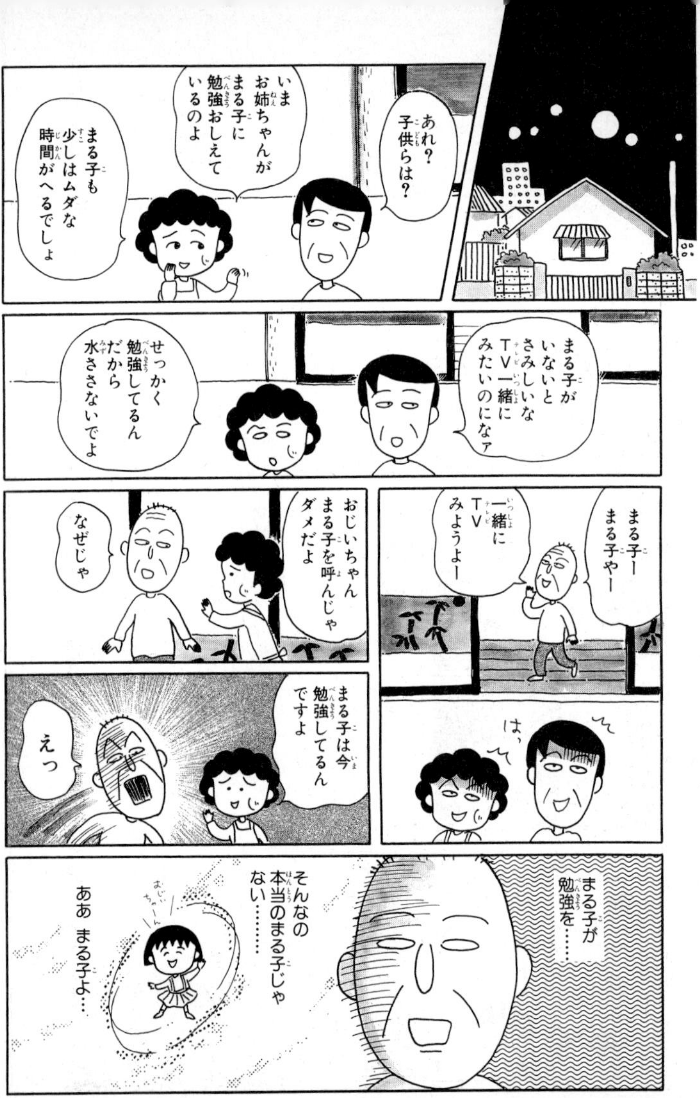
あれ？子供らは？
いまお姉ちゃんがまる子に勉強おしえているのよ
まる子も少しはムダな時間がへるでしょ
まる子がいないとさみしいなTV一緒にみたいのになァ
せっかく勉強してるんだから水ささないでよ
まる子ーまる子やー
一緒にTVみようよー
おじいちゃんまる子を呼んじゃダメだよ
なぜじゃ
は、
まる子は今勉強してるんですよ
えっ
まる子が勉強を……
そんなの本当のまる子じゃない……
おじいちゃ〜ん
ああ まる子よ…

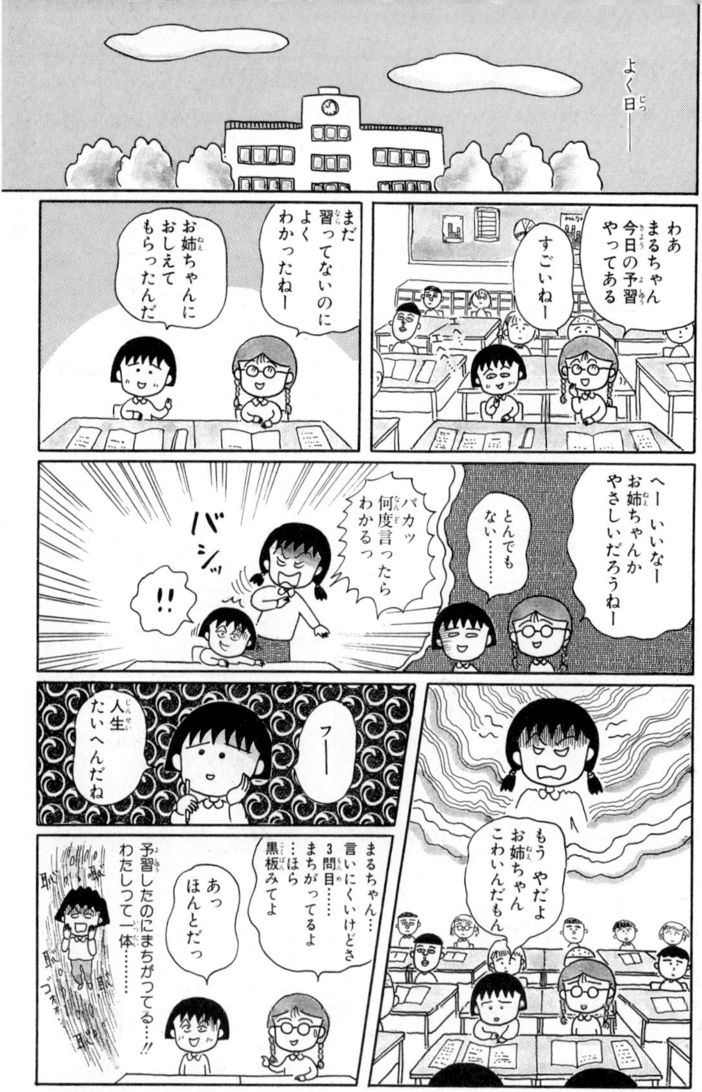

よく日――
わあ まるちゃん 今日の予習やってある
すごいねー
エヘヘ
まだ習ってないのに よく わかったねー
お姉ちゃんに おしえて もらったんだ
へー いいなー お姉ちゃんか やさしいだろうねー
とんでもない……
バカッ 何度言ったら わかるっ
バシッ
!!
もう やだよ お姉ちゃん こわいんだもん
フー
人生 たいへんだね
まるちゃん… 言いにくいけどさ 3問目…… まちがってるよ …ほら 黒板みてよ
あっ ほんとだっ
予習したのにまちがってる…!! わたしって一体……

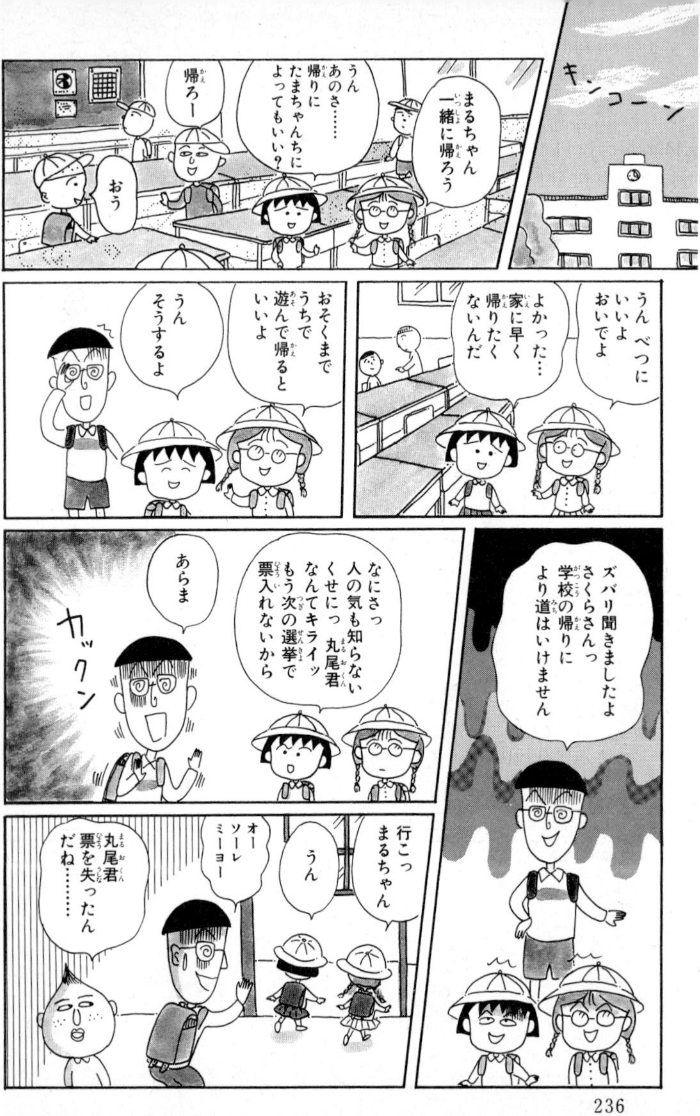

キーンコーン
まるちゃん 一緒に帰ろう
うん あのさ…… 帰りに たまちゃんちに よってもいい？
帰ろー
おう
うん べつに いいよ おいでよ
よかった… 家に早く 帰りたく ないんだ
おそくまで うちで 遊んで帰ると いいよ
うん そうするよ
ズバリ聞きましたよ さくらさんっ 学校の帰りに より道はいけません
なにさっ 人の気も知らない くせにっ 丸尾君 なんてキライッ もう次の選挙で 票入れないから
あらま
ガックン
行こっ まるちゃん
うん
オー ソーレ ミーヨー
丸尾君 票を失ったん だね……

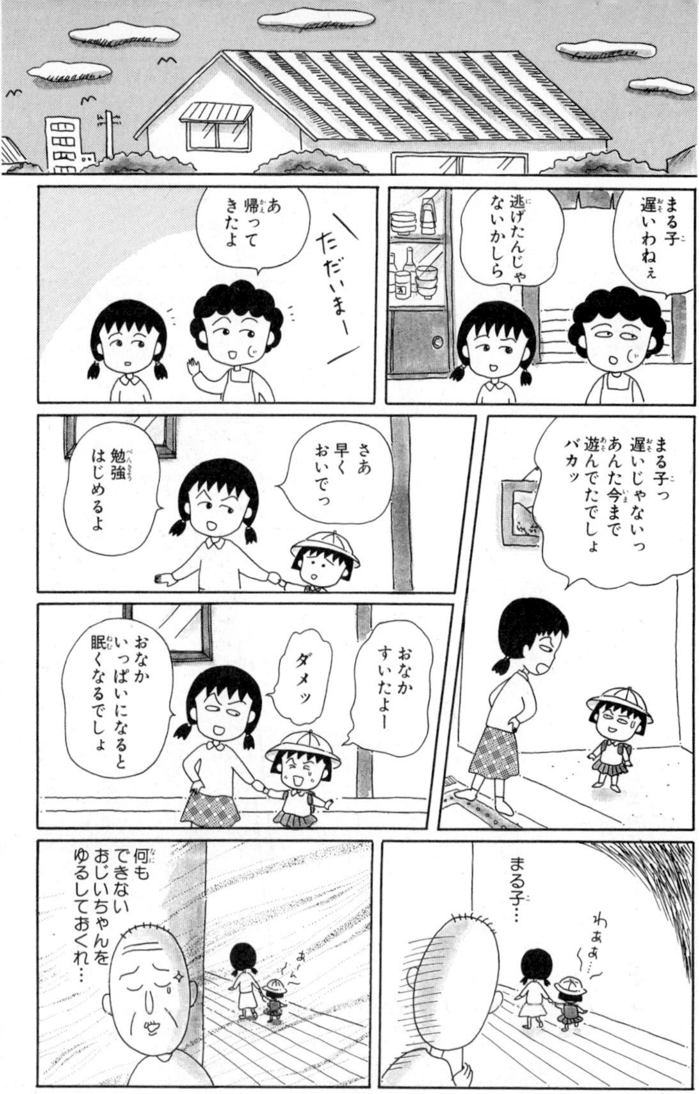
まる子
遅いわねぇ
逃げたんじゃ
ないかしら
ただいまー
あ
帰って
きたよ
まる子っ
遅いじゃないっ
あんた今まで
遊んでたでしょ
バカッ
さあ
早く
おいでっ
勉強
はじめるよ
おなか
すいたよー
ダメッ
おなか
いっぱいになると
眠くなるでしょ
まる子…
わあぁ〜…
何も
できない
おじいちゃんを
ゆるしておくれ…
あ〜ん〜

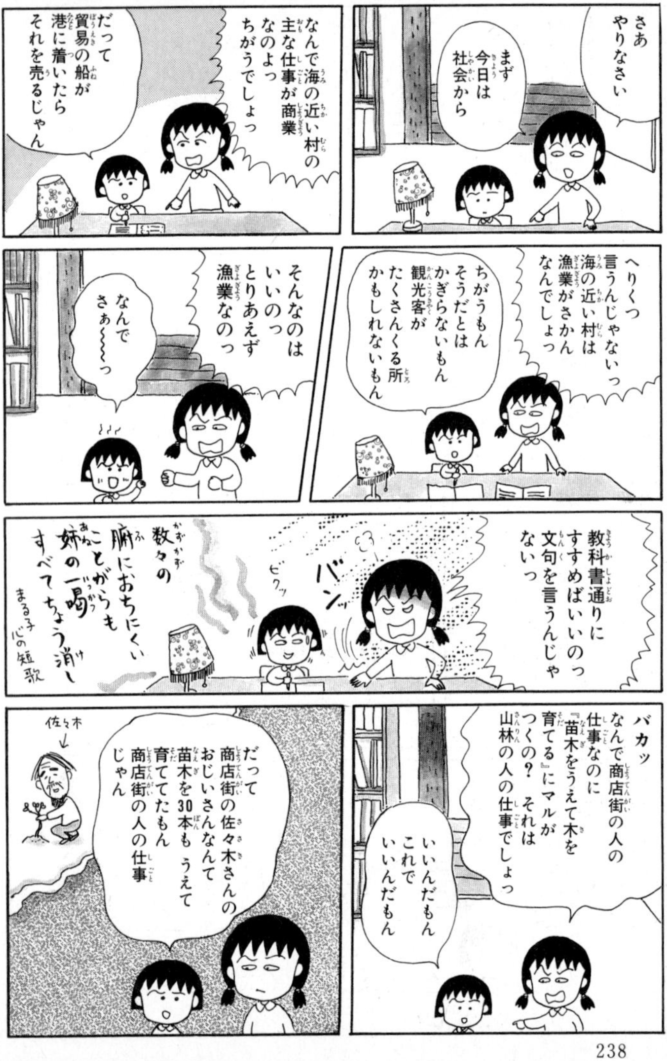
さあ やりなさい
まず 今日は 社会から
なんで海の近い村の 主な仕事が商業 なのよっ ちがうでしょっ
だって 貿易の船が 港に着いたら それを売るじゃん
へりくつ 言うんじゃないっ 海の近い村は 漁業がさかん なんでしょっ
ちがうもん そうだとは かぎらないもん 観光客が たくさんくる所 かもしれないもん
そんなのは いいのっ とりあえず 漁業なのっ
なんで さぁ〜〜〜っ
教科書通りに すすめばいいのっ 文句を言うんじゃ ないっ
バンッ
ビクッ
数々の 腑におちにくい ことがらも 姉の一喝 すべてちょう消し
まる子 心の短歌
バカッ なんで商店街の人の 仕事なのに 『苗木をうえて木を 育てる』にマルが つくの？ それは 山林の人の仕事でしょっ
いいんだもん これで いいんだもん
だって 商店街の佐々木さんの おじいさんなんて 苗木を30本も うえて 育ててたもん 商店街の人の仕事 じゃん
佐々木

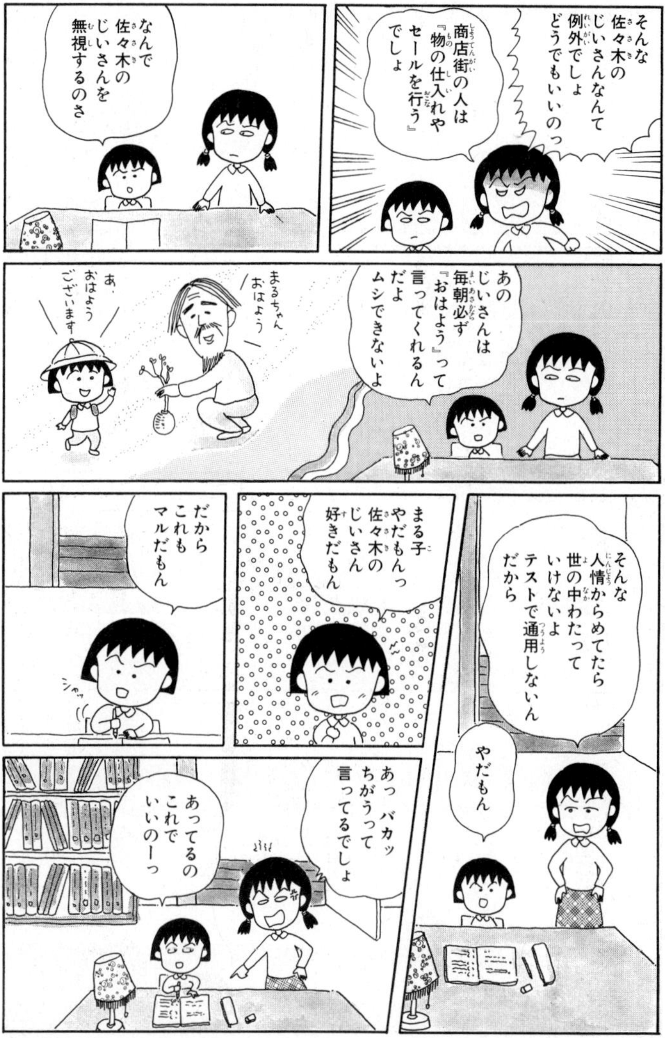

そんな佐々木のじいさんなんて例外でしょ どうでもいいのっ
商店街の人は『物の仕入れやセールを行う』でしょ
なんで佐々木のじいさんを無視するのさ
あのじいさんは毎朝必ず『おはよう』って言ってくれるんだよ ムシできないよ
まるちゃん おはよう
あ、おはようございます
そんな人情からめてたら世の中わたっていけないよ テストで通用しないんだから
やだもん
まる子やだもんっ 佐々木のじいさん好きだもん
だからこれもマルだもん
シャッ
あっバカッ ちがうって言ってるでしょ
あってるのこれでいいのーっ

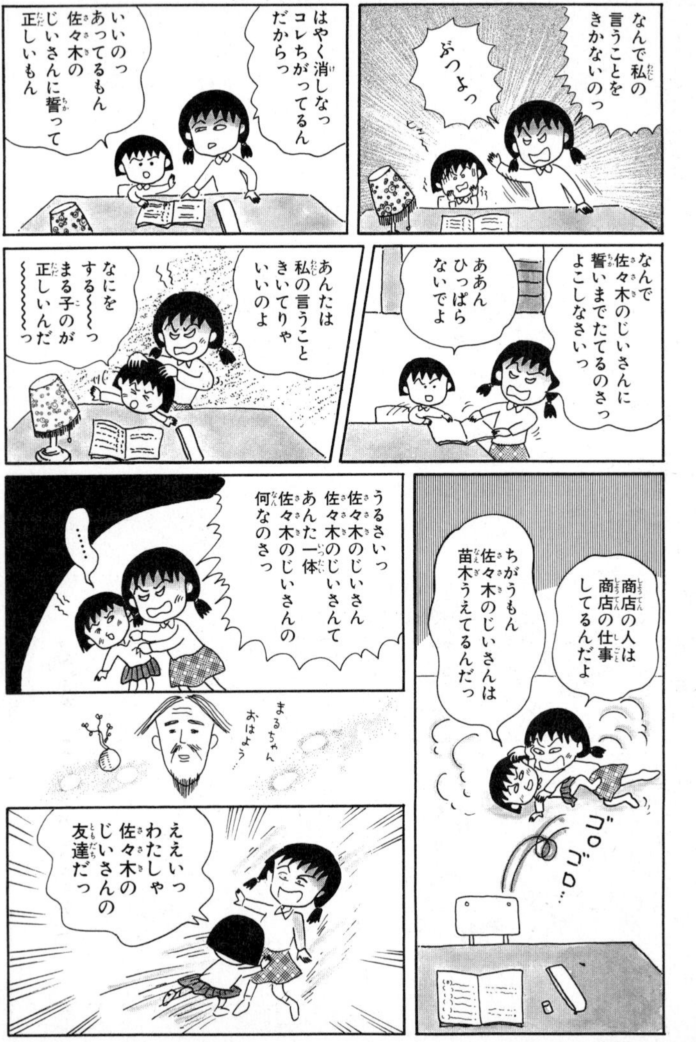
なんで私の言うことをきかないのっ
ぶつよっ
はやく消しなっ コレちがってるんだからっ
いいのっ あってるもん 佐々木のじいさんに誓って正しいもん
なんで佐々木のじいさんに誓いまでたてるのさっ よこしなさいっ
ああん ひっぱらないでよ
あんたは私の言うこときいてりゃいいのよ
なにをする〜〜っ まる子のが正しいんだ〜〜〜〜っ
商店の人は商店の仕事してるんだよ
ちがうもん 佐々木のじいさんは苗木うえてるんだっ
ゴロゴロ…
うるさいっ 佐々木のじいさん佐々木のじいさんて あんた一体佐々木のじいさんの何なのさっ
……
まるちゃんおはよう…
ええいっ わたしゃ佐々木のじいさんの友達だっ

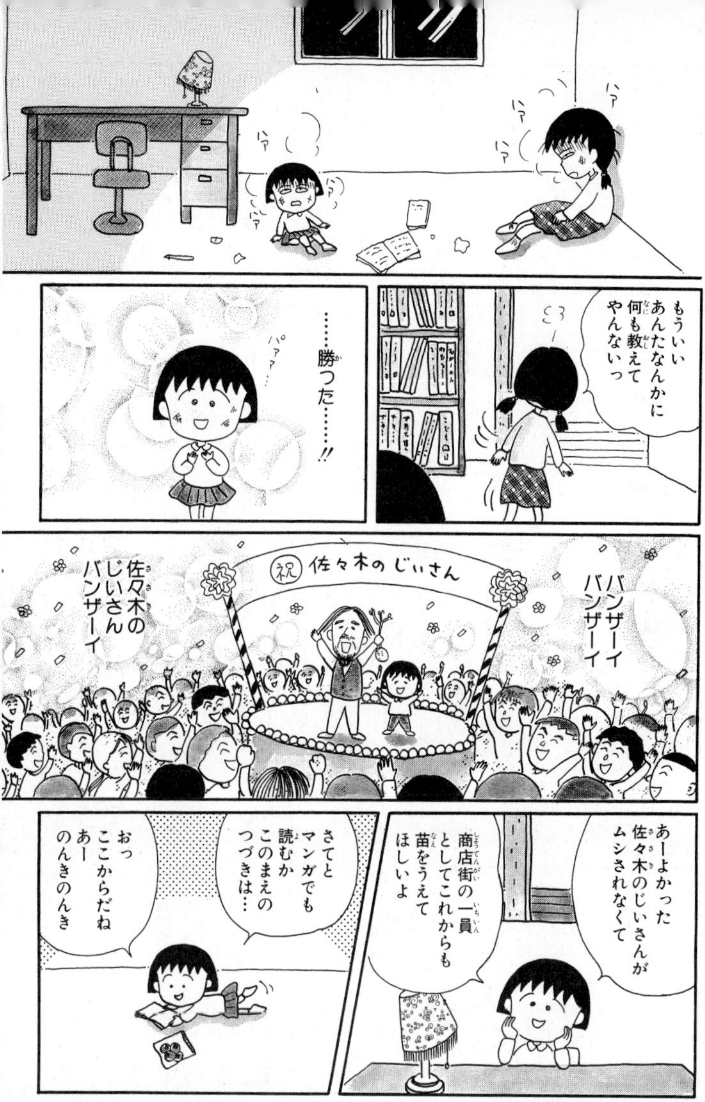
ハァ
ハァ
ハァ
ハァ
ハァ
ハァ
もういい あんたなんかに 何も教えて やんないっ
……勝つた……!!
パァァ…
バンザーイ バンザーイ
㊗佐々木のじいさん
佐々木のじいさん バンザーイ
あーよかった 佐々木のじいさんが ムシされなくて
商店街の一員として これからも 苗をうえて ほしいよ
さてと マンガでも 読むか このまえの つづきは…
おっ ここからだね あー のんきのんき

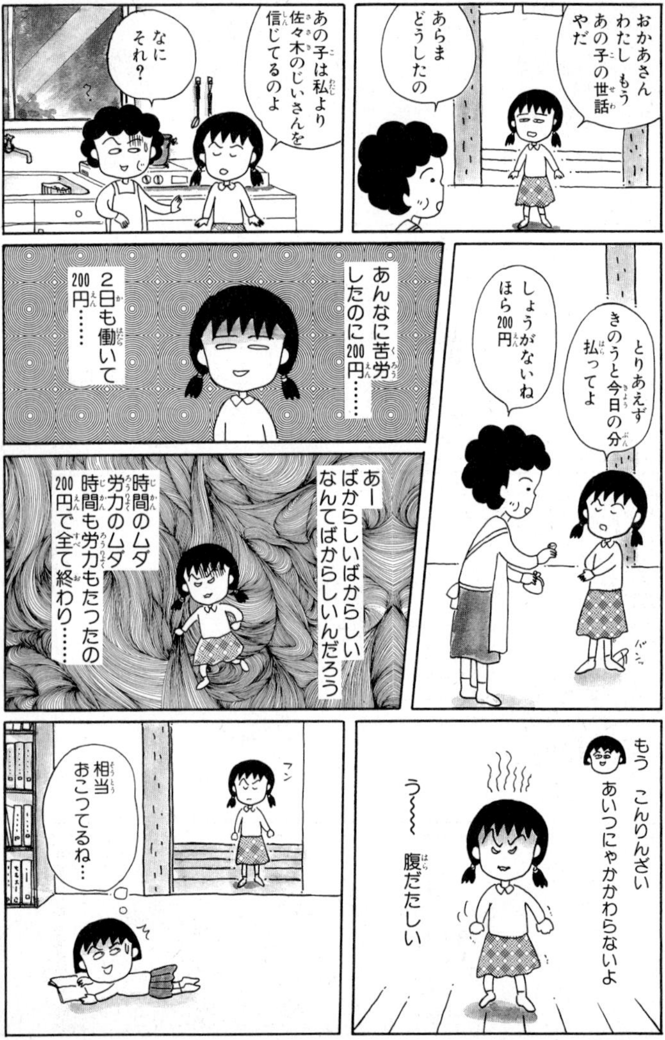
おかあさん
わたし もう
あの子の世話
やだ
あらま
どうしたの
あの子は私より
佐々木のじいさんを
信じてるのよ
なに
それ？
とりあえず
きのうと今日の分
払ってよ
しょうがないね
ほら200円
あんなに苦労
したのに200円……
2日も働いて
200円……
あー
ばからしいばからしい
なんてばからしいんだろう
時間のムダ
労力のムダ
時間も労力もたったの
200円で全て終わり……
もう こんりんざい
あいつにゃかかわらないよ
う〜〜
腹だたしい
相当
おこってるね…

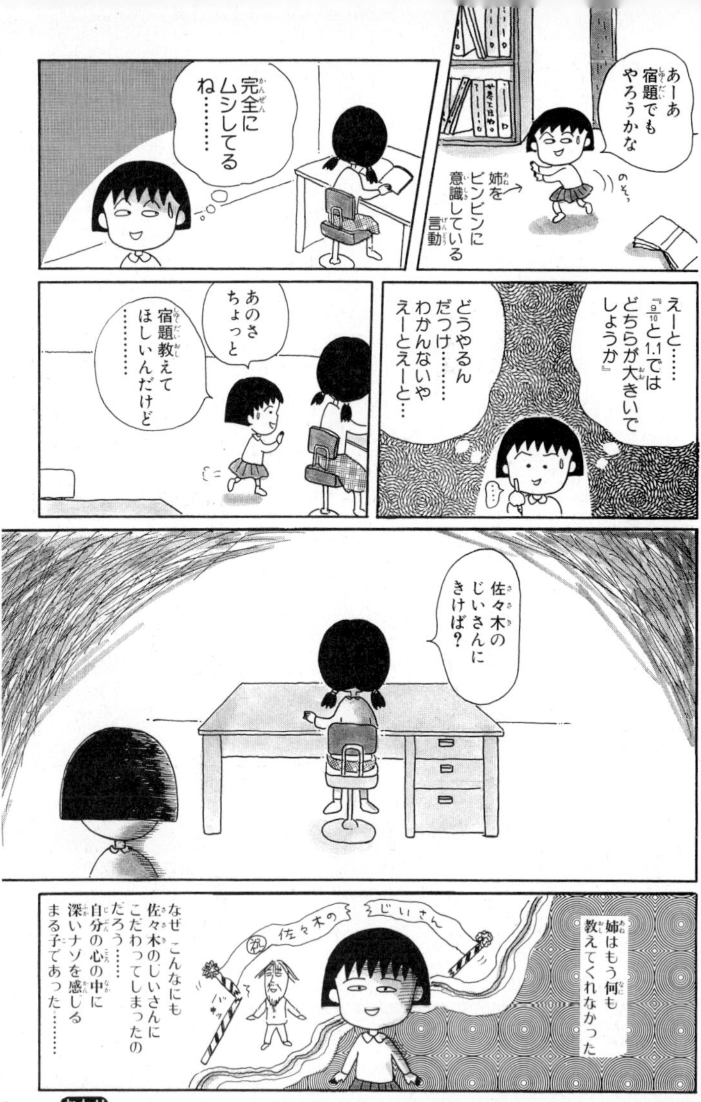
あーあ宿題でもやろうかな
のそっ
姉をビンビンに意識している言動
完全にムシしてるね………
えーと……『9/10と1.1ではどちらが大きいでしょうか』
どうやるんだっけ……わかんないやえーとえーと…
…
あのさちょっと
宿題教えてほしいんだけど………
佐々木のじいさんにきけば?
姉はもう何も教えてくれなかった
祝 佐々木のじいさん
バキッ
なぜこんなにも佐々木のじいさんにこだわってしまったのだろう……自分の心の中に深いナゾを感じるまる子であった………

おわり

収録作品は、りぼん一九九〇年10月号～一九九一年11月号に掲載されました。
(単行本　一九九一年10月、一九九二年6月に集英社より刊行)
※ポストカード　りぼん付録　まるちゃん夏休みダイアリー(一九八九年)

文庫で読める名作コミック

まじかる☆タルるートくん

全14巻

江川達也

小学生の本丸(ほんまる)と魔法使いタルるートが大騒動を巻き起こす！

ドラゴンクエスト ダイの大冒険

①〜⑳

作　三条 陸
画　稲田浩司
監修　堀井雄二

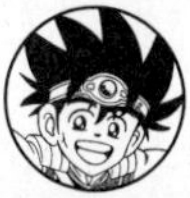

大魔王を倒すため、勇者ダイと仲間達が繰り広げる冒険譚!!

自由人HERO

①〜⑥

柴田亜美

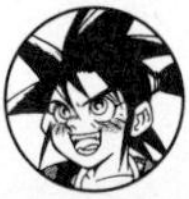

半人前のヒーローと友達タイガー達との楽しい修業ライフ!!

人形草紙あやつり左近

全3巻

作　写楽 麿
画　小畑 健

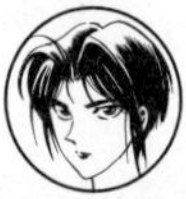

人形遣いの左近と童(わらべ)人形の右近が難事件のトリックを暴く!!

ジョジョの奇妙な冒険

―第4部 ダイヤモンドは砕けない―①②

①〜⑲

荒木飛呂彦

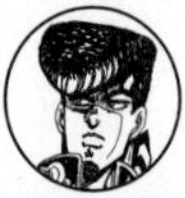

杜王町(もりおうちょう)を舞台にジョナサンの息子・東方(ひがしかた)仗助(じょうすけ)の物語が始まる。

ちびまる子ちゃん

①〜⑥

さくらももこ

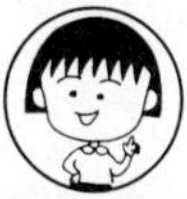

個性豊かな面々との楽しい日々。大人気作品が遂に文庫化!!

〈コミック版〉集英社文庫大好評発売中！

集英社刊 さくらももこ作品リスト

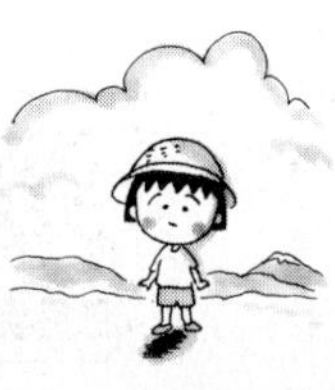

さくら日和

ママはさくらももこなんでしょ…疑惑を深める息子も大活躍。ももこの今がぎっしり、の大爆笑エッセイ。

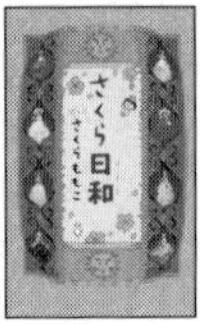

あのころ

歯切れのいい名調子はもはや芸術。テーマは待望の「子供時代」。まる子ファンも大満足保証付き!!

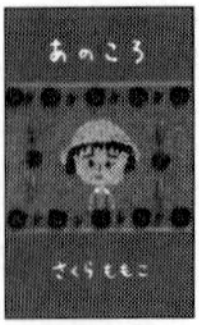

まる子だった

テーマは十八番の「子供時代」。お気楽で濃密な爆笑世界へようこそ!!おまけページ付き。

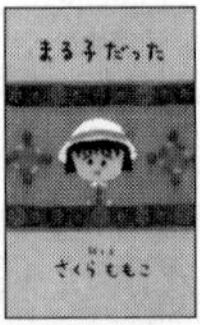

ももこの話

山本リンダの熱狂ライブ、劣悪条件での幼少ガーデニング体験記等、爆笑「子供時代」三部作完結編!!

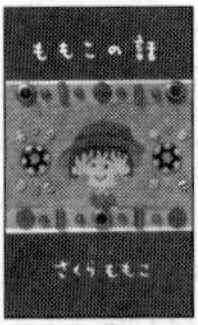

りぼんマスコットコミックス

ちびまる子ちゃん 1〜15

誰もが共感してしまう人気シリーズ。TVでも人気、合わせて読めば2倍満足。全巻おまけのページ付き。

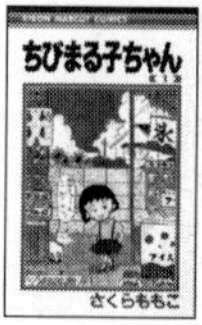

りぼんマスコットコミックス・映画第一作特別描き下ろし

ちびまる子ちゃん 大野君と杉山君

まる子のクラスのリーダー格で、名コンビの大野君と杉山君。固い友情で結ばれた2人の感動物語!!

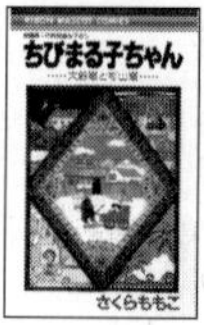

りぼんマスコットコミックス・映画第二作特別描き下ろし

ちびまる子ちゃん わたしの好きな歌

絵かきのお姉さんとの交流で、少しずつ成長してゆくまる子…心温まるファンタスティックロマン!!

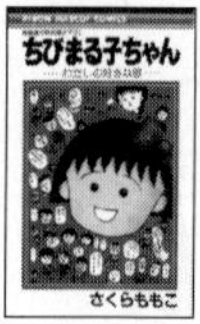

特製 ちびまる子ちゃん 全5巻

さくらももこ自選、大爆笑の超豪華特製本全5巻。「なつかしのりぼん付録コレクション」付き!!

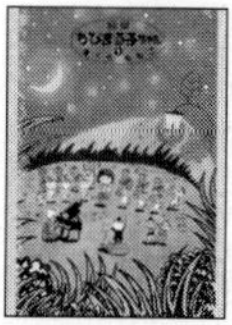

おはなし ちびまる子ちゃん 全10巻

マンガともアニメともちがう新しい面白さ。大爆笑シリーズ初の単行本。口絵、イラスト、ふろく付き。

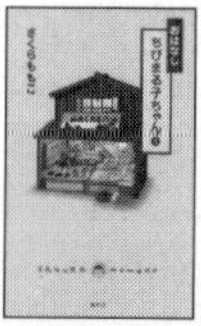

さくらももこの 総天然色満足館

漫画家生活10周年記念。全イラストから厳選142点&創作の秘密がわかる新作エッセイ28作を収録!!

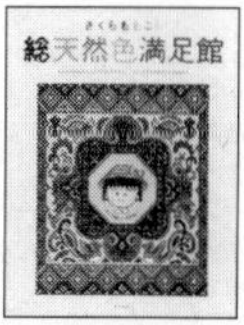

書店にない場合は注文してください。1〜2週間で届きます。

JASRAC 出0400731-401

集英社文庫(コミック版)

ちびまる子ちゃん 5

2004年2月23日 第1刷

定価はカバーに表示してあります。

著 者 さくらももこ

発行者 片山道雄

発行所 株式会社 集英社
東京都千代田区一ツ橋2－5－10
〒101-8050
電話 東京 (3230) 6326 (編集)
(3230) 6393 (販売)
(3230) 6080 (制作)

印 刷 図書印刷株式会社

ISBN4-08-618119-3 C0179